전자공시 모르면
주식투자 절대로 하지마라

홈페이지 | www.vegabooks.co.kr   **이메일** | info@vegabooks.co.kr
블로그 | http://blog.naver.com/vegabooks
인스타그램 | @vegabooks   **페이스북** | @VegaBooksCo

전자공시생 범송공자의

전자공시
모르면 주식투자
절대로
하지마라

장우진 지음

베가북스
VegaBooks

저는 범송공자라는 필명으로 네이버 블로그 '전자공시생'을 운영하고 있습니다. 범송공자라는 제 필명이 결국 이 책을 쓴 동기로 연결되기에 책의 서두를 필명의 유래와 함께 시작해보려 합니다.

제가 첫 번째로 존경하는 분들은 저희 부모님입니다. 그리고 두 번째로 존경하는 분이 백범 김구 선생님이죠. 백범 선생님을 존경하게 된 것은 군대에 있을 때 백범 김구 선생님의 평전을 읽고 나서부터입니다. 특히 책에 담긴 백범 김구 선생님의 사상이 너무나 좋았는데요. 그 내용이 제 뇌리에 강하게 박혀 저도 백범 선생님의 뜻을 따라야겠다는 생각을 갖게 되었습니다.

평전을 보면서 '백범'이 김구 선생님이 직접 지은 호라는 것도 알게 되었는데요. 백범의 백白은 '백정'의 백으로 천한 사람을 뜻하고, 범凡은 '평범'의 범으로 평민을 뜻합니다. 백범은 곧 천한 사람, 보통 사람 그리고 가장 낮은 곳의 삶을 뜻하죠. 김구 선생님은 자기 자신을 낮춤과 동시에 항상 낮은 자리에 있는 사람들을 생각하겠다는 뜻으로 백범이라는 호를 지으셨다고 합니다.

'백범'의 유래를 보면서 저도 제 뜻을 담은 호를 짓고 싶어졌습니다. 이에 존경하는 '백범' 선생님의 뜻을 잇고 싶다는 마음에 한 글자를 빌려왔죠. 바로 '범'입니다. 지금은 '백'이라고 할 백정들은 없으니 '무릇 범' 자의 낮은 자리에 있는 이들을 생각하며 돕겠다는 뜻을 담고자 했죠.

저는 어릴 때부터 늘 어머니께 남을 돕고 살라는 얘기를 들으면서 자랐는데요. 어머니는 베풀 장張, 도울 우祐, 진납 진鎭 세 글자가 모두 이름자로 쓰이면 남을 돕는다는 의미이니 늘 주변을 돌아보며 어려운 이들을 도우라고 말씀하셨습니다. 어릴 때부터 강조하셨던 어머니의 말씀 때문에 더 '범'자에 끌렸던 것 같기도 합니다.

저는 군 복무를 공병부대에서 했는데요. 그러다 보니 건설 현장을 지원하는 일이 많았습니다. 특히 제가 군 복무를 할 때는 강화도순환도로 건설을 지원할 때였습니다. 저도 의무병으로 함께 강화도로 파견 근무를 나가게 됐고요. 어느 날 부대에서 훈련을 마치고 쉬고 있는데 거친 바닷바람을 맞으면서 아주 곧고 높게 자란 소나무가 눈에 들어오는 겁니다. 그 소나무의 의기가 너무 멋져서 제멋대로 정도송正道松이라 이름 붙이고 매일 그 소나무를 보면서 바른 길, 정도를 걷자는 제 의지를 다시 다지곤 했었죠.

이 정도송처럼 곧은 의기를 지니고 살아가겠다는 마음에 두 번째 글자 송松을 선택하게 되었습니다. '범송'은 제가 직접 지은 호로 '낮은 자리에서 낮은 사람들을 돌보는 마음을 정도송처럼 곧은 의기로 끝까지 실천하겠다'는 의미를 담고 있습니다.

저는 어릴 때부터 누군가에게 제가 아는 것을 설명하길 좋아했습니다. 대학 전공도 수학교육과를 선택했던 이유죠. 그런데 막상 대학에 입학하고 나서 진로에 대한 고민에 빠졌습니다. 가장 컸던 고민은 제가 아이들을 잘못 인도하면 어쩌나 하는 두려움이었습니다. 내가 아니라 더 좋은 선생님을 만난다면 아이들이 더 잘되지 않을까 싶은 마음이 있었거든요.

또 저는 막연히 더 좋은 세상을 만들어가고 싶다는 꿈이 있었는데 선생님이 되어서는 그 꿈을 펼치기 어렵겠다는 걱정도 되었고요. 선생님의 길을 걷겠다며 대학에 왔다가 막상 선생님이 아닌 길을 선택하려고 하니 참 많이 방황했던 것 같습니다. 군대를 다녀와서 주변 친구들에게 "너는 꿈이 뭐냐? 뭘 하고 싶냐?"는 질문을 어찌나 던지고 다녔던지, 친구들에게 "너는 너무 진지해서 불편해"라는 핀잔을 들을 정도였죠.

그러던 2007년의 어느 날, 대학 캠퍼스를 거닐던 중 투자 동아리에서 동아리원을 모집한다는 공고를 보게 되었습니다. 일반적인 동아리들이 대학 신입생들을 모집하는 것과는 달리 투자 동아리는 학년 제한 없이 신입 부원을 뽑는다는 게 눈에 들어오더군요. 길을 잃고 방황하던 제게 마치 한 줄기 빛과 같았습니다. 당시는 주식시장이 한창 활황일 때라 동아리에 들어가는 것도 경쟁률이 치열했는데요. 자기소개서를 통한 서류 전형과 면접까지 거쳐 힘겹게 동아리에 들어갈 수 있었습니다.

하지만 동아리에 들어간다고 끝이 아니더라고요. 투자를 시작하기 위해서 배워야 할 게 많았죠. 동아리 차원에서 신입 부원을 대상으로 기초 교육을 제공해주긴 했는데요. 수학교육과 출신이라 주식투자를 위한 배경 지식이 전무했던 제게는 그 기초 교육조차도 따라가기가 벅찼습니다. 기왕 시작했으니 잘하고 싶어서 부랴부랴 계절학기로 회계기초와 재무관리 수업을 들었고 외부 유료 강좌도 수강했습니다. 그래도 투자의 윤곽이 쉽게 잡히지는 않더라고요.

저 자신이 너무나 막막한 상황에서 투자의 세계에 발을 디뎌본 사람이라, 전 누구보다 처음 주식투자를 하려는 분들의 답답함을 잘 알고 있습니다. 배경 지식이 부족한 상황에서 맞닥뜨리는 수많은 경제지표와 어려운 용어들은 투자를 시작하기도 전에 우리를 지치게 만들죠. 저도 그런 경험이 많습니다. 대표적으로 동아리에 들어가자마자 가치투자 입문서라고 하는 벤저민 그레이엄의 『현명한 투자자』를 읽게 되었는데요. 책을 읽다가 매출총이익, 영업이익, 당기순이익이 나올 때 그만 막혀버렸습니다. 그때는 재무제표를 전혀 모를 때였고 지금처럼 스마트폰도 없으니 개념을 쉽게 찾아보기도 어려웠죠. 당시 컴퓨터 옆에서 모르는 게 나오면 찾아보고, 다시 책을 읽고, 여러 번을 반복했던 기억이 납니다.

그때 누군가가 제게 투자의 방향과 투자를 하기 전에 알아야 할 것을 일목요연하면서도 쉽게 알려주면 좋겠다는 생각을 참 많이 했던 것 같습니다. 주식투자란 무엇인지, 투자를 위해 알아야 할 개념들은 무엇인지 그리고 실제 적용은 어떻게 해볼 수 있는지까지 하나의 흐름으로 정리된 책 말이죠. 그 당시 제가 경험했던 많은 책들은 개념 설명에 많은 부분을 할애하여 재미가 없거나 기초 지식을 알고 있다는 전제 아래 내용이 전개되어 책을 읽다가 막히는 부분이 많다는 아쉬움이 있었습니다.

그때 느꼈던 아쉬움이 이렇게 제가 원하는 책을 직접 써보자는 생각으로 이어지게 되었습니다. 제 경험과 노하우를 녹여 투자에 입문하는 이들을 돕는 책을 쓰는 것은 '범송'이라는 호를 지었던 제 젊은 날의 의기와 맞닿아 있기도 하고요. 사실 책을 쓴다는 것이 생각처럼 쉽지는 않았습니다. 포기하고 싶을 때도 많았고요. 그때마다 저를 다잡게 되었던 것은 '송'이라는 글자였던 것 같습니다. 정도송처럼 곧은 의기를 지니고 끝까지 해보고 싶었거든요.

책을 쓰면서 제가 가장 신경 쓴 부분은 책의 구성입니다. 제가 처음 투자에 입문할 때 막막했던 경험이 있기에 '어떻게 하면 책을 읽으면서 중간에 막히지 않고 쉽게 나아갈 수 있을까'를 많이 고민했습니다. 그러면서도 제가 주식시장에 머물면서 쌓아왔던 생각과 노하우를 접목하여 다른 책과 차별점이 있는 저만의 얘기를 담은 책을 만들기 위해 노력했고요.

책은 쉽게 읽혀야 한다는 제 나름의 철학이 있는데요. 선생님을 꿈꾸었던 사람이자 애널리스트와 블로거로서 쌓아온 경험으로 최대한 쉽게 글을 풀어내기 위해 노력했습니다. 부디 저의 노력이 헛되지 않아 이 책을 들고 계신 독자분들에게 조금이나마 도움이 되기를 진심으로 기원합니다. 누군가 여러분에게 "주식투자 입문서 하나 추천해줘"라고 말할 때, "일단 이 책을 한번 읽어봐!"라면서 저의 이 책을 보여주신다면, 정말 행복할 것 같습니다.

범송공자 장우진

주식투자에 진심인 사람들이 반드시 넘어야 할 몇 개의 산이 있는데, 그중의 하나가 바로 공시다. 공시를 꾸준히 확인하고 제대로 해석하는 방법을 터득함으로써 누구보다 먼저 위험을 감지할 수도 있고 자칫 놓치기 쉬운 수익의 기회도 챙길 수 있기 때문이다. 이 책이 공시라는 산을 넘어서는 데 훌륭한 길잡이가 될 수 있기를 바란다.

사경인(『재무제표 모르면 주식투자 절대로 하지마라』 저자)

많은 사람이 한국 증시는 공정하지 않다고 말한다. 그러면서 가장 공정한 수단인 공시는 잘 쳐다보지 않는다. 성장주·가치주를 발굴할 때도, 심지어 테마주를 만들어낼 때도 공시에 담긴 글과 숫자가 밑바탕이 된다. 그러나 그걸 꾸준히 들여다보려면 매우 지루하고 힘든 시간을 할애해야 한다. 그럼에도 공시를 보는 것이 즐겁다는 사람이 간혹 있는데, 그런 사람에게는 '꾸준함'이 가장 강력한 무기가 된다. 대표적인 사람이 범송공자 장우진이다. 전자공시생이 소나무처럼 우직하게 정리한 이 책이 당신에게 버팀목이 될 것이다.

이대호(와이스트릿 대표, KBS1라디오 「성공예감 이대호입니다」 진행자)

주식투자에서 성공하기 위한 내공이란 무엇일까? 그것은 바로 탄탄한 기본기라고 할 수 있다. 셀 수 없이 쏟아지는 시장의 노이즈에 홀려 투자자들이 자칫 소홀하기 쉬운 전자공시 해석과 기업 분석의 노하우를 상세하게 다룬 이 책은 여러분의 주식투자를 위한 든든한 반석이 될 것으로 확신한다.

systrader79(『돌파매매 전략』 저자)

주식투자를 웬만큼 한다는 사람들은 전자공시에 대해 충분히 잘 알고 있다고 생각한다. 필자도 마찬가지다. 그러나 이 책을 읽어보면 우리가 전자공시를 얼마나 수박 겉핥기식으로 알고 있었는지 반성하게 된다. 투자의 기본을 다시 한번 생각하게 만드는 책이다.

이형수(IT의 신 이형수 유튜브 운영, 『최강의 반도체 투자』 저자)

저자는 전자공시를 통한 기업 분석과 이를 이용한 투자에 관한 한, 국내 최고의 전문가다. 공시의 중요성은 누구나 알지만 공시를 매일 면밀히 살펴보는 투자자는 드물며 핵심 공시만 추려내 이를 해석해주는 사람은 저자 외엔 찾기 어렵다. 저자의 오랜 분석 경험으로 완성된 이 책은 기업을 어떻게 바라봐야 하는지에 관한 교과서다운 원론부터 투자자가 어떻게 공시를 투자에 적용해야 하는지와 같은 실전 분석까지 거침없이 담아냈다. 기업 분석의 완성도를 높이고 싶은 투자자 누구에게나 꼭 필요한 책이 될 것이다.

우황제(밸류에듀리서치 대표이사, 『반도체 투자의 원칙』 저자)

코로나 이후 주식시장 내 개인투자자들의 저변은 크게 넓어졌다. 그러나 여전히 기업에 대해서 제대로 알고 투자하는 사람들은 소수다. 기업에 대해서 충실히 공부하고 투자하고 싶어도 그 방법을 잘 모르는 투자자도 많을 것이다.

이 책은 이러한 개인투자자들에게 길라잡이 역할을 해준다. 주요 기업의 활동은 전자공시를 통해서 공개되기 때문이다. 이러한 전자공시를 체크하고 분석할 줄 알게 되면, 그 순간부터는 투자자들에게 새로운 세상이 열리는 것과도 같다.

펀더멘털에 기반한 투자자들이 증가한다면 건전한 투자 문화가 자리 잡게 되고, 이것은 한국 자본시장이 우상향하는 데 큰 도움을 줄 것이다. 주식투자를 아직도 어떻게 공부해야 할지 모르겠는가? 그렇다면 당장 이 책부터 읽기를 권한다.

김기백(한국투자신탁운용 펀드매니저, 『주주환원 시대 숨어있는 명품 우량주로 승부하라』 저자)

코로나19를 지나면서 주식투자의 많은 것이 바뀌었다. 수많은 차트와 기술적 분석은 무용지물이 됐으며 가치분석을 할수록 대박 종목과는 더 멀어져만 간다. 사람들은 AI 알고리즘이 모든 것을 바꿔놓았다고 한탄한다. 하지만 이건 그야말로 비겁한 변명일 뿐이다. 지금도 제대로 된 기본 분석이 주식투자의 핵심이다. 하루에도 수없이 쏟아지는 공시와 사업보고서를 제대로 읽을 수 있는가? 이 능력만 있다면 대박은 몰라도 주식투자에서 패배하는 일은 절대 없을 것이다. 이 책은 포스트코로나 시대에도 변함없는 주식투자의 기초를 가르쳐주며, 공시의 다양한 패턴과 그것을 해석하는 방법, 나아가 투자의 통찰력까지 얻을 수 있게 도와준다.

정철진(경제평론가, 진투자컨설팅 대표이사)

배우는 데에는 끝이 없다고 한다. 10년 이상의 투자를 경험한 분의 책이 나온다고 하여 매우 기뻤다. 투자의 기초부터 실전 사례까지 있어 다양한 분들에게 큰 도움이 될 것이라 확신한다.

최현민(우영자산운용 대표이사)

저자와의 만남은 15년 전 첫 세미나로 기억된다. 반짝이는 눈빛으로 세미나를 진행하던 NH증권 출신 초임 애널리스트와의 인연은, 시간이 지나 우리 팀 멤버(KB증권 애널리스트)로 스카우트하며 이어졌다. 아직도 종종 그때를 얘기하며 당시의 성실함을 추억하곤 한다.

이 책은 저자의 한결같은 모습을 담았다고 느껴진다. 먼저 스스로를 돌아보는 투자자 유형 분석으로 시작해, 투자 대상 기업의 절대비교 및 상대비교, 공시를 통한 지속적인 확인 과정은 15년 전부터 보여왔던 그 모습 그대로다.

특히 '양갈비 가위'를 통해 회사를 알아가는 과정은 독자들에게 많은 생각할 거리를 던져줄 것이다. 겨울 패딩을 한 벌 사도 수십 번을 고민하는 사람들이 투자는 너무 쉽게 결정하는 것을 보면서, 무언가 기반이 되는 기준을 제시해주는 것이 중요하다는 것을 계속 느껴왔었다. 저자의 알기 쉬운 접근 방법이 많은 이들의 투자에 등불이 될 것이라 생각한다.

언제나 투자의 본질은 기업 분석이다. 저자의 이 책이 단순한 매수 · 매도의 신호가 아닌, 보물지도를 읽는 방법으로 독자들에게 이해되길 바란다.

강태신(심플랫폼 대표이사)

나는 저자와 NH농협증권에서 수년간 함께 일했다. 내가 기억하는 저자는 어떤 애널리스트보다도 진지하고 열정이 넘쳤다. 단순히 일을 열심히 했다는 얘기가 아니다. 당시 나는 그가 투자자와 주식시장 전반을 위해 비장한 사명감을 가지고 일하는 듯한 느낌을 받았었다. 이 책을 읽으면서 당시 느꼈던 바를 다시 확인할 수 있었다. 저자는 일반투자자들이 주식투자를 하며 느꼈을 아쉬움과 답답한 마음을 풀어주고 싶었던 것 같다.

흔히 가치투자는 산업 분석, 기업 분석, 회계, 밸류에이션 등 전문지식과 깊이 있는 정보를 지닌 전문투자자들의 전유물로 인식되어왔다. 그러기에 일반투자자는 가치투자를 하고 싶어도 자신이 직접 조사하고 판단하는 데 부담감이 컸다. 그래서 소위 전문가로 알려진 다른 사람의 의견이나 불분명한 시장의 소문에 의존하는 경우가 많았다. 하지만 전문가들의 판단이라도 정답이 아닐 수 있고, 전문가에 따라 의견이 다를 수도 있다. 시장의 소문은 근거가 없는 경우가 많다. 결국 일반투자자도 최종적인 투자 판단은 본인이 할 수밖에 없다. 그러기에 일반투자자도 어떤 의견이 맞는지를 스스로 판단할 수 있어야 한다.

이 책은 일반투자자들이 회계나 밸류에이션 등 전문지식이 없어도 가치투자를 잘 이해할 수 있도록 쉽게 설명하고 있다. 나아가 일반투자자들도 직접 가치투자를 실행할 수 있도록 구체적인 가이드와 다양한 사례를 제시하고 있다. 특히 누구나 쉽게 접할 수 있는 공개된 정보인 전자공시를 기반으로 하고 있다. 책의 상당 부분은 공시에서 힌트를 얻는 방법과 이를 투자 아이디어로 연결하는 과정을 보여주는 데 할애되고 있다. 또 의미 있는 성과를 도출했던 과거의 사례 제시에 그치지 않고, 아직 결과를 알 수 없는 현재 진행형인 사례도 제시하여 독자로 하여금 살아있는 경험을 할 수 있도록 돕고 있다.

저자의 집필 의도대로 전문지식이 없는 일반투자자가 주식투자를 위해 알아야 할 개념과 실제 가치투자 실행을 위해 필요한 가이드를 담은 훌륭한 지침서라 확신한다. 일반투자자를 위한 사명감, 풍부한 지식과 경험을 바탕으로 훌륭한 지침서를 집필한 저자에게 경의를 표한다.

이종승(IR큐더스 대표이사, 전 NH농협증권 리서치센터장)

CONTENTS

CHAPTER 4. 필수 요소: 재무제표란 무엇인가?

CHAPTER 5. 기업 분석: 양갈비 가위!

CHAPTER 6. 공시 읽기의 첫걸음: 분·반기 사업보고서

CHAPTER 1

마인드셋:
왜 주식에 투자하는가?

- 투자자에게 드리는 세 가지 질문
- 나만의 투자 유형을 확립하자
- 어설프게 투자 유형을 섞지 말자
- 투자의 정석은 가치투자다

투자자에게 드리는 세 가지 질문

"다음 세 가지 질문을 꼭 스스로 생각해보세요."

여러분이 이 책을 보고 있다는 사실은 이미 주식투자를 하고 계시거나 앞으로 주식투자를 하기 위해 준비하시는 분들이라는 의미일 겁니다. 투자를 시작하시려는 여러분께 제가 질문 몇 가지를 드리겠습니다.

"여러분은 왜 주식투자를 하시나요?"

너무 쉬운 질문이죠. 우리는 모두 돈을 벌기 위해서 주식투자를 합니다. 재미 삼아, 인생의 쓴맛을 보기 위해, 경험을 쌓기 위해 주식에 투자하는 사람은 없습니다.

"그렇다면 주식투자에서 돈을 번다는 것은 무엇인가요?"

이것도 대답하기 쉽죠. 내가 산 주식의 가격, 즉 주가가 오르면 돈을 벌게 됩니다. 정확하게는 내가 산 주식이 올라서 오른 가격에 주식을 팔면 수익을 얻게 되죠. 이제 마지막 질문입니다.

"주가는 언제 오르게 될까요?"

조금 어려운가요? 어려워도 이 질문에 대한 진지한 고민 없이 주식시장에 뛰어들면 분명 큰 고생을 겪게 될 겁니다. 초심자의 행운으로 일시적인 수익을 낼 수는 있겠지만 길게 봤을 때는 잃는 경우가 훨씬 많죠.

주가가 오른다는 것은 내가 산 가격보다 더 비싼 가격에 주식을 사주는 누군가가 있다는 얘기입니다. 다시 말해 내가 산 주식이 다른 누군가가 사줄 만큼 매력이 있어야 한다는 거죠. 그렇다면 투자자들이 주식을 사고 싶게 만드는 매력 포인트가 무엇인지 미리 파악해서 매력 넘치는 주식을 집중적으로 사면 수익을 거둘 수 있겠네요.

그런데 사람은 저마다 자신만의 이상형을 가지고 있습니다. 누군가에게 끌리게 되는 매력 포인트가 다들 다르다는 얘기입니다. 어떤 이는 상대의 꾀꼬리 같은 목소리에 끌리고 어떤 이는 상대의 차분한 성격에 끌리고 또 어떤 이는 상대의 건강한 몸매에 빠져들죠. 똑같은 사람을 두고도 어떤 사람은 매력적이라고 느끼고 또 어떤 사람은 전혀 매력이 없다고 느끼기도 합니다.

주식도 그렇습니다. 저마다의 스타일에 따라, 같은 주식이라도 어떤 이는 매력적이라고 느끼고 또 어떤 이는 전혀 매력을 느끼지 못하죠. 그렇다면 전체 투자자를 하나로 뭉뚱그려서 보는 것이 아니라 투자자들의 유형별로 그들이 느끼는 매력 포인트를 확인해 볼 필요가 있겠네요.

나만의 투자 유형을 확립하자

"당신은 어떤 투자자 유형인가요?"

투자자들의 유형은 여러 가지가 있겠지만 저는 크게 세 가지로 구분 짓고 싶습니다. 차트를 보면서 분석하는 기술적 분석 투자자(차티스트), 모멘텀만 보고 투자하는 모멘텀 투자자, 그리고 회사의 가치를 보고 투자하는 가치투자자(펀더멘털리스트)가 제가 생각하는 세 가지 유형의 투자자입니다.

1. 기술적 분석 투자자

기술적 분석 투자자는 차트를 보면서 투자를 결정합니다. 주가 차트 내에서도 이동평균선, 거래량, MACD, 일목균형표 등 다양한 지표들이 존재하죠. 기술적 분석 투자자들은 자신이 선호하는 몇 가지 지표들을 기반으로 투자 판단을 내립니다. 지표들에 따른 공식이 있어 초보 투자자들이 접근하기 가장 쉬운 방법입니다.

기술적 분석 투자자는 자신이 보는 기술적 지표가 주는 특정 신호가 나타날 때 주식에서 매력을 느끼게 됩니다. 예를 들어 이동평균선을 보는 기술적 분석 투자자가 '20일선이 5일선을 상향 돌파하면 매수한다'는 이론을 따른다고 하죠. 그렇다면 20일선이 5일선을 상향 돌파 시점이 나온 기업이 매력적으로 느껴진다는 겁니다. 여기에 시가총액이나 거래량 기준을 더해서 거래량이 일정 수준 이상 나와야 한다는 기준이 있다면 역시 그 기준을 통과한 기업을 매력적이라고 판단할 것이고요.

기술적 분석의 장점은 남들이 주식에 대해 왈가왈부하는 것에 휘둘리지 않고 오로지 자신의 기준에 따라 투자할 수 있다는 점입니다. '어떨 때는 매수, 어떨 때는 매도' 이렇게 기준을 정해두고 그에 맞추어서 매매를 결정하는 식이죠. 매매를 실행하다 보면 원칙과 기준 없이 이리저리 흔들리다가 결국 실패하는 경우가 많은데요. 기술적 분석 투자자들은 자신이 정한 원칙만 지켜나가면 흔들림에 따른 투자 실패를 막을 수 있습니다.

그런데 이 기술적 분석을 공부하고 나서 막상 실행해보면 생각처럼 쉽지가 않습니다. 주식이 항상 공식대로 움직이는 것이 아니기 때문이죠. 생각대로 움직여서 수익이 날 때는 상관없지만 예상과는 달리 주가가 빠져버릴 때가 문제입니다. 공식대로 했는데도 주가가 빠지는 경험을 몇 번 하게 되면, 그 기술적 분석에 대한 신뢰도 자체가 떨어지고 결국 정해놓은 기준대로 매매하지 못하게 되죠. 아니면 또 새로운 절대적인 기술적 지표를 찾아서 이동하게 됩니다.

기술적 분석은 자신의 원칙과 기준을 정한 뒤 매도 신호가 나오면

칼 같은 매도가 필요한데요. 일반적으로 사람은 손실이 난 상황에 쉽게 매도하지 못하고 손실을 키우는 경우가 많습니다. 손실 회피 성향이 있기 때문이죠. 기술적 분석은 사람의 비이성적인 판단을 막으려고 매매의 기준을 정립한 것입니다. 하지만 기술적 분석가도 결국 사람이기에 감정대로 투자하는 실수를 범하기도 합니다. 기술적 분석은 기준을 정한 대로 하면 되지만 정작 기준을 지키기 어려운, 모순이 가장 많이 발생하는 투자 방법이죠.

또 차트를 활용한 기술적 분석은 지표를 보면서 대응해야 해서 장중에 긴박하게 매매해야 하는 경우들이 많습니다. 보통 직장에 다니면서 투자하는 직장인들은 실시간 대응이 어렵기 때문에 기술적 분석의 투자는 쉽지가 않죠.

기술적 분석으로 돈을 버는 분들은 분명히 있습니다. 그러니 기술적 분석 자체가 잘못된 것은 절대로 아닙니다. 하지만 본인이 원칙과 기준을 확실하게 지켜나갈 수 있는 냉철한 성격의 소유자가 아니라면 저는 추천하고 싶지 않습니다. 이 책을 보고 계신 독자 중에 '나는 작심삼일이라는 말이 왜 나왔는지 모르겠다. 난 한 번도 내가 정한 원칙에서 벗어나 본 적이 없거든'이라는 분이 있다면, 반대로 강력하게 추천하고 싶은 방법이기도 합니다

2. 모멘텀 투자자

모멘텀 투자자는 오로지 기업이나 산업과 관련한 이슈에 주목하여 투자하는 투자자입니다. 단기에 수익을 내기 위해서 테마를 추종하는 형태의 투자가 많습니다.

이들은 특정 테마를 접하면 그 강도를 먼저 고민합니다. 첫째로 글

로벌 기업들이 관여하고 지속적으로 뉴스가 나올지, 둘째로 단기에 가시적인 성과를 보일지, 셋째로 실제 테마에 속한 기업 중에서 돈을 잘 벌면서 시장을 주도하는 대장주가 있는지 등이 투자의 중요한 척도가 됩니다. 자신의 경험에 비추어 테마가 아주 강하다고 느끼면 관련 주식에 대한 매력을 더 크게 느낀다고 할 수 있습니다.

모멘텀 투자를 위해서는 다양한 테마를 숙지하여 테마와 관련된 종목들을 머릿속에 넣고 있어야 합니다. 새로운 테마가 나왔을 때는 빠르게 관련 내용을 살펴보면서 테마에 엮일 수 있는 기업들을 찾아내야 하고요. 또 관련 기업 중에 어떤 기업이 대장주로 치고 나가는지도 잘 파악해야 합니다.

모멘텀 투자자는 단기에 큰 수익을 낼 수 있지만 반대로 테마가 힘을 잃었을 때 적절하게 대응하지 못하면 단기에 큰 손실을 볼 수도 있습니다. 이슈를 선점하고 빠르게 대응하면 좋겠지만 일반 투자자들은 쉽지가 않죠. 결국 모멘텀 투자를 추구한다면서 남의 얘기, 뉴스, 소문에 집중하고 뒤늦게 추종 매매를 하면 소위 얘기하는 '설거지'를 당할 가능성이 상당히 큽니다.

모멘텀 투자자는 무엇보다 '촉'이 좋아야 합니다. 이 '촉'은 후천적으로 학습하기 힘든 부분이라서 모멘텀 투자를 기반으로 꾸준하게 수익을 내는 이들은 많지가 않습니다. 하지만 단기 변동성이 크고 초보 투자자들이 가장 유혹당하기 쉬워서 많은 투자자들이 모멘텀 투자에 목매고 있죠.

개인적으로는 가장 승률이 낮았던 전략이어서 저는 모멘텀 투자는 웬만하면 피하려고 합니다. 물론 기존에 다른 형태의 투자 매력을 느껴 투자했던 기업이 의도하지 않았던 테마에 엮일 수도 있을 겁니다. 만약 테마에 엮여서 단기에 주가가 급등한다면 저는 감사히 여기고 팔고 나오죠. 테마가 꺾이면 또 매수의 기회가 있을 것으로 보기 때문입니다.

3. 가치투자자

가치투자자는 회사의 실적과 자산가치에 기반하여 기업을 평가하고 평가한 기업의 가치가 현재 주가보다 저평가되어 있을 때 투자 매력을 느끼는 투자자입니다.

가치투자를 위해서는 신경 쓰고 공부해야 할 것이 많습니다. 가장 먼저 회사의 실적을 평가하기 위해 기본적인 회계를 알아야 하죠. 숫자만 다룬다고 되는 것이 아니기에 투자하는 기업의 사업 내용을 이해해야 합니다. 또 기업은 생물과 같아서 비즈니스 환경이 계속 변하니까 사업 내용을 끊임없이 업데이트해야 하고요.

산업과 기업 그리고 경제를 끊임없이 관찰하고, 연구하고, 분석해야만 한다는 얘기입니다. 많은 시간과 노력이 필요하기에 초보자들이 접근하기에는 가장 어려운 방법이기도 하고요.

하지만 가치투자는 배우면서 쌓이고 성장하는 재미가 있습니다. 가치투자를 하다 보면 자연스럽게 세상 돌아가는 것을 배우고 익히면서 지식이 쌓이게 되거든요. 반면, 기술적 분석과 모멘텀 투자는 경험과 노하우는 쌓일지 몰라도 지식이 쌓이지는 않죠. 가치투자를 지향하면서 쌓인 지식은 서로 융합되어 시너지효과를 내면서 다음 투자에 도움을 주는 경우들도 많습니다.

어설프게 투자 유형을 섞지 말자

"혹시 물려서 어쩔 수 없이 '장투'하고 계신가요?"

투자 방법에 정답은 없습니다. 자신에게 맞는 투자 방법을 꾸준하게 적용하면 성공적인 투자를 이어갈 수 있죠. 가치투자만이 진리기에 가치투자만을 추구하고 반드시 공시를 알아야 한다고 얘기하는 것도 아닙니다.

제가 한 가지 당부드리고 싶은 것이 있는데요. 절대 여러 유형의 투자를 어설프게 섞으려고 하지 말라는 겁니다. 각 투자 유형별로 투자 매력을 느껴서 투자했다면 그 매력에 기반하여 투자 판단을 내려야 합니다. 내가 본 매력대로 주가가 올랐다면 그때 매도해야 하고, 매력이 있다고 느꼈는데 잘못 본 것이었다면 그걸 깨닫는 순간 바로 매도해야 한다는 겁니다.

예를 들어 이동평균선에서 10일선을 중요시하여 10일선을 타고 올라가는 기업에 투자했다고 가정하겠습니다. 그렇다면 투자 기준은 10일선이 되고 만약 10일선이 무너진다면 해당 주식을 무조건 팔아야 합니다. 그런데 차트가 무너지면 갑자기 가치투자자로 돌변하는 사람들이 있습니다. 주식을 팔지는 못하고 내가 왜 이 주식을 들고 있어야 하는지 그 근거를 찾기 시작하는 것이죠. 이렇게 포인트가 전환되면 결국 투자에 실패하는 경우가 많습니다. 어설프게 가치투자를 한다고 하면 기업이나 산업 분석이 정확할 가능성이 작으니, 산업 전체가 꺾이는 사이클에 들어가서 크게 손해를 볼 수도 있고요.

테마를 보고 투자했는데 테마가 꺾였다고 가정하겠습니다. 이 역시 지체하지 말고 매도해야 합니다. 물론 테마가 꺾였다는 자체를 인지하는 게 쉽지 않을 수 있습니다. 그럴 때는 개개인이 저마다의 기준을 설정해서 그에 맞춰 대응해야 합니다. 예를 들어 '대장주가 고점 대비 20% 하락하면 일단 테마가 꺾인 것으로 보자' 같은 기준 말입니다.

마찬가지로 모멘텀 투자로 시작한 사람이 테마가 꺾였는데도 투자를 이어가는 경우들이 있죠. 이때 테마를 보지 않고 기업의 가치를 바라보면 실패하는 경우가 많습니다. 자산가치가 충분하고, 실적이 잘 나오고 이런 것은 테마가 꺾이면 의미가 없습니다. 매수할 때 조금 더 마음 편하게 살 수 있고 하락할 때 낙폭이 상대적으로 적을 수는 있겠지만 하락은 어쩔 수가 없죠.

모멘텀 투자자가 어설프게 차트를 활용하는 것도 좋지는 않습니다. 모멘텀 투자자들은 주가가 급등한 회사에 올라타는 경우가 많은데요. 차트를 보면 매수해야 할 타이밍에 쉽사리 매수하지 못하는 경우가 생깁니다.

다만 가치투자자가 주식을 매수할 때 기술적 분석과 모멘텀 투자 유형을 참고하는 것은 도움이 됩니다. 회사가 실적도 탄탄하게 성장하고 재무구조도 안정적인데 차트의 자리가 좋거나 회사의 비즈니스상 특정 테마와 엮일 가능성이 보인다고 해보죠. 이것은 가치투자라는 투자 포인트에 '+α'가 더해지는 개념으로 생각할 수 있습니다. 이미 가치투자의 기준이 있는 상태에서 보조 지표로서 도움을 받을 수 있다는 얘기입니다.

그렇지만 가치투자자가 너무 다른 투자 유형을 신경 쓰면 본말이 전도되는 경우가 생길 수 있습니다. 큰 그림을 보고 장기 성장성에 주목한 회사인데 차트가 좋지 않아서 불안감에 판다거나, 테마에 엮여서 단기 급등했을 때 너무 성급하게 매도하는 경우들이 생긴다는 겁니다. 모두 단기 과실만을 추구하다가 큰 수익을 놓치게 되는 경우들입니다.

요약하면 다음과 같습니다. 첫째, 투자 유형별로 장단점이 있고 무엇이 정답이라고 말할 수 없다. 둘째, 다만 투자 유형별로 자신만의 기준을 세우고 꾸준하게 투자하는 것이 필요하다. 셋째, 어설프게 투자 유형을 섞는 것은 독이 될 수 있다는 겁니다.

투자의 정석은 가치투자다

"당신에게 이 책이 필요한 이유는?"

기술적 분석 투자와 모멘텀 투자를 해봤더니 생각처럼 되지 않고 투자할수록 어렵다고 느낀 분들이 분명히 계실 겁니다. 차트 분석 투자는 처음에 접근하기는 쉬운데 막상 하다 보면 변수도 많고 공식대로 되지 않는 경우들이 많습니다. 모멘텀 투자는 잘 가다가 내가 사면 꼭지라는 생각이 수없이 들고 말이죠.

이렇게 좌절을 경험한 분들이라면 정석적인 투자인 가치투자를 고려할 만합니다. 가치투자를 결심했다면 반드시 전자공시를 이해하고 가야 하고요. 전자공시에는 우리가 투자에 참고해야 할 다양한 기초 자료들이 존재하기 때문입니다.

가치투자자들은 전자공시를 평생 옆에 끼고 산다고 해도 과언이 아니죠. 일단 기업과 관련한 얘기를 들으면 가장 먼저 사업보고서를 열어보니까요. 사업보고서를 보면서 공부의 방향을 생각하게 되고 산업과 경쟁업체 분석으로 나갈 수 있게 됩니다. 또 최근공시를 보면 그 기업이 어떤 동향을 보이는지도 대략 파악할 수 있죠.

제가 운영하는 네이버 블로그의 이름이 '전자공시생'인데요. 그 이름에 걸맞은 내용을 다루려고 합니다. 첫째는 투자를 위한 기초 내용을 먼저 다룹니다. 이 부분은 이미 투자를 잘 아시는 분들은 넘어가셔도 좋은 부분이죠. 둘째는 전자공시란 무엇인지, 어떤 공시들이 있는지, 얘기합니다. 셋째는 그 공시들이 갖는 함의가 무엇이며 실제 어떤 사례들이 있는지 설명하죠.

이 책이 전자공시와 주식투자에 대한 여러분의 이해도를 높여 성공적인 투자에 도움이 될 수 있기를 진심으로 기원합니다.

📈 요약

- 투자자는 기술적 분석 투자자, 모멘텀 투자자, 가치투자자로 구분한다.
- 투자자 유형에 따라 투자처에서 매력을 느끼는 지점이 다르다.
- 투자 유형에 정답은 없지만 어설프게 투자 유형을 섞는 것은 독이 될 수 있다.

CHAPTER 2

출발:
주식이란 무엇인가?

주식회사는 어떻게 시작됐을까

"주식이 무엇인지는 알아야겠죠?"

    가치투자자들이 반드시 확인하는 게 전자공시라고 얘기했죠. 그렇다면 간단하게나마 가치투자를 이해하고 넘어갑시다. 가치투자자들은 기업을 분석하고 분석한 내용을 기반으로 기업의 가치를 판단하는 투자자들입니다. 그러니 '가치투자 = 기업 분석'이라고 생각하면 됩니다.

    그렇다면 보다 근본적인 질문을 던질 수 있겠죠. "투자할 때 우리는 왜 기업 분석을 해야 하는가?" 이 질문에 답하기 위해 우리는 주식회사라는 것이 무엇인지 먼저 이해할 필요가 있습니다.

    최초의 주식회사는 네덜란드의 동인도회사(East India Company)입니다. 동인도회사는 1600년 영국에 설립된 것을 시작으로, 네덜란드는 2년 뒤 1602년에야 동인도회사를 설립합니다. 하지만 주식회사의 개념을 최초로 도입한 것은 네덜란드였죠.

📊 인도네시아 자카르타에 있던 네덜란드 동인도회사 상관 모습

자료 : 국가기록원 세계기록유산관

15세기 말 1497년 바스코 다 가마(Vasco da Gama)가 아프리카 희망봉을 돌아서 인도, 동남아와의 무역로를 개척합니다. 다 가마는 유럽인 최초로 대서양과 아프리카 남해안을 거쳐 인도까지 항해에 성공한 것이었죠. 이후 유럽과 아시아 간의 본격적인 해상무역이 이뤄지는 대항해시대가 열리게 됩니다.

네덜란드는 16세기 스페인의 지배를 받고 있었는데요. 1568년~1648년까지 약 80여 년간 독립전쟁을 벌입니다. 당시 스페인은 아시아와의 해상무역을 독점하고 있었기에 독립전쟁을 벌이는 네덜란드를 후추와 향신료 유통망에서 제외해버립니다.

아시아에서 들여오는 후추와 향신료는 엄청난 수익을 낼 수 있는 물품이었기에 네덜란드 상인들은 독자적인 공급 루트를 찾기 위해 분투합니다. 그 과정에서 네덜란드의 한 무역회사가 1595년 아시아로 선단을 보내게 되고 마침내 2년여 만에 대규모로 후추를 들여오게 됩니다. 네덜란드가 처음으로 아시아 무역에 성공을 거둔 것이죠. 이후 네덜란드에서 보낸 선단들은 후추를 잔뜩 싣고 돌아와 선박 건조 비용을 빼고도 엄청난 이문을 남기게 됩니다.

이를 본 유럽의 나라들은 앞다투어 아시아와의 무역에 뛰어들게 됩니다. 영국은 1600년에 상인들이 연합하여 동인도회사를 결성하였고 네덜란드도 영국을 따라 1602년 동인도회사를 설립하게 되죠.

그런데 네덜란드는 스페인, 영국 같은 나라에 비하면 국토도 작고 자금력도 부족했죠. 결국 이들과 경쟁하려면 대규모 자금 조달이 필요했는데 의회와 상단의 자금만으로는 역부족이었습니다. 이에 네덜란드는 국민으로부터 자금을 투자받아 선단을 꾸린다는 아이디어에 이르게 되죠.

국민이 보기엔 선단에 투자해서 돈 벌 기회가 생기니 좋고, 동인도회사로서는 초기 투자 비용을 줄이고 위험 부담을 낮출 수 있으니 좋은, 소위 '누이 좋고 매부 좋은' 구조가 만들어진 것입니다. 합자회사 형태는 이전에도 있었지만, 일반 투자자들에게 공모하여 자금을 조달하는 주식회사 형태는 네덜란드의 동인도회사가 최초였습니다.

네덜란드 동인도회사는 투자를 받는 과정에서 투자자들에게 동인도회사의 권리 증서를 제공했는데요. 이것이 주식의 시초라고 볼 수 있습니다. 투자자들은 선단이 항해에서 돌아온 이후 권리 증서에 따라 정산된 수익을 배분받을 수 있었죠. 주식투자는 회사의 부족한 자본을 채워주고 대신 수익을 함께 나눈다는 개념에서 시작되었음을 알 수 있습니다.

합자회사

합자회사란 1인 이상의 무한책임사원과 1인 이상의 유한책임사원으로 구성된 회사입니다. 쉽게 말해 자본가와 기업가가 결합하여 사업을 진행하는 회사를 말합니다. 10세기 이래 이탈리아 등의 지중해 연안에는 자본을 투자하는 상인(자본가)과 자신의 노동을 투자하는 상인(기업가)이 서로 결합하여 사업하는 관행이 있었는데요. 이를 합자회사라 볼 수 있습니다.

권리 증서

네덜란드의 동인도회사는 투자금을 한곳에 모은 뒤 소유권을 나타내는 종이, 권리 증서를 만들었습니다. 이 권리 증서에는 거래 당시 액면가가 적혀 있었는데요. 네덜란드 동인도회사의 무역 상황에 따라 액면가의 가격 역시 주가처럼 오르고 내렸습니다.

네덜란드 동인도회사 권리 증서

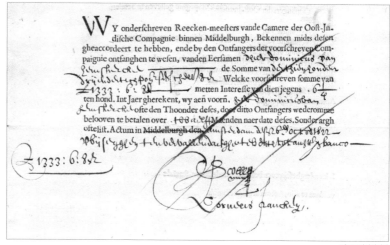

자료 : 위키피디아

여기에서 우리는 두 가지를 명심하고 가야 합니다. 첫째, 회계는 투자자를 보호하기 위해 시작되었다는 것. 둘째, 기업을 분석하는 것은 우리의 소중한 자산을 지켜내기 위한 필수적인 과정이었다는 점입니다

1. 회계를 알아야 하는 이유

여러분이 동인도회사에 투자하여 무역 선박의 수익을 배분받아야 하는 상황이라고 가정해보죠. 여러분은 자신에게 돌아오는 수익이 정말 합당하게 책정된 것인지 확인하고 싶을 겁니다. 회사가 전체 이익을 축소하여 배분 금액을 줄일지도 모를 일이니까요.

만약 투자자들이 회사의 수익 배분을 신뢰하지 않는다면 어떻게 될까요? 아마 회사는 자금 조달을 할 수 없어 애초에 사업을 시작할 수도 없게 될 겁니다. 신뢰가 구축되지 않는 것은 투자자와 회사 모두에게 좋은 일이 아닌 겁니다.

이에 회사는 투자자들의 걱정을 줄이기 위해 무역과 관련한 장부를 작성하여 수익 배분의 신뢰도를 확보하려 합니다. 회계 장부가 탄생한 배경이죠.

하지만 단순히 회사가 장부를 작성하여 공개한다고 해도 투자자로부터 100% 신뢰를 얻지는 못할 겁니다. 장부 자체를 속일 수도 있으니까요. 당연히 투자자들은 이 장부가 정말 현재 상황을 잘 반영하고 있는 게 맞는지 확인하고 싶을 겁니다. 회계 장부를 제3자가 확인하는 '감사' 절차가 자연스럽게 생겨난 이유겠죠.

회계라고 하면 빽빽하게 적힌 숫자가 떠오르면서 머리가 아파오죠. 하지만 회계라는 것이 만들어진 이유 자체가 우리의 권리를 지키는 데 활용하기 위해서입니다. 다소 힘들어도 나의 권리를 찾기 위해 우리는 꼭 회계와 친해져야만 합니다. 주식회사에 투자하는데 회계도 모른다? 그렇다면 눈 뜨고 코 베여도 할 말이 없는 거죠.

감사

우리나라는 상장사의 경우 회계 관련 전문가가 해당 기업의 감사를 진행하고 있습니다. 기업의 감사 관련 내용은 전자공시되는 사업보고서의 '회계감사인의 감사의견'에서 자세히 확인할 수 있습니다.

2. 기업을 분석하는 이유

여러분이 1600년대로 돌아가 선단을 보유한 몇몇 회사들에 대한 투자를 검토하고 있다고 가정해보겠습니다. 투자한 회사의 선단이 무역에 실패하면 해당 회사 주식은 휴짓조각이 될 수도 있는데요. 이렇게 실패의 위험성이 큰 상황에서 대충, 감으로 투자하는 분들은 없으리라 믿습니다. 적어도 제 책을 집어 든 현명한 분들이라면 말이죠.

여러분들은 모르긴 몰라도 투자에 앞서 일단 해당 회사와 관련된 정보를 최대한 수집하려 할 겁니다. 선단의 규모는 어떤지, 선장과 선원은 경험이 많은지, 보유한 선박은 튼튼한지, 항해 루트는 어디로 어떻게 기획하는지, 투자금 회수는 언제쯤 가능할지 등의 정보를 모아보겠죠. 또 회사가 아시아와의 무역에서 성공한 경험이 있는지, 성공했다면 분배에서 잡음이 없었는지도 확인해볼 것이고요. 전쟁 위험은 없는지, 향신료 가격이 급락할 위험은 없는지 등도 검토 대상이 될 겁니다.

이렇게 다양한 정보를 분석하고 나서 회사가 믿을 만하다고 판단했다고 가정하죠. 회사를 신뢰할 수 있다는 게 곧바로 투자해도 된다는 판단으로 이어지는 것은 아닐 겁니다. 신뢰도 평가 이후 반드시 계산기를 두드려서 투자를 통한 수익이 얼마나 될지를 평가하게 되겠죠. 위험 대비 충분한 수익을 가져다주지 못한다면 투자의 가치가 떨어질 테니까요.

오늘날의 주식투자도 기본 구조는 똑같습니다. 우선 산업과 기업을 공부하고 경영진을 파악하여 투자 위험을 피할 필요가 있죠. 그 다음 이 주식이 충분한 수익을 줄 수 있는지를 점검하여 최종적으로 투자 판단을 내립니다. 이런 일련의 과정이 바로 기업 분석의 과정이라고 볼 수 있습니다.

지금은 주식이 거래소에 상장되어 활발하게 거래가 이뤄지다 보니 초기 주식회사처럼 투자를 통해 회사의 수익을 나눈다는 개념은 많이 퇴색되었습니다. 그래도 가치투자자들은 여전히 기업의 성장이 주주 가치 성장으로 이어진다는 신념을 견지하고 있습니다. 주식투자의 기본으로 돌아가 정석적으로 대응하는 것이죠.

주가는 미래 이익성장률의 함수다

"실적이 좋다는데 주가가 빠지는 이유가 뭘까요?"

다시 과거 동인도회사 주식에 투자했다고 가정해보겠습니다. 소문을 들으니 이 회사가 무역에 성공해서 엄청난 후추를 싣고 온다고 합니다. 그러면 기대 수익이 커지게 될 것이고 비싼 가격이라도 권리 증서를 사려는 사람들이 줄을 설 것입니다. 반대로 선박이 7척 출발했는데 해적을 만나서 3척이 침몰했다는 소식이 전해졌다고 가정하죠. 당연히 기대 수익은 감소하게 되고 권리 증서의 가치는 떨어질 수밖에 없습니다.

이렇게 주식회사에 투자한다는 것은 주식회사의 수익을 분배받는 개념이었기에 주가는 회사의 이익에 민감할 수밖에 없습니다. 주가가 이익의 변화에 따라 변동을 보이게 되니 주가를 이익의 함수라고 얘기하는 것이죠. 그런데 여기서 의문이 생깁니다. 정말 '주가는 이익에 비례해서 움직이는가?' 하는 점이죠.

저는 처음 주식에 입문하면서 가치투자를 배웠습니다. 가치투자의 신념은 주가는 적정 가치에 수렴한다는 것입니다. 앞에서 본 것처럼 주식투자는 이익의 함수이므로 이익에 비례한 내재가치에 따라 주가가 결정된다고 공부했죠. 그런데 막상 투자를 해보니 주가는 배운 대로 흘러가질 않았습니다.

당기순이익 규모가 비슷한 두 회사가 있다고 가정합시다. 주가가 이익에 비례한다면 이익 규모가 비슷한 두 회사의 가치도 비슷하게 가야 하잖아요. 그런데 막상 시장에서는 두 회사의 가치가 크게 차이나는 경우들이 많았습니다.

심지어 꾸준히 100억 원을 버는 회사와 지금은 적자여도 5년 뒤에 100억 원을 벌 것 같은 회사 중에서, 후자가 더 높은 평가를 받는 경우도 부지기수였습니다. 주가가 기업의 이익에 비례한다면 나올 수 없는 현상이었죠. 돈에 딱지를 붙여놔서 이 돈은 가치 있는 돈, 저 돈은 쓸모없는 돈으로 나뉘는 것도 아닌데 기업의 가치가 왜 이렇게 차이나는지 의문을 가질 수밖에 없었습니다.

여기서 우리가 생각해야 할 것이 있습니다. 초기 주식회사의 주식과 현재 우리가 거래하는 주식은 큰 차이가 있다는 사실입니다. 바로 지금은 주식 증서가 거래소에 상장되어 일반 투자자들 사이에서 손쉽게 거래된다는 것이죠.

가령 부동산에 투자하는 경우를 생각해볼까요. 주식처럼 적극적으로 사고파는 매매를 하지 않습니다. 애초에 부동산 계약은 많은 발품을 팔아야 하고 매매를 위한 절차도 복잡합니다. 매매 상대방을 구하는 것도 오랜 시간을 요구하고, 구한다고 하더라도 거래 상대방의 신뢰도를 확인하는 절차가 추가로 필요하죠. 부동산은 매매할 때마다 시간과 노력, 비용이 많이 들어가기에 잦은 매매가 어렵습니다. 자연스럽게 부동산에 대해서는 단기보다 장기로 투자하게 되어있는 겁니다. 부동산 투자자들에게 몇 년을 기다리는 것은 일도 아니죠. 재밌는 것은 긴 시계열로 부동산 투자를 하는 사람이 주식투자를 한다고 해서 부동산처럼 장기 투자를 하는 것도 아니라는 점입니다. 투자에는 사람의 투자 성향도 중요하지만, 투자하는 상황도 그 못지않게 중요하다는 사실을 알 수 있는 대목입니다.

주식이 거래소에 상장된다는 것은 거래의 편의성이 높아지고 거래 비용이 급격하게 감소한다는 것을 의미합니다. 부동산과 달리, 거래 상대방에게 사기를 당할 가능성도 없죠. 결국, 상장된 주식은 거래에 따른 마찰 비용이 거의 제로에 수렴한다는 것을 알 수 있습니다. 자연스럽게 잦은 매매로 이어질 수 있는 환경이라는 얘기입니다.

또 초창기 주식회사는 항해의 수익을 정해진 절차에 따라 주주에게 배분했죠. 하지만 현대의 주식회사들은 미래 성장을 위해 현금을 유보하는 경우가 많습니다. 배당을 주는 등 주주환원 정책을 펼치기도 하지만, 이사회의 의지에 따라 언제든 정책이 바뀔 수 있고요.

따라서 주식투자자들은 수익을 내기 위해 매매를 통한 시세 차익에 치중할 수밖에 없다는 결론에 도달하게 됩니다. 상황이 투자의 방향을 바꾸게 된 것이죠. 그런데 시세 차익을 내기 위해서는 주가가 위아래로 많이 움직여야 합니다. 주가에 '변동성'이 있어야 수익의 기회도 많아지게 된다는 얘기입니다.

자, 여기서 굉장히 중요한 키워드 '변동성'이 나왔습니다. 결론적으로 이 '변동성'이라는 놈 때문에 비슷한 규모의 이익을 내는 회사들의 가치평가가 달라지는 건데요. 다시 예를 들어보죠. 매년 꾸준하게 100억 원을 버는 회사를 A, 지금은 적자지만 5년 뒤 100억 원을 벌 수 있는 회사를 B라고 하겠습니다. 이때 적자를 보는 B가 A보다 높은 평가를 받는 경우가 종종 있다고 했죠. 상식적으로 생각해보세요. 여러분에게 당장 1만 원을 받는 것과 5년 뒤에 1만 원을 받는 것 중의 하나를 고르라고 하면, 5년 뒤 1만 원을 선택할 사람은 없을 거잖아요. 마찬가지로 지금 100억 원을 버는 회사 A를 버리고 5년 뒤 100억 원을 벌 것으로 기대되는 B를 선택한다는 것은 쉽사리 납득되지 않는 일입니다.

이제 중요한 키워드라고 했던 '변동성'을 다시 떠올려보겠습니다. 매년 100억 원을 버는 A는 회사의 변화가 별로 없으니 주가 변동성도 당연히 제한적입니다. 투자 대상으로는 영 재미가 없는 거죠. 반대로 지금은 적자지만 앞으로 꾸준히 성장할 수 있는 기업 B는 변화가 큽니다. 당연히 주가의 변동성도 크겠죠. 특히 비즈니스의 장래 성장 전망이 강할수록 투자자들의 관심이 커지면서 주가 변동성은 더욱 높아집니다. 변동성이 높은 만큼 투자자의 수요가 많아지고 그만큼 회사의 가치가 더 커지게 되는 것입니다. 이것이 결국 A 회사보다 B 회사가 더 높은 평가를 받는 이유라고 볼 수 있죠.

📈 각 회사의 이익과 성장률 추이

연차	1년 차	2년 차	3년 차	4년 차	5년 차
A회사	100	100	100	100	100
성장률	—	0%	0%	0%	0%
B회사	-10	13	25	50	100
성장률	—	흑자전환	92%	100%	100%
C회사	100	200	300	400	500
성장률	—	100%	50%	33%	25%

여기에 올해 당기순이익이 100억 원인데 매년 이익이 100억 원씩 성장하는 회사 C를 추가해보겠습니다. 이 회사도 이익 성장이 꾸준하

게 나오죠. 이익이 성장하고 있으니 이 회사의 주가는 계속해서 좋을까요? 이번에 우리가 주목해야 할 것은 '성장률'입니다. 정확하게 '성장률의 추이'라고 할 수 있죠. C의 성장률은 2년 차에 100%, 3년 차에 50%, 4년 차에 33%, 5년 차에 25%로 점차 하락하는 모습을 보입니다. 이익의 변동성은 점차 낮아지게 된다는 얘기입니다. 이익성장률이 높았던 2년~3년 차의 주가는 이미 5년 차 이후의 이익 규모까지 선반영하여 오르는 경우가 많은데요. 정작 이익이 커진 4년~5년 차에는 낮은 변동성을 반영하여 주가가 꺾이는 경우들이 발생하게 됩니다.

아까 초기 주식투자의 개념에서 주가는 이익의 함수라고 얘기했죠. 그런데 변동성을 추구하는 상장주식은 주가가 미래 이익성장률에 대한 함수로 전환된 것입니다. 그러니 '이 회사는 계속 성장하는데 왜 시장이 몰라주고 주가가 이렇게 빠지는 거냐'라면서 성장이 둔화하는 주식을 가지고 버틸 필요가 없습니다. 기업이 꾸준히 성장하더라도 성장률이 둔화한다면 주가에는 부정적임을 꼭 알고 있어야 하죠.

결국, 좋은 투자 기회를 찾기 위해 우리가 끊임없이 관찰할 것은 이겁니다. "회사가 시장의 예상을 뛰어넘는 성장을 이루는가?" 주가가 미래 이익성장률의 함수로 전환되었다고 해서 기업 분석이 필요 없어지는 것은 아니죠. 오히려 기업의 미래를 예측해서 성장률의 추이까지 찾아내야 하기에 기업 분석에 더 공을 들여야 할 수도 있습니다. 미래의 성장률을 전망하기 위해 전자공시의 도움을 받아야 한다는 것도 명확하고요.

상장주식의 주가가 미래 이익성장률의 함수라면, 기업 분석의 방향은 당연히 기업의 이익이 증가할 수 있느냐에 초점이 맞춰지게 됩니다. 이를 위해 우리는 유튜브를 보고, 다른 이의 얘기를 듣고, 공시를 보고, 보고서를 보면서 열심히 공부하게 되죠. 하지만 공부를 열심히 해서 배우고 익힌 대로 이익이 성장하는 것을 보고 투자했는데 막상 주가가 떨어져 손실을 보는 경우도 있습니다. 배운 대로 했는데도 자꾸 시험에서 답이 틀리니 애널리스트 등 전문가를 원망하곤 합니다. 저를 비롯해 공부를 잘했던 모범생들이 부딪히곤 하는 한계입니다.

실패한 투자를 바로잡고 앞으로 나가기 위해서는 왜 배운 대로 했는데도 계속 투자에 실패하는지 그 이유를 알아야 합니다. 배운 대로만 하는 게 아니라 창의적으로 답을 찾아가기 위한 첫걸음입니다. 제가 생각할 때 열심히 공부해서 투자했는데도 투자에 실패하는 이유는 크게 세 가지입니다.

1. 눈에 보이는 이익 증가만 본 경우

종종 이런 푸념을 듣곤 합니다. "올해 이익이 이렇게나 성장하는데 주가가 안 오르는 이유를 도대체 모르겠네." 주가를 이익에 대한 함수로 착각하는 경우입니다. 회사가 수익을 온전히 주주들에게 배분한다면 단순한 이익 증가만으로도 주가가 오르게 될 겁니다. 하지만 상장주식은 변동성이 중요하다고 누차 강조하고 있습니다. 변동성을 만드는 것은 이익성장률이므로, 주가는 미래의 이익성장률에 대한 함수라고 했고요.

그렇다는 건 성장률이 하락하면 변동성이 점점 축소되면서 투자의 매력도가 떨어진다는 얘기가 됩니다. 특히 실적이 고성장을 이어오면서 높은 가치를 인정받던 회사가 기대 이하의 성장률을 보여주면 주가가 순식간에 곤두박질치기도 하고요. 성장이 멈추거나 성장이 꺾여서 주가가 하락한 것이 아니라 성장은 하는데 그 성장률이 무디어져서 주가가 하락했다는 것에 포인트를 둬야 합니다.

영업이익

매출액에서 제품의 생산과 판매에 필요한 모든 비용을 제외한 이익이 바로 영업이익입니다.

실제 사례를 들어 설명하면 이해가 더 빠를 겁니다. 성장주의 대명사 테슬라의 주가 움직임이 대표적인데요. 테슬라는 2018년까지만 해도 대규모 적자를 기록하면서 회사의 존폐를 걱정해야 할 정도였습니다. 그런데 2019년 영업이익이 거의 BEP에 도달하면서 상황이 급변하게 됩니다.

📊 테슬라 인도량 추이

(단위 : 대, 백만 달러)

연도	2016	2017	2018	2019	2020	2021	2022	2023
인도량	76,200	103,100	245,200	367,500	499,550	936,172	1,313,851	1,808,581
성장률	52%	35%	138%	50%	36%	87%	40%	38%
영업이익	-667	-1,632	-388	-69	1,994	6,523	13,636	8,891
성장률	적자	적자	적자	적자	흑자전환	227%	109%	-35%

BEP

BEP(Break–even Point, 손익분기점)는 일정 기간의 매출액이 그 기간의 총비용과 일치하는 시점을 말합니다. 이 시점을 전후로 적자와 흑자로 나뉘기에 BEP 포인트 근처의 회사는 눈여겨볼 필요가 있습니다.

테슬라는 전기차 판매량이 2019년의 37만 대에서 2020년 50만 대, 2021년 94만 대, 2022년에는 131만 대로, 불과 3년 만에 3배 넘게 증가합니다. 판매량 증가에 힘입어 영업이익은 2019년 소폭 적자에서 2020년 20억 달러, 2021년 65억 달러, 2022년 136억 달러까지 2년 만에 6배 넘는 성장을 보여주고요.

2019년~2021년까지 테슬라의 주가가 고공행진을 이어갔던 이유입니다. 테슬라의 수정주가는 2019년 14달러 수준에서 2021년 11월 5일 407달러까지 거의 30배 가까운 상승을 보여줍니다.

어? 그런데 2021년 하반기에 주가가 정점을 찍었네요. 앞에서 테슬라의 이익 성장이 2022년까지 계속 이어졌다는 얘기를 드렸잖아요. 그럼, 이번에는 영업이익성장률 기준으로 볼게요. 테슬라의 영업이익성장률은 2020년 흑자전환 이후 2021년 227%, 2022년 109%로 크게 둔화했습니다. 2023년에는 −35%로 크게 역성장까지 하게 되지요. 주가는 미래 이익성장률이 중요하다고 계속 강조했는데, 테슬

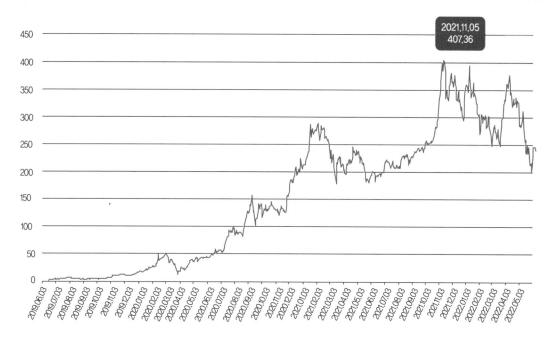

📈 테슬라 종가 차트

(단위 : 달러)

라도 이익성장률의 둔화가 주가의 발목을 잡았다고 볼 수 있습니다.

우리가 눈여겨볼 것은 주가가 꺾인 시점이 성장률 둔화가 예상되었던 2021년 말이었다는 점입니다. 2022년의 실적 성장까지는 이미 주가에 녹아있었고, 그 이후 성장 둔화에 따른 이익성장률의 감소 또는 역성장을 미리 주가에 반영했다고 봐야겠죠. 단순히 이익이 성장한다고 해서 좋은 주식으로 간주하고 사면 안 된다는 걸 보여주는 사례입니다.

2. 잘못된 답을 내린 경우

우리가 주식을 사는 이유는 주가가 오를 것 같기 때문이죠. 오를 것

수정주가

기업에 유·무상증자나 액면분할 등의 이슈가 있으면 주가에 변동이 생기는데요. 예를 들어 액면분할로 주가가 갑자기 10,000원에서 5,000원이 되어버리면 기업가치는 변화가 없는데 주가가 급락한 것처럼 보일 수 있죠. 이에 주식의 과거 가격을 현재 가격과 비교할 수 있게 주가를 조정하는데요. 그 가격을 수정주가라고 합니다.

같은 이유에는 많은 긍정적인 가정들이 따르게 됩니다. 그런데 그 가정들이 틀어지게 된다면 주가는 하락할 수밖에 없겠죠. 대기업에 납품이 시작되어 가파른 실적 성장이 나타날 것으로 전망했는데 막상 품질 테스트에서 떨어져 납품이 무산되는 경우, 애초에 성장률 가정이 너무 높아서 이를 달성하지 못하는 경우 등이 대표적입니다.

가정이 틀렸다는 것은 애초에 공부한 내용에 오류가 있었던 경우가 대부분인데요. 투자자 본인이 직접 산업의 데이터 추이를 확인하고 산업이나 기업 관련자들을 탐문해 결론을 도출한 것이 아니라, 다른 누군가가 정리한 보고서를 읽거나 남이 좋다고 하는 얘기를 듣고 이를 근거로 판단을 내렸을 때 오답을 낼 확률이 상당히 높아지게 됩니다.

남의 얘기를 듣고 투자 판단을 내렸는데 주가가 내려가 손실을 보면, 대게 잘못된 답을 제시한 이를 원망하게 되죠. 이렇게 손가락질하면 속은 시원하겠지만 다음 투자에 도움은 되지 않습니다.

투자 판단은 결국 본인의 몫이고 전문가가 근거로 제시한 데이터의 정확성을 확인할 책임도 본인에게 있다는 것을 명심해야 하죠. 그러니 같은 실수를 반복하지 않기 위해서는 자신을 돌아보면서 내가 부족했던 것이 무엇인지 확인해야만 합니다.

시장에는 관성이라는 게 존재합니다. 좋을 때는 모두가 장밋빛 전망만 그리면서 계속 높은 성장률이 나올 것처럼 바라봅니다. 그러니 전문가들이 이구동성, 한 방향으로 시장이 좋다고 얘기한다면 오히려 경계하는 것도 좋은 전략이 될 수 있겠죠.

다른 사람의 얘기를 들으면서 '맞다, 틀리다'를 스스로 판단할 수 있을 만큼 산업을 이해하고 산업 동향을 점검해나간다면 오답을 많이 줄여나갈 수 있을 겁니다. 내가 확실히 잘 아는 분야에만 투자한다는 생각도 잘못된 답을 피하는 데 도움이 될 수 있고요.

3. 시장의 변화를 빠르게 읽지 못한 경우

'그때는 맞고 지금은 틀리다'라는 얘기가 있죠. 상황의 변화에 따라 과거에는 맞았던 게 지금은 틀리게 되는 경우가 있다는 건데요. 기업 분석도 마찬가지입니다. 우리가 과거에 열심히 기업 분석을 했다고 한들, 경제 상황이 변하면 판단의 전제 조건들이 바뀌면서 결과적으로는 틀린 분석이 될 수 있다는 거죠.

가령 글로벌 경기가 좋아서 자동차 판매가 증가할 것으로 판단했다고 가정해봅시다. 그런데 갑자기 대만에 지진이 발생해서 TSMC의 공장 가동에 차질이 생긴 겁니다. 차량용 반도체 공급에 문제가 생기면서 자동차 생산이 원활하게 이뤄지지 못합니다. 아무리 수요가 늘어난다고 한들 판매량을 늘릴 수 없으니 자동차 업체들의 실적이 좋아질 수가 없겠죠. 결국, 글로벌 경기 개선의 혜택을 온전히 누리지 못하게 되는 겁니다. 처음 내렸던 판단의 전제가 바뀌었으니 투자 판단도 달라져야만 하는데 이를 놓치고 자동차 주식을 계속 보유하게 되면 투자에서 좋은 성과를 거두기가 어렵겠죠.

타인의 얘기를 듣거나 증권사의 보고서와 뉴스를 통해 시험공부 하듯 기업 분석을 한 사람들은 상대적으로 판단의 유연성이 떨어집니다. 스스로 판단의 전제 조건들을 찾아가면서 고민한 것이 아니기에 상황 판단의 변화를 '캐치'하는 것이 힘들죠. 또 새로운 변수가 발생했을 때 이 변수를 투자 판단에 응용하는 것도 잘 안 되고요. 때로는 주가가 하락하는 것을 보고 기회라 여겨 주식을 더 사는 오판을 범하기도 합니다. 그나마 지진은 대외적으로 쉽게 드러나는 변화지만 전혀 예상하지 못한 나비효과로 시장이 영향을 받는 경우도 허다합니다.

그러니 우리는 꾸준한 업데이트를 통해 시장의 변화를 읽어내는 노력이 필요합니다. 타인의 얘기를 듣되 수용할 것과 수용하지 않을 것을 구분하는 비판적 사고도 필요하고요. 더불어 경제와 산업의 흐름 변화를 읽는 눈도 키워야 하는데요. 이는 기업 분석을 할 때 자신만의 투자 판단을 해보는 과정을 꾸준히 거쳐야 합니다. 앵무새처럼 타인의 생각을 따라 하기만 하면 실력이 늘기가 어렵죠.

이제 타인에게 의존하지 않고 스스로 서기 위한 마음가짐을 가졌으니 실질적으로 분석에 필요한 여러 가지 내용을 공부하도록 하겠습니다.

주식투자에서는 잘못된 투자를 하더라도 수익을 내는 경우가 간혹 있습니다. 하지만 그런 우연은 항상 일어나지 않습니다. 반드시 면밀한 기업 분석을 토대로 투자하는 습관을 가집시다.

놉!

가치투자자가 매력을 느끼는 기업

"매력 없는 대상에 투자할 투자자가 있을까요?"

앞서 얘기했듯이 가치투자자는 가치를 평가하여 회사의 주가가 내재가치보다 현저히 저평가되어 있을 때 매력적이라고 생각합니다. 그러니까 이들이 생각하는 기본 전제는 이런 것이죠.

"회사의 주가는 회사가 가진 내재가치에 수렴한다."

비록 시장이 현시점에서 기업의 숨겨진 투자 매력을 놓치고 있지만, 언젠가는 숨겨진 매력이 포함된 진정한 내재가치를 알아본다고 믿는 겁니다. 이런 전제를 깔고 간다면 투자를 위해 해야 할 행동은 간단합니다. 남들이 발견하지 못한 숨은 진주를 찾아야만 하죠. 기업 분석이라는 흥미진진한 보물찾기가 시작되는 겁니다.

'회사의 주가는 회사가 지닌 내재가치에 다가간다'는 전제를 받아들인다면 주가가 오르기 위한 조건은 한 가지가 됩니다. 회사의 내재가치가 현재 시장에서 평가하고 있는 가치, 즉 주가보다 커야만 하죠.

회사의 내재가치 〉 회사의 주가 = 주가 상승

이 내재가치도 두 가지로 구분 지을 수 있습니다. 하나는 회사가 지금까지 보여준 실적과 자산을 기반으로 한 현재가치가 있을 것이고, 다른 하나는 미래의 성과를 기반으로 한 미래가치가 있을 겁니다.

다시 정리해보면 주가가 오르기 위한 조건은 결국 회사의 주가 대비 회사의 미래가치 또는 회사의 현재가치가 더 커야 한다는 것을 알 수 있죠. 주가가 오르기 위한 조건을 식으로 정리하면 다음과 같이 두 가지로 표현할 수 있습니다.

회사의 미래가치 〉 회사의 주가
회사의 현재가치 〉 회사의 주가

이제 이 두 가지 내용을 각각 더 상세하게 살펴보면서 투자의 방향을 잡아가도록 하죠.

미래가치 〉주가: 키워드는 성장

"회사의 미래가치가 커진다는 것은 어떤 의미일까요?"

회사의 미래가치가 현재 주가보다 크다는 것을 생각해보겠습니다. 여기서 핵심 키워드는 시장의 예상을 뛰어넘는 성장입니다.

야구 선수를 예로 들어보겠습니다. 구단은 매년 신인들을 뽑습니다. 스카우터들은 지금까지 보여준 성적이나 체격, 운동신경을 보면서 신인들의 성장 잠재력을 판단하고 최고의 신인을 뽑기 위해서 노력합니다. 스카우터 입장에서 가장 좋은 경우는 아마추어 때 두드러지지 않았다가 프로에 와서 크게 성장하는 경우일 겁니다.

각 구단의 스카우터들은 후자를 찾으려고 애씁니다. 지금은 메이저리그에 진출한 김하성 선수는 2차 3라운드에서야 지명이 되었고, KBO리그의 대표 포수 양의지 선수는 2차 8라운드에 가서야 뽑혔습니다. 크게 기대하지 않았던 선수들이 기대 이상의 성과를 거두면 구단도 그만큼 좋은 성적을 거둘 수 있죠.

투자도 마찬가지입니다. 시장에서 지금 크게 기대하고 있지 않지만, 성장 잠재력이 있는 회사들이 분명 존재합니다. 우리는 이런 기업을 발 빠르게 찾아야 성공적인 투자를 할 수 있게 됩니다.

대표적인 사례가 F&F입니다. F&F가 Discovery라는 브랜드를 신규로 론칭했는데, 매장이 문전성시를 이루면서 잘될 때가 있었죠. 여기에 MLB 면세점 매장은 중국인들로 발 디딜 틈이 없을 정도였고요. 2012년 3,000원대에 불과했던 F&F(현 F&F홀딩스, 수정주가 기준) 주가는 Discovery 브랜드 성공과 MLB 중국 진출로 2021년 4월, 9년 만에 90,000원 수준으로 약 30배가량 상승했습니다.

해태제과가 2014년 8월 출시한 허니버터칩도 시장에서 구할 수 없을 만큼 품절 사태가 일어났었죠. 해태제과 주가는 2014년 10월 10,000원 대에서 2015년 8월까지 49,000원 대로, 채 1년도 안 돼 5배가량 상승했습니다.

월가의 구루인 피터 린치가 이렇게 주변에서 투자 아이디어를 얻은 후 기업을 분석하여 큰 수익을 낸 대표적인 투자자입니다. 아직 안 보신 분이 있다면 『피터 린치의 이기는 투자』는 꼭 한 번 읽어보십시오.

그런데 아이러니한 것은 『피터 린치의 이기는 투자』에 감명받아 주변에서 아이디어를 얻어 투자했는데 의외로 투자에 실패하는 이들이 많다는 점입니다. 여기에는 크게 세 가지 이유가 있습니다.

1. 기업 분석을 하지 않은 경우

가령 로봇청소기를 사려고 했더니 삼성전자의 제품이 불티나게 잘 팔리는 겁니다. 제품을 낼 때마다 품절 돼서 살 수가 없을 정도라고 하죠. 분명히 판매량이 증가한다는 좋은 시그널입니다. 그런데 이 현상을 보고 삼성전자에 투자하면 성과를 낼 수 있을까요?

로봇청소기가 정말 잘 팔려서 연간 국내 매출이 2,000억 원을 기록했다고 하죠. 전체 연간 매출액이 300조 원에 달하는 삼성전자로서는 로봇청소기가 아무리 잘 팔려 봤자 매출액이 0.1%도 늘지 않습니다. 이익 기여도가 미미하니까 주가가 움직일 리가 없겠죠.

그런데 투자자들이 생각보다 이런 실수를 많이 합니다. 특히 뉴스를 보면서 '좋다'는 현상을 보고는 테마주 매매를 하는 거죠. 이 현상이 막상 기업에 어떤 영향을 주는지는 깊게 보지 않은 케이스입니다.

2. 가치평가를 하지 않은 경우

아까 예로 들었던 야구 선수 얘기를 다시 해보겠습니다. 구단이 드래프트에서 1순위로 뽑는 선수들은 성장 잠재력을 크게 보는 선수들입니다. 이 선수들은 당연히 잘해줘야 하는데요. 구단 입장에선 이들이 주전으로 자리 잡으면 본전, 그러지 못하면 엄청난 실패가 됩니다. 주전을 넘어서서 슈퍼스타로 성장해줘야 잘한 선택이 될 수 있죠.

마찬가지로 우리가 발견한 현상에 대해 이미 시장이 그 가치를 반영하고 있을 수 있습니다. 시장이 기대하지 않았던 성장을 보여야 주가가 오를 텐데 가치평가를 해보지 않는다면 판단을 내릴 수가 없겠죠. 결국 '좋다'는 현상을 보고 샀다가 상투를 잡고 손실을 보는 경우가 많아지게 됩니다.

3. 주변의 변화에 둔감한 경우

주변에서 힌트를 얻는 투자는 변화에 둔감한 분들은 활용하기 힘듭니다. 디스커버리가 많이 팔리는 것도, 허니버터칩이 잘 팔리는 것도, 주변 사람과 소통하거나 직접 매장이나 핫 플레이스를 둘러봐야 가능합니다. 하지만 직장인이나 일반적인 투자자들은 이렇게 주변의 힌트를 얻을 시간이 충분하지 않죠. 소비 트렌드는 젊은이들이 주도하는 경우가 많은데 나이가 들수록 이런 소비 트렌드를 따라가기도 쉽지 않고요.

만약 자신이 주변의 변화에 둔감하다면 전자공시 활용이 좋은 방법이 될 수 있습니다. 사업보고서, 증설 투자, 자금 조달, 내부자 장내 매수 등 전자공시에서는 기업의 성장 가능성을 엿볼 수 있는 많은 힌트를 제공하기 때문이죠. 우리는 공시의 힌트를 조합하여 구단의 스카우터처럼 주식시장의 성장 잠재력을 지닌 신인을 찾아낼 수 있습니다. 이 책의 목표도 공시의 힌트를 투자로 연결하는 과정을 알려드리려는 것이고요.

현재가치 > 주가: 키워드는 저평가

"10만 원이 들어있는 지갑을 8만 원에 판다면?"

이번에는 회사의 현재가치가 현재 주가보다 크다는 것을 생각해 보죠. 다시 스포츠 선수를 예로 들어보겠습니다. 연차가 있어 경험이 쌓이고 성적이 잘 나오는 선수가 있습니다. 그런데 키가 작다, 몸이 약해 보인다 등 여러 가지 이유로 연봉을 높게 받지 못하는 상황이라고 가정해보죠. 다른 구단에서는 이 선수가 보여준 성적이 있으니 싸게 데려갈 기회라 생각할 수 있을 겁니다. 저평가된 선수를 데려가려는 구단은 해당 선수가 현재 수준의 성적만 기록하더라도 충분히 만족할 테고요.

마찬가지로 기업도 현재 보여준 성과 대비 저평가되는 경우들이 있습니다. 대표적으로 실적 대비 저평가된 경우와 자산가치 대비 저평가된 경우를 생각해볼 수 있겠죠. 이미 저평가 구간에 있으니 주가가 더 내려갈 가능성은 크지 않고 뭔가 상승의 이벤트가 있다면 반등을 기대해볼 수 있는 기업들이라고 할 수 있습니다.

1. 실적 대비 저평가

IR

IR(Investor Relations)은 기업가치의 극대화를 목적으로 투자자들과 적극적으로 소통하는 행위를 의미합니다. 기업의 IR 전담조직은 단순히 기업의 경영실적 발표뿐 아니라 사회적 책임, ESG경영, 사회공헌 등의 업무까지 병행하는 경우가 많습니다.

실적이 계속 탄탄하게 잘 나오고 있는데 시장이 제대로 평가하지 않는 경우가 있죠. 보통 회사가 IR을 적극적으로 하지 않는 경우 저평가되는 기업들이 많습니다. IR은 기업이 투자자와 소통하는 활동을 의미하는데요. 회사가 IR을 소홀히 하면 투자자들은 회사의 내용을 제대로 파악하기가 어렵습니다. 내용 파악이 어렵다는 것은 그만큼 투자자가 회사를 제대로 평가하기 힘들다는 얘기죠.

키 크고 잘생긴 남자가 머리도 감지 않고 두꺼운 뿔테 안경에 옷도 후줄근하게 입고 다니는 거랑 비슷하다고 할까요? 그래도 기본적인 매력은 있어서 전반적으로 업황이 좋거나 회사 실적이 성장하면 주가가 오르기는 하지만 이때도 IR을 열심히 하는 동종기업 대비 저평가되는 경우가 많습니다.

실적의 변동성이 큰 경우에도 현재 보여주는 실적 대비 저평가되는 경우가 많습니다. 지금 당장은 이익이 잘 나와도 언제 어떻게 매출과 이익이 곤두박질칠지 모르니 투자자가 쉽게 접근하기 힘든 것이죠. 특히 판매가가 상승하면서 매출과 이익이 좋아진 경우나 비용이 감소하면서 이익이 늘어난 경우, 이렇게 저평가되는 사례가 많습니다.

마지막으로 사양산업이라고 평가되는 경우에도 실적의 가치를 제대로 평가받지 못합니다. 대표적으로 제지나 시멘트 산업은 추가적인 성장이 나오기 어려워 실적이 좋아도 제대로 평가받지 못하죠. 앞에서 상장주식은 변동성이 중요하다고 얘기했는데요. 사양산업은 이 변동성이 나오질 않으니 투자자들이 외면한다고 볼 수 있습니다.

2. 자산가치 대비 저평가

우리가 직접 기업을 인수한다고 가정하겠습니다. 회사가 보유하고 있는 모든 자산에서 갚아야 할 부채를 뺀 값을 자본이라고 하는데요. 자본이 5,000억 원인 회사를 인수하고자 한다면 우리는 얼마를 지불해야 할까요?

만약 자산에서 악성 재고, 악성 매출채권, 장부상 가격 대비 크게 손실이 난 투자자산 같은 것이 없다면 적어도 5,000억 원 밑으로 인수하기는 쉽지 않을 겁니다.

그런데 주식시장에서는 재무제표상의 자본보다 낮은 가격에 거래되는 주식이 상당히 많습니다. 공장 건물이나 장비, 기자재 같은 경우는 자산에 기록된 것보다 가치가 낮을 수 있으니 그럴 수 있다는 생각도 듭니다. 회사의 사업이 잘 안 돼서 폐업해야 하는데 공장 위치가 외지고 장비는 낡아서 되팔 수도 없다면, 그럴 수 있겠죠.

그런데 심지어 회사의 순현금보다 시가총액이 저평가되기도 합니다. 예를 들면 1만 원으로 상자를 하나 샀는데 상자 안에 1만3,000원이 들어있는 경우입니다.

계속 강조하지만, 상장주식은 변동성이 커야지 수익의 기회가 커집니다. 변동성은 미래의 이익 성장을 통해서 나오는 경우가 대부분이고요. 그러니 아무리 실적이 좋고 자산가치가 빵빵해도 변동성이 크지 않다면 투자 매력은 떨어지기 마련인 거죠. 현금이 많아도 당장 현금을 나누어 주는 것이 아니니 투자자의 관심을 끌기 어렵고요.

일반적으로 현재가치 대비 저평가된 회사들은 그 저평가가 쉽게

매출채권

기업이 상품이나 서비스를 제공하고, 아직 대금을 받지 못한 금액을 말합니다.

순현금

기업의 재무 상태를 평가할 때 사용하는 용어입니다. 기업이 보유한 현금 및 현금성 자산에서 이자지급성 부채(차입금, 채권 등)를 차감한 금액을 말합니다.

풀리지 않습니다. 네옴시티 같은 테마에 엮이거나, '밸류업 프로그램'과 같은 정부 정책이 나오거나, M&A가 이뤄지는 등 새롭게 반등할 계기가 필요합니다.

그런데 역으로 저평가되었던 기업들이 이렇게 새로운 변화에 엮이면 꼭 관심을 갖고 볼 필요가 있습니다. 기존에 보여준 안정성에 변동성이 더해지면서 굉장히 강한 주가 상승이 나타나는 경우가 많기 때문입니다. 만년 '소외주'라는 편견으로 외면하면 안 된다는 얘기입니다.

우리가 노릴 것은 바로 이 지점이죠. 회사가 만년 저평가 상태에 있는데 이를 벗어날 잠재력이 있는지를 미리 확인한다면 편하게 수익을 낼 수 있으니까요. 이 역시도 다양한 공시에서 힌트를 얻을 수 있으니 끝까지 책을 놓지 마세요.

📈 요약

- 주식회사의 시작은 위험을 덜고 수익을 나누기 위해서 생겼다.
- 기업 분석은 기업의 미래 이익을 기반으로 이루어진다.
- 주식이 상장되어 거래되면서 초기 주식투자의 개념이 변질됐다.
- 상장주식은 주가의 변동성이 필요하고 변동성에는 미래 이익의 성장이 필요하다.
- 주가는 미래 이익성장률의 함수다.
- 가치투자자는 저평가된 회사를 찾아서 투자해야 한다.
- 회사의 미래가치 〉 회사의 주가, 키워드는 성장이다.
- 회사의 현재가치 〉 회사의 주가, 키워드는 저평가다.

CHAPTER 3

분석의 툴:
전자공시란 무엇인가?

전자공시 제대로 이해하기

"전자공시는 왜 만들었을까요?"

본격적인 시작에 앞서 우선 전자공시가 무엇인지 알아야겠죠.

📈 전자공시시스템(DART: Data Analysis, Retrieval and TransferSystem)

- -

상장법인 등이 공시서류를 인터넷으로 제출하고, 투자자 등 이용자는 제출 즉시
인터넷을 통해 조회할 수 있도록 하는 종합적 기업공시 시스템

전자공시 사이트에 나와 있는 공식적인 시스템 소개 문구입니다.
금융감독원은 상장사들에 기업 활동과 관련한 다양한 사항을 보고하
도록 의무화하고 있습니다.

이렇게 기업들이 보고한 사항들을 투자자들이 인터넷에서 쉽게

접할 수 있도록 구축한 것이 바로 전자공시시스템인 것이죠. 전자공시 제도는 2000년 4월부터 시행되어 지금까지 이어지고 있습니다.

공시사이트에는 두 가지가 있습니다. 하나는 금융감독원에서 운영하는 전자공시 'DART'이고 다른 하나는 한국거래소에서 운영하는 전자공시 'KIND(Korea Investor's Network for Disclosure System)'입니다. 대부분 같은 내용이 올라오는데 KIND에는 투자주의, 환기 등 시세와 관련한 시장조치 정보와 상장채권에 대한 정보가 더 제공되는 것이 다릅니다.

시장조치

거래소의 시장조치란 주식시장에서 거래의 공정성, 투명성, 안정성을 확보하기 위해 거래소가 취하는 다양한 조치를 의미합니다. 투자 주의, 투자 경고 등 주가의 시세와 관련한 거래소의 조치들이 대표적인 공시들이죠.

📈 전자공시 사이트 KIND와 DART

	한국거래소 전자공시 홈페이지 https://kind.krx.co.kr (KIND, Korea Investor's Network for Disclosure System)
DART	금융감독원 전자공시 홈페이지 http://dart.fss.or.kr (DART, Data Analysis, Retrieval and Transfer System)

투자자들은 대개 기업의 내용과 관련된 공시에 집중합니다. 유튜브나 블로그 글 등을 보면 '다트에서 확인할 수 있습니다'라는 얘기들이 있는데 바로 금융감독원 공시 다트를 참조했다는 말입니다. 이 책에서도 투자자들이 많이 활용하는 금융감독원의 다트를 중심으로 설명하겠습니다. 전자공시 사이트에 접속하기 위해서는 네이버나 구글 검색창에 '전자공시'를 검색해서 접속하면 됩니다.

처음 전자공시 사이트에서 접속해보면 당황스럽기 짝이 없습니다. 다음 화면이 전자공시 사이트의 첫 화면인데요. 이 사이트를 처음 접속하는 사람이라면 무엇을 어떻게 어디서부터 봐야 할지 막막해질 수밖에 없습니다.

전자공시 사이트를 제대로 활용하기 위해서는 사이트에 어떤 공시들이 올라오는지, 그리고 우리가 중점적으로 봐야 하는 공시 내용이 무엇인지를 알고 있어야 합니다. 집에 공구 박스가 있다고 모두 맥가이버가 되는 건 아니죠. 공구의 쓰임을 이해하고 적재적소에 쓸 수 있는 능력을 길러야 합니다. 공시도 마찬가지, 전자공시 사이트가 정보의 보고인 것은 맞지만 이것들을 제대로 활용하기 위해서는 우선 어떤 공시가 있는지 그 공시에서 무엇을 알아가야 하는지를 파악해야 합니다.

우선 기업과 관련하여 우리가 살펴볼 공시는 크게 세 가지로 나눌 수 있습니다. 바로 정기공시, 발행공시, 기타공시입니다. 지금부터 하나씩 천천히 살펴보겠습니다.

정기공시: 사업 추이가 보인다

"분기마다 꼬박꼬박 나오는 공시가 있다고요?"

투자자들이 가장 익숙해져야 하고 주목해야 할 공시는 바로 정기
공시입니다. 기업의 사업 내용 설명, 재무 상황, 경영실적 등이 담겨있
는 분기보고서, 반기보고서, 사업보고서가 바로 정기공시이기 때문입
니다. 공시 제목 그대로 분기, 반기, 연간 단위로 정기적으로 나와야
하고 제출 기한도 정해져 있어서 정기공시라고 합니다.

📊 정기공시의 종류

보고서명	제출 기한
사업보고서	결산 후 90일 이내
반기보고서	반기 경과 후 45일 이내
분기보고서	분기 경과 후 45일 이내

우리나라 기업들은 대부분 12월 결산이므로, 사업보고서가 결산 후 90일 이내 즉 3월 말까지 나오게 되죠. 기업 실적은 1년 단위로 나눠서 평가하는데 12월 결산이라는 것은 1월~12월까지의 경영 활동을 기준으로 사업보고서를 작성한다는 의미입니다. 만약 3월 결산이라면 4월부터 다음 해 3월까지의 경영 활동을 기준으로 사업보고서를 작성하겠죠.

분기는 3개월 단위로 정해지니 1년은 4개의 분기로 나뉘게 됩니다. 분기보고서는 1년에 두 번, 반기보고서와 사업보고서는 1년에 한 번씩 발행됩니다. 1, 3분기는 분기보고서가 나오고 2분기에는 반기보고서, 4분기에는 사업보고서가 나오게 되기 때문이죠.

📊 삼성전자 사업보고서

삼성전자를 예로 들어볼게요. 우선 삼성전자를 검색합니다. 그 후 공시유형에서 '정기공시'를 체크하고 검색을 누르면 해당 정기공시들이 사이트 화면에 나타납니다. 1년 내 발행된 정기공시를 검색했기에 분기보고서, 사업보고서, 분기보고서, 반기보고서 순으로 발행된 것을 볼 수 있죠.

보고서 뒤에 보면 괄호 안에 해당 연도와 분기, 반기, 연간의 마지막 월이 쓰여 있습니다. 사업보고서 옆에 '2023.12'라고 적혀 있으니 '12월 결산법인의 2023년 사업보고서구나'라고 인지하면 됩니다.

분기보고서, 반기보고서, 사업보고서는 기본적으로 양식이 동일하고 다루는 내용도 같아서 보통 사업보고서라고 뭉뚱그려 얘기합니다. 앞으로도 특별하게 구분할 사항이 아니라면 사업보고서라고 얘기하겠습니다.

📊 삼성전자 사업보고서(제55기)

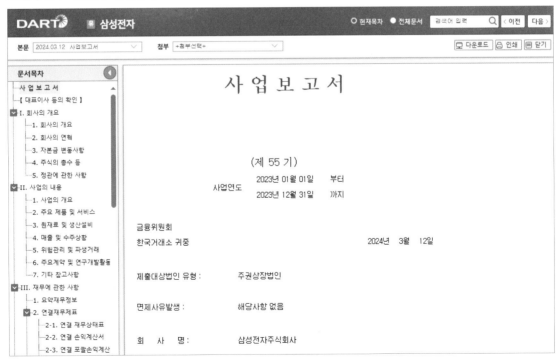

삼성전자의 사업보고서를 열어보면 앞의 그림과 같이 나타납니다. 여기에서는 왼쪽에 있는 '문서 목차'를 눌러서 우리가 원하는 내용을 확인해야 합니다. 처음 공시를 접하신다면 목차에 있는 내용들을 하나씩 다 확인합시다. 목차에 무엇이 있는지 점검하면서 사업보고서의 내용과 최대한 빨리 익숙해져야 합니다.

문서 목차 1. 회사 개요

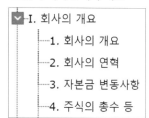

1) 회사 개요 확인

'Ⅰ. 회사의 개요'는 회사에 대한 개괄적인 설명이 들어있습니다. 회사의 사업, 본사, 설립일 등 간단한 내용을 점검할 수 있죠. 회사의 개요를 봤을 때 최대주주 변동이 잦거나 사명 변경이 자주 있었다면 보통은 정상적인 기업 경영이 이뤄지지 않는 회사인 경우가 많으므로 웬만하면 피하는 것이 좋습니다.

사업보고서상 회사의 연혁은 최근 5년 정도의 동향만 나와 있습니다. 상장사들은 대부분 홈페이지에 회사 연혁을 표기합니다. 오래된 연혁은 홈페이지를 참고하고 최근 동향은 사업보고서에서 업데이트하면 됩니다.

문서 목차 2. 사업 내용

2) 사업 내용 파악

기업 내용을 살펴볼 때 사업보고서에서 가장 많이 보게 되는 것이 'Ⅱ. 사업의 내용'과 'Ⅲ. 재무에 관한 사항'입니다. 'Ⅱ. 사업의 내용'은 회사가 어떤 사업을 영위하고 있는지 알려줍니다. 친절하게 사업부별 매출을 다 구분해주고 분기마다 실적 변동 사유가 무엇인지 설명해주는 회사가 있는가 하면, 무성의하게 대충 사업의 개요와 매출 테이블만 기재하는 회사도 있죠. 심지어 사업부 구분도 없이 전체 사업을 하나로 묶어 공시하는 기업도 있고요.

친절하지 않은 기업이라 하더라도 우리는 사업보고서에 나와 있는 사업의 개요를 통해 적어도 해당 기업이 어떤 사업을 영위하는지는 확인할 수 있습니다. 그 말은 곧 우리가 무엇을 공부해야 하는지 방향을 설정할 수 있다는 얘기입니다. 해당 기업이 영위하는 사업의 내용을 알게 되면 산업의 동향은 어떤지, 전방산업 동향은 어떤지, 원자재 수급은 어떤지, 경쟁 기업들은 누가 있는지 등을 점검하는 틀이 마련된다는 거죠.

사업보고서상에서 그림과 함께 친절하게 사업 내용을 설명해주는 곳도 있지만, 대부분은 글로만 사업 내용을 설명해두고 있습니다. 우리가 모나리자 그림을 글로 이해하는 것과 그림을 보면서 이해하는 것은 차원이 다르죠. 기업의 사업 내용을 이해하는 것도 마찬가지입니다. 글과 더불어 그림과 도식이 있을 때 이해가 훨씬 쉽죠.

이에 사업 내용을 이해하기 위해 홈페이지에 접속해보는 것도 좋습니다. 분기보고서 왼쪽 위에 있는 기업명을 클릭하면 '기업개황정

삼성전자 기업개황정보

보'가 뜹니다. 거기에 홈페이지 주소가 나와 있으니 클릭해서 회사 홈페이지로 바로 들어갈 수 있죠. 보통 홈페이지에는 사업 관련 사진들이나 기업의 경쟁력 등을 요약해서 정리해주는 경우가 많아서 기업을 이해하는 데 훨씬 도움이 됩니다.

저도 글을 읽는 것만으론 이해가 잘 안 되기 때문에 홈페이지에 들어가서 사업 내용을 확인하는 경우가 많습니다. 홈페이지에서도 궁금증이 해소되지 않으면 네이버나 구글 검색을 통해서 영위하는 사업과 산업 동향을 더 찾아보곤 하고요.

주주들에게 우호적인 기업들은 홈페이지에 IR 자료(기업의 실적과 사업을 설명한 자료)와 실적 발표 자료를 친절하게 올려두기도 합니다. 점점 시장 분위기가 주주친화적으로 변하고 있어 IR 자료를 올려주는 기업들이 늘어나는 추세입니다. 홈페이지에 있는 IR 자료를 참고하면 회사의 사업 내용과 현재 회사의 동향 및 회사가 생각하는 미래 등을 파악하는 데 많은 도움이 됩니다. 기업에 따라 컨퍼런스 콜 내용을 녹음해서 올려주기도 하니 기업과 산업 동향 파악에 참조하면 좋습니다.

📈 삼성전자 IR 페이지

자료 : 삼성 홈페이지

⛏ 문서 목차 3. 재무

3) 재무 관련 점검

우리가 전자공시에서 가장 친숙해져야 하는 것은 'III. 재무에 관한 사항'입니다. 재무제표라고 하는 어떻게 보면 골치 아픈 숫자로 된 표들이 잔뜩 있는 곳인데요. 가치투자자들은 이 숫자들을 통해 사업의 변화를 감지하고 투자에 관한 판단을 내리게 됩니다.

'2. 연결재무제표' 아래에 '3. 연결재무제표 주석'이라는 것이 보이는데요. 주석에서는 재무제표에 있는 숫자의 내용을 더 상세하게 풀어서 보여줍니다. 연결재무제표는 본사와 연결 대상 자회사들의 실적을 하나로 뭉뚱그려서 설명해주죠. 주석으로 들어가면 연결자회사들의 실적이 간략하게 정리된 표가 있는데요. 이를 통해 어떤 자회사가 실적이 좋고 어떤 자회사가 실적이 나쁜지 확인할 수 있습니다. 현상을 확인했다면 회사에 왜 그런지 물어보거나 관련 산업 동향을 직접 점검하면서 이유를 찾고 투자 판단에 도움을 받을 수 있겠죠.

재무제표 주석에서 제가 꼭 확인하는 한 가지가 있습니다. 공시의 오른쪽 위를 보면 검색어 입력이라고 적힌 네모 박스가 있는데요. 저는 거기에 전환사채 또는 신주인수권부사채를 입력합니다. 이는 뒤에서 더 자세하게 다룰 주식관련사채라고 불리는 채권인데요. 기업을

⛏ 삼성전자 분기보고서(제56기)

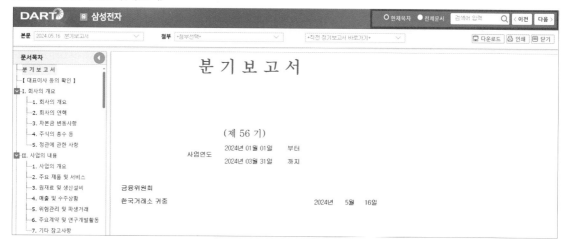

분석할 때 회사가 발행한 전환사채나 신주인수권부사채가 있는지 반드시 확인해야 합니다.

주식관련사채는 채권이지만 주식으로 언제든 전환할 수 있기에 주식 수를 늘릴 수 있는 잠재 요인이기 때문입니다. 그래서 잠재 물량이라는 표현으로 쓰기도 하죠.

기업의 가치는 주가를 보고 판단하면 안 됩니다. 회사의 주가가 100원이면 싸고, 100만 원이면 비싸다고 생각하면 안 된다는 겁니다. 기업마다 발행된 주식 수가 다르기에 주가와 주식 수를 곱한 시가총액의 개념으로 회사를 평가해야 합니다. 주가가 100원이라도 주식이 100억 주 발행되어 있으면 시가총액이 1조 원, 주가가 100만 원이라도 주식 수가 10만 주라면 시가총액이 1,000억 원으로 오히려 주가가 100만 원인 기업이 더 쌀 수도 있게 되는 것이죠.

📈 기업가치 판단

주가	주식 수	시가총액
10,000원	1,000만 주	1,000억 원

예를 들어 주가가 1만 원인데 주식 수가 1,000만 주가 있다고 하면 시가총액은 1,000억 원이 됩니다. 그런데 이 회사가 주식관련사채를 발행한 내역이 있는데 행사 가능한 주식 수가 1,000만 주라고 가정하겠습니다. 이러면 회사의 시가총액은 1,000억 원이 아니라 기존 1,000만 주에 잠재 물량 1,000만 주를 더한 2,000억 원이라고 생각해야 합니다. 언제든 주식 수가 늘어날 수 있기 때문이죠.

📈 잠재물량이 있는 기업가치 판단

주가	주식 수	잠재물량	실질 시가총액
10,000원	1,000만 주	1,000만 주	2,000억 원

그런데 보통 기업가치 평가는 실적을 기반으로 합니다. 자본이 늘어나고 현금이 늘어난다고 해서 회사 가치가 높게 평가되는 경우는 드물죠. 주식관련사채가 주식으로 전환되는 것은 이익에는 큰 영향을 주지 않는 이벤트입니다. 정리하면 다음과 같습니다.

📈 기업의 가치 = 시가총액(미래 이익성장률의 함수, 주식수 × 주가)

---

① 주식관련사채 전환은 이익에 영향을 주지는 않는다.

② 결국 시가총액 변화는 없다.

③ 주식관련사채 전환은 주식 수를 증가시킨다.

④ 시가총액은 동일한데 주식 수가 증가하므로 주가는 하락한다.

오버행

특정 주식에 대해 과도한 매도 압력이 존재하거나, 앞으로 존재할 가능성이 있는 상황을 의미합니다. 주가가 큰 폭으로 하락할 수 있으므로 투자 시 반드시 확인해야 할 요소입니다.

이런 논리로 주식관련사채는 주가의 하락 요인이 될 수 있죠. 또 주식관련사채가 행사되면 그 자체로 오버행이 되어서 주가를 누를 수도 있고요. 그러니 꼭 기업 분석 전에 한 번씩 확인하는 습관을 들이면 좋겠습니다.

📈 문서 목차 5. 회계 감사의견

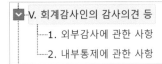

4) 회계감사인의 감사의견 참고

이번에는 'Ⅴ. 회계감사인의 감사의견 등'을 보겠습니다. 여기에서는 '감사용역 체결 현황'을 살펴봅니다. 만약 감사하는 회계법인이 바뀌면서 보수가 갑자기 크게 늘어났다면, 눈여겨봐야 합니다. 회사의 재무제표에 이상한 부분이 있어서 시간을 들여 깊이 있게 본다는 시그널이기 때문입니다.

다음은 인터로조의 감사용역 체결 현황인데 감사인이 이촌회계법인에서 삼일회계법인으로 바뀌고 보수가 시간당 1.3억 원에서 1.68억

감사 거절

회계 감사에서 감사인이 재무제표에 대해 의견을 표명하지 않는 것을 의미합니다. 이는 감사인이 충분한 감사 증거를 얻지 못해 재무제표의 신뢰성에 대한 의견을 제시할 수 없는 경우에 발생합니다. 감사 거절은 기업의 재무제표에 심각한 문제가 있을 가능성을 시사하며, 일반적으로 매우 부정적인 신호로 간주됩니다.

원으로 크게 늘었습니다. 그리고 결국 2023년 재무제표에 대해 '감사 거절' 의견이 나왔죠.

📊 인터로조 감사용역 체결 현황

(단위 : 백만 원, 시간)

사업연도	감사인	내용	감사계약내역		실제수행내역	
			보수	시간	보수	시간
제24기(당기)	삼일회계법인	분 · 반기 재무제표 검토 별도 및 연결재무제표에 대한 감사	168	1,400	168	1,826
제23기(전기)	이촌회계법인	분 · 반기 재무제표 검토 별도 및 연결재무제표에 대한 감사 내부회계관리제도 감사	130	1,370	130	1,362
제22기(전전기)	이촌회계법인	분 · 반기 재무제표 검토 별도 및 연결재무제표에 대한 감사	85	1,335	85	1,044

회계법인이 바뀌면 보통 더 깐깐하게 기업 감사를 시행합니다. 뭔가 재무제표에서 확인할 것이 많다고 한다면, 감사 계약에서 보수가 올라가게 되고요. 확인하고 가야 할 것이 많으니 당연히 수행 시간도 늘어난다고 볼 수 있습니다.

투자는 물론 수익을 내기 위해서 하는 것이지만 수익보다 중요한 것은 잃지 않는 것입니다. 그러니 아무리 이익 측면에서 좋아 보이더라도 부정적인 이슈가 있다면 우선은 피하는 게 상책입니다. 그런 측면에서 감사인의 변화를 점검하는 것은 잠깐만 시간을 내서 위험을 피할 수 있는 좋은 한 가지 방법입니다.

5) 주요주주 정보 확인

'VII. 주주에 관한 사항'은 최대주주의 지분율과 5% 이상 주요 주주들의 지분율을 확인해줍니다. 만약 최대주주 지분율이 10%

도 되지 않을 정도로 낮다면 그 기업은 일단 불안하게 봐야 합니다. 20%~30%는 넘어가야 그래도 안정적인 경영을 수행한다고 볼 수 있 겠죠.

지분이 10% 이하인 최대주주 측은 회사를 키우기보다 회사를 통해 개인적인 이득을 취하는 경우가 많습니다. 예를 들어 회사에 자재를 납품하는 비상장회사를 별도로 설립하는 경우를 생각해보죠. 이때 납품하는 자재 가격을 높게 받으면 비상장회사를 통해 상장회사의 돈을 빼돌릴 수 있습니다. 또 지분이 낮은 경우 중에는 애초에 기업 사냥꾼이 최대주주로 들어와서 회사를 망치고 있는 케이스도 많고요. 그러니 가능하다면 최대주주 지분율이 20%를 넘어가면서 지배 구조가 안정적인 회사에 관심을 가지시길 추천합니다.

발행공시: 자금 조달이 보인다

"이 회사 자금이 필요한가 본데요?"

기업은 사업 확장을 위해 시설투자나 M&A 등을 해야 합니다. 모두 막대한 자금이 필요하죠. 필요한 자금을 차입으로 조달하기도 하지만 유상증자나 주식관련사채를 발행하는 경우도 많습니다. 애초에 기업이 상장을 추진하는 것도 자금 조달이 목적인 경우가 많죠. 기업이 신규 상장을 하면 보통 '공모'라는 과정을 거치면서 신규 주주들로부터 자금 조달을 하게 됩니다.

일단 상장기업이 되면 차후에도 유상증자나 주식관련사채 발행으로 자금 조달이 훨씬 수월하죠. 왜 상장회사의 자금 조달이 쉽냐고요? 여러분이 비상장회사에 투자한다고 가정해보면 이해하기 쉽습니다. 비상장회사는 투자할 때는 쉽지만 팔고 나오기는 만만치 않습니다. 비상장사를 매도하려면 장외시장에서 매도자를 물색해야 합니다. 이 과정에서 중개 수수료를 물게 되거나 최악의 경우에는 사기를 당할 수도 있죠. 하지만 상장회사는 언제든 거래소에서 쉽게 팔고 나올 수 있습니다. 약간 손해를 본다고 하더라도 거래가 되지 않거나 거래 상대방에 대한 신용 위험을 무릅쓰는 부담은 없다는 얘기입니다.

이렇게 상장기업이 대규모 차입, 사채 발행, 증자, 주식관련사채 발행 등 자금 조달을 할 때 나오는 공시가 바로 발행공시입니다. 전자공시 다트에서 발행공시는 자금을 공모 형태로 조달하는 것만 구분해서 표시하고 있는데요. 저는 자금 조달 관련 공시를 뭉뚱그려 설명하려고 합니다.

📊 다트 발행공시 검색

참고로 공모는 이미 회사의 주식을 가지고 있는 주주들 대상으로 하거나 불특정 다수를 대상으로 자금을 공개적으로 모집하는 것입니다. 공모의 반대는 '사모'로 특정 기관, 특정 개인들과 발행을 위한 계약을 체결하여 사적으로 자금을 모집하는 것을 의미하고요.

회사채 발행은 큰 틀은 차입과 비슷하지만 약간의 차이가 있습니다. 금융권에서 돈을 빌리는 차입은 만기가 짧고 금리 변동에 대한 부담이 있습니다. 또 드물긴 하지만, 만기에 대출 연장이 되지 않아서 자금 상환의 압박을 경험하게 될 수도 있고요. 보통 대출 연장이 되지 않을 때는 경기가 좋지 않아서 은행이 자금 회수에 들어가는 시기이기 때문에 회사가 더욱 힘들어질 수 있습니다.

반면 회사채는 상대적으로 만기가 길고 처음 사채를 발행할 때 정해진 이자를 만기 전까지 부담하면 됩니다. 회사 관점에서 차입보다 회사채를 발행하는 것이 장기적이고 안정적인 자금 조달에 유리합니다. 애초 회사채를 발행할 수 있는 회사는 우량한 회사이므로 회사채 발행은 주가에 큰 의미가 없는 경우가 많습니다. 우리가 신경 써야 할 발행공시는 유상증자와 CB 및 BW 발행이죠.

1. 유상증자

유상증자는 한마디로 표현하면 회사가 투자자에게 돈을 받고 신규로 발행되는 주식을 파는 겁니다. 주식을 발행하는 대상에 따라 불특정 다수면 일반공모 유상증자, 주주를 대상으로 하면 주주배정 유상증자, 특정 기관을 대상으로 발행하면 제3자배정 유상증자로 나뉘게 됩니다.

유상증자는 보통 '주요사항 보고서(유상증자 결정)'라는 이름으로 나옵니다. 공시를 열어보면 신주의 종류와 주식 수, 발행 목적, 발행 방식, 신주발행가액 등을 확인할 수 있습니다. 신주의 종류에서 보통주식은 우리가 아는 일반적인 주식입니다. 기타주식은 다양한 우선주를 얘기하고요.

다음 표에서 5번 증자방식을 보면 발행 대상이 누구인지 알 수 있습니다. 앞의 예에는 '제3자배정 증자'라고 나와 있네요. 정해진 누군가와 계약을 맺고 유상증자를 진행한다는 것을 알 수 있습니다. 공시

📈 대성파인텍 유상증자 결정

1. 신주의 종류와 수	보통주식(주)	4,624,276
	기타주식(주)	–
2. 1주당 액면가액(원)		100
3. 증자전 발행주식총수(주)	보통주식(주)	31,301,281
	기타주식(주)	–
4. 자금 조달의 목적	시설자금(원)	3,999,998,740
	영업양수자금(원)	–
	운영자금(원)	–
	채무상환자금(원)	–
	타법인 증권 취득자금(원)	–
	기타자금(원)	–
5. 증자방식		제3자배정증자

에서 스크롤을 아래로 내려보면 증자에 참여하는 이들이 누구인지 구체적으로 표시되어 있죠.

제3자배정 유상증자는 일반적으로 주가에 큰 영향을 주지 않고 넘어갑니다. 큰 할인이 없기 때문이죠. 중요한 것은 누가 증자에 참여하느냐입니다. 전 세계적으로 영향력이 큰 기업이 참여하게 되면 주가도 크게 움직이곤 하죠. 기관이나 일반 개인들을 대상으로 한 제3자배정 유상증자는 자금 조달 목적에 따라 주가가 변동하기도 하고요.

앞의 표를 보면 '4. 자금 조달의 목적'이 시설자금이라고 나와 있죠. 우리는 여기에서 투자 분석의 실마리를 찾을 수 있습니다. 어떤 분야에 대한 투자인지, 언제 마무리가 되는지, 투자하면 신규 시설의 CAPA는 어느 정도인지, 점검하게 되는데요. 시설투자가 미래 실적 성장에 큰 영향을 줄 수 있다면 주가에도 긍정적인 영향을 주게 되죠.

CAPA

CAPA(Capacity)는 제조 현장에서 설비 또는 공정의 생산 능력을 의미하는 용어로 쓰입니다. 자동차공장, 제철소, 발전소, 정유공장 등 업종마다 산출 단위와 기간이 다르게 쓰입니다.

📈 샤페론 유상증자 결정

1. 신주의 종류와 수	보통주식(주)	13,182,000
	기타주식(주)	–
2. 1주당 액면가액(원)		500
3. 증자전 발행주식총수(주)	보통주식(주)	23,071,031
	기타주식(주)	–
4. 자금 조달의 목적	시설자금(원)	–
	영업양수자금(원)	–
	운영자금(원)	34,998,210,000
	채무상환자금(원)	–
	타법인 증권 취득자금(원)	–
	기타자금(원)	–
5. 증자방식		일반공모증자

※기타주식에 관한 사항

정관의 근거	–
주식의 내용	–
기타	–

6. 신주 발행가액	보통주식(원)	2,655
	기타주식(원)	–
7. 기준주가에 대한 할인율 또는 할증율(%)		25

일반공모 유상증자와 주주배정 유상증자는 대개 현재 주가 대비 할인된 가격으로 행해집니다. 앞의 예시를 보면 증자방식이 '일반공모증자'라고 나와 있죠. 그리고 '7. 기준주가에 대한 할인율 또는 할증율(%)'에선 할인율이 25%라는 것을 볼 수 있습니다. 신주를 할인해서 발행하니까 일반공모나 주주배정 유상증자를 발표하면 주가가 급락하게 되는 경우가 많죠.

신주발행가액은 공시 당시에 확정되는 것이 아니고 발행 전까지

가중평균 주가

가중평균(Weighted Average)은 각 데이터 값에 특정 가중치를 부여하여 계산한 평균값을 의미합니다. 가중평균 주가는 거래량에 가중치를 부여하여 거래량이 많았던 주가에 더 의미를 줘서 평균을 내는 것입니다.

가중평균 주가를 구해서 정해집니다. 그래서 신주발행가액도 처음 공시보다 더 내려가는 경우가 많죠. 신주발행가액은 '유상증자 1차 발행가액 결정', '유상증자 신주 발행가액(안내공시)'과 같은 공시가 계속 나오니 관심 있는 기업이라면 유상증자 발행가액이 어떻게 결정되는지 공시를 보면서 확인하면 됩니다.

그런데 기업은 왜 할인된 가격으로 유상증자를 하는 것일까요? 유상증자는 돈을 받고 신규 주식을 발행하는 것이니, 증자를 마치면 당연히 총발행 주식 수가 늘어나게 됩니다. 앞에서 주식관련사채가 행사되면 주식 수는 늘어나는데 기업의 이익에는 영향을 주지 않는다고 했죠. 유상증자도 마찬가지입니다. 가치평가를 통해 산출된 시가총액은 그대로인데 유상증자를 통해 주식 수만 늘어나니 일반적으로 주가는 하락하게 되죠.

유상증자가 주가를 하락시키는 요인이라는 것을 주주들도 잘 알고 있잖아요. 결국, 기업이 자금 조달에 성공하기 위해서는 할인된 가격에 주식을 팔아야만 한다는 결론으로 도달하게 되는 겁니다.

유상증자를 비롯해 자금을 조달할 때는 조달의 목적이 중요합니다. 신규 시설투자나 M&A 등 실적을 성장시킬 수 있는 이벤트를 위한 자금 조달이면 주가에 긍정적일 수 있죠. 그동안 준비해왔던 사업이 무르익어 대규모 시설투자를 하기 위함이라면 유상증자 직후 일시적으로 주가가 하락하더라도 다시 반등할 가능성이 큽니다. 이럴 때는 유상증자로 인한 주가 하락을 투자의 기회로 삼을 수 있겠죠.

만약 여러분이 보유한 회사가 주주배정 유상증자를 발표한다면 유상증자에 참여해야 하나, 고민하게 될 겁니다. 결론부터 얘기하자면 저렴한 가격에 발행되는 유상증자는 참여하지 않으면 손해입니다. 아까 주주배정 유상증자는 할인 발행된다고 설명했지요. 현재 주가보다 신주발행가액은 무조건 낮고 증자 발표와 함께 선제적으로 주가가 하락했으니 유상증자 이후 주가가 추가로 하락할 가능성은 적습니다. 이미 보유한 주식의 주가 하락은 가슴 아프지만, 추가로 저렴하게 살 기회까지 포기하는 건 손해라는 거죠.

 대한전선 신주인수권증서

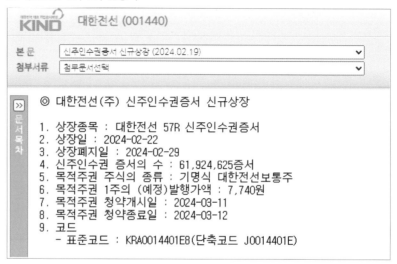

하지만 추가로 주식을 늘리는 것이 부담되거나 유상증자에 참여할 자금이 부족할 수도 있습니다. 그럴 때는 유상증자에 참여할 수 있는 권리만 매도해도 됩니다. 앞의 사례는 주주배정 유상증자를 실행했던 대한전선의 예인데요. 신주인수권증서가 2024년 2월 22일에 상장해서 2024년 2월 29일에 상장폐지 된다고 나오죠.

기존 주주들에게는 유상증자에 참여할 수 있는 권리인 신주인수권이 배정됩니다. 이 신주인수권은 앞에서 본 것처럼 시한부로 상장되죠. 그러니 유상증자에 참여하지 않을 분들은 이 기간 내에 신주인수권을 주식처럼 장내에서 매도하면 됩니다. 신주인수권의 가격은 보통

주가와 신주발행가액의 차이에 약간의 할인을 적용해서 정해집니다.

예를 들어 주가가 10,000원이고 신주발행가액이 7,000원이면 차액은 3,000원입니다. 그런데 유상증자 이후 주가가 어떻게 변동할지 모르니 기간 리스크를 고려해서 3,000원보다 낮은 가격에 신주인수권 거래가 이뤄진다는 얘기입니다.

만약 신주인수권을 팔지 않고 유상증자에도 참여하지 않으면 그 권리는 소멸합니다. 그러니 보유 종목의 주주배정 유상증자가 있다면 반드시 권리를 행사하거나 적어도 신주인수권을 장내에서 매도하여 주주의 권리를 놓치지 않아야 합니다.

2. 주식관련사채 CB, BW

이번에는 앞에서 간단하게 설명했던 주식관련사채에 대해 조금 더 상세히 말씀드리겠습니다. 주식관련사채는 채권은 채권인데 주식으로 바꿀 수 있는 채권입니다. 크게 '전환사채'와 '신주인수권부사채'가 있죠. 이 둘에 관해서는 유상증자보다 조금 더 깊이 있는 이해가 필요합니다.

전환사채는 CB(Convertible Bond)라고도 하는데요. 채권은 채권인데 주식으로 전환할 수 있는 권리가 포함된 채권입니다. 신주인수권부사채는 BW(Bond with Warrant)라고 합니다. 역시 채권인데 주식으로 바꿀 수 있는 옵션이 붙어있는 채권이라고 보면 되고요.

"엉, 뭐야? 말장난해?"

이런 볼멘소리가 절로 나오죠? 그냥 들으면 둘의 내용이 별 차이가 없어 보이니까요. 실제로 둘의 성격은 상당히 비슷하지만 그러면서도 중요한 차이가 있습니다. 그러니 CB를 먼저 설명하고, BW가 CB와 어떤 차이점이 있는지를 알려드리면, 좀 더 쉽게 이해할 수 있을 겁니다.

1) 전환사채 CB

CB 발행공시는 보통 '주요 사항 보고서(전환사채권 발행 결정)'라는 이름으로 나옵니다. 유상증자와 비슷하게 발행 금액과 발행 목적이 공시에 나오죠. 유상증자와 다른 것은 '4. 사채의 이율'에서 보듯 이자율이 표시된다는 점입니다. 채권의 성격이 있기 때문이죠. 이자가 뭔지는 알겠는데 표면이자율과 만기이자율이 따로 나와 있어 내용이 복잡해 보입니다. 이 내용을 한번 점검해보겠습니다

표면이자율은 정해진 주기에 따라(보통 분기별) 지급되는 이자입니다. 표면이자율이 4%고 분기마다 지급한다고 하면 분기마다 1%씩 지급된다는 얘기죠. 주기적으로 이자를 주는 예금을 생각하면 쉽습니다.

원리금

원금과 이자를 더한 값을 말합니다.

만기이자율은 만기에 한 번에 원리금을 상환받는 개념으로 이해하면 쉽습니다. 그런데 투자자는 분기마다 받아야 할 이자를 나중에 한 번에 몰아서 받으면 손해잖아요. 이에 원리금을 계산할 때 분기마다 이자를 받았다는 가정하에 이자에 이자를 추가로 더해서 원리금을 상환받게 됩니다. 표면이자율이 0%가 아니라면 만기이자율과 표면이자율의 차이만큼 복리로 계산해서 만기에 원리금을 상환받게 되고요.

다음 꿈비의 사례는 표면이자율 0%, 만기이자율 1%이므로, 중간에 이자는 없고 만기에만 복리로 1%에 해당하는 원리금을 상환받게 되겠네요. 앞의 표에서 '7. 원금 상환 방법'을 보면 2029년 04월 17일에 105.1205%에 해당하는 금액을 일시 상환한다고 나와 있죠. 이 사

📊 꿈비 전환사채권 발행 결정

1. 사채의 종류		회차	1	종류	무기명식 이권부 무보증 사모 전환사채
2. 사채의 권면(전자등록)총액 (원)		20,000,000,000			
2-1. 정관상 잔여 발행한도 (원)		100,000,000,000			
2-2. (해외발행)	권면(전자등록)총액(통화단위)	–		–	
	기준환율등	–			
	발행지역	–			
	해외상장시 시장의 명칭	–			
3. 자금 조달의 목적	시설자금 (원)				
	영업양수자금 (원)	–			
	운영자금 (원)	20,000,000,000			
	채무상환자금 (원)	–			
	타법인 증권 취득자금 (원)	–			
	기타자금 (원)	–			
4. 사채의 이율	표면이자율 (%)	0.0			
	만기이자율 (%)	1.0			
5. 사채만기일		2029년 04월 17일			
6. 이자지급방법		본 사채의 표면이자율은 연 0.0%로 만기 이전에 별도의 이자를 지급하지 아니한다.			
7. 원금상환방법		만기일까지 보유하고 있는 본 사채의 전자등록금액에 대하여는 만기일인 2029년 04월 17일에 전자등록금액의 105.1205%에 해당하는 금액을 일시에 상환한다. 단, 상환기일이 영업일(국내 은행들이 일상적인 업무를 영위하는 날을 말하며, 다만 일부 은행 또는 은행의 일부 점포만이 영업하는일, 토요일, 일요일, 법정공휴일은 제외한다. 이하 같음)이 아닌 경우에는 그 다음 영업일에 상환하고 이 경우 원금 상환기일 이후의 이자는 계산하지 아니한다.			
8. 사채발행방법		사모			
9. 전환에 관한 사항	전환비율(%)	100			
	전환가액(원/주)	8,826			

채의 만기가 5년이니 1% 이자율로 만기에 복리로 산정한 원리금 상환액이 바로 105.1205%인 겁니다.

CB가 일반 사채와 다른 것은 바로 전환권이 있다는 점입니다. 전환사채 공시를 보면 전환가액이 표시되는데 전환가액은 정해진 가격에 주식을 살 수 있는 권리입니다. 앞의 사례에서는 8,826원이라고 나와 있네요. 만약 전환사채 액면 1억 원어치를 보유하고 있는데 전환권을 행사한다고 해보죠. 그러면 전환사채는 사라지고 1억 원을 전환가 8,826원으로 나눈 만큼의 주식을 보유하게 됩니다.

이것을 일반 주식투자와 비교해서 생각해볼까요. 주식을 8,826원에 사는 경우 주가가 이보다 오르면 이익, 빠지면 손해가 됩니다. 하지만 CB는 사채의 성격이 있으니 주가가 빠지면 그냥 사채로 만기까지 들고 가면 됩니다. 원금이 보장된다는 뜻이죠. 반대로 만약 주가가 오르면 전환권을 행사해서 주식을 팔면 되고요. 주식투자에 준하는 수익을 낼 기회가 있으면서도 손실은 막혀있는(생기지 않는) 투자가 되는 겁니다. 결론적으로 전환사채 투자자들은 회사가 망하지만 않는다면 땅 짚고 헤엄치기 같은 편안한 투자를 할 수 있다는 얘기죠.

심지어 주가가 하락하면 일정 수준까지는 전환가액이 하향 조정되는 조건이 계약에 들어가는 경우가 많습니다. 그렇다고 전환가액 조정이 무한정 이뤄지는 것은 아니고요. 보통은 발행가액의 70% 이상에서 하단이 정해집니다.

예를 들어 전환가액 조정 하단이 발행가액의 70%라고 가정하겠습니다. 이해하기 쉽도록 현재 주가와 전환가액이 1만 원이라고 하겠습니다. 시간이 지나면서 주가가 30% 하락했다가 제자리로 오면 주식에 투자한 사람은 수익률이 0%입니다. 당연하죠. 1만 원에 투자했는데 현재 주가도 1만 원이니까요.

그런데 전환사채는 다릅니다. 주가가 30% 하락하면 우선 전환가액 조정 계약에 따라 전환가액이 7,000원으로 조정됩니다. 이후 주가가 10,000원으로 회복되면 전환가액이 7,000원이니 40%가 넘는 수익률을 거두게 되죠. 주가가 빠졌다가 제자리로 돌아왔을 뿐인데 수익이 나는 마법이 펼쳐진 겁니다.

금융감독원에서는 이런 전환가액 조정이 일반 투자자들에게 피해를 준다고 해서 전환가액 조정 후 주가가 반등하면 전환가액도 최초 발행가까지 다시 올리도록 조치했습니다. 그래도 전환권 조정이 일정한 주기별(3개월, 6개월 등)로 이뤄지기에 전환가액을 상향 조정하기 전에 차익을 낼 기회는 여전히 존재합니다.

전환사채는 투자자뿐만 아니라 발행 기업 입장에서도 큰 장점이 있습니다. 투자자 관점에서 CB는 원금이 보장되는 주식투자 개념이니 충분한 매력이 있다고 했죠. 그러니 투자자도 채권 투자 측면에서는 약간 양보합니다. 이자율을 낮게 가져가는 것이죠. 회사의 실적 전망이 긍정적일 땐 표면이자율과 만기이자율을 모두 0%로 가져가는 경우도 종종 보입니다. 역으로 생각하면 CB, BW를 발행하는데 이자율이 낮은 경우는 '탄탄한 회사구나'라고 추정할 수 있겠죠.

이처럼 CB를 발행하는 회사는 은행 차입보다 훨씬 저렴한 비용으로 자금을 조달할 수 있습니다. 여차하면 할인 없이 유상증자하는 효과도 낼 수 있고요. 이처럼 CB는 투자자와 발행사 모두 이익을 보는 구조입니다. 단 기존에 주식에 투자했던 투자자들은 '오버행'이라는 부담을 지게 되죠.

전환사채의 전환권 행사 대상은 대개 발행 기업의 신주인데요. 드물게 회사가 보유한 다른 회사의 주식이나 자사주를 기반으로 발행하기도 합니다. 이를 구분하기 위해 EB라는 별도의 이름을 붙이기도 하죠. 전환사채는 신주를 발행해야 하므로, 전환권 행사 후 주식이 발행되기까지 꽤 시간이 소요되는데요. 이 기간에 주가 변동 위험에 노출된다는 부담이 있습니다. 하지만 EB는 기발행된 주식을 주는 것이기

EB

EB(Exchangeable Bond, 교환사채)는 기본적으로 CB와 비슷합니다. 다만 다음과 같은 차이가 있습니다. CB는 신주를 발행하기 때문에 주가 가치가 희석됩니다. 하지만 EB는 이미 발행된 자사 또는 타사의 주식으로 교환해주기 때문에 주가 희석이 없습니다.

에 전환권을 행사하면 바로 주식이 부여되어 기간 리스크가 적다는 장점이 있습니다. 이미 발행된 주식을 주는 것이기에 해당 기업의 총 주식 수가 늘어나지 않아 기업가치에 영향이 없다는 장점도 있고요.

2) 신주인수권부사채 BW

BW는 전체적인 틀이 전환사채와 동일하지만, 분명한 차이점이 있습니다. 우선 이름을 통해 차이를 알아보겠습니다.

전환사채에는 '전환'이라는 표현이 있습니다. 전환권을 행사하면 채권을 주식으로 전환한다는 개념입니다. 사채와 전환권은 한 몸이라는 것을 기억해주세요.

신주인수권부사채는 이름부터가 사채에 신주인수권이라는 개념이 붙어있습니다. 앞서 주주배정 유상증자에서도 신주인수권이 있었던 것, 기억하시나요? 여러분이 신주인수권을 받으면 이 권리를 행사할 수도 있고 팔 수도 있다고 했잖아요. 똑같이 특정 가격에 신주를 살 수 있는 권리가 채권에 붙어있는 것이 BW입니다.

앞에서 전환사채는 사채와 전환권이 한 몸이라고 했죠. 신주인수권부사채는 신주인수권을 행사할 때 전환사채처럼 사채를 지급할 수도 있고 그냥 보유하고 있는 현금을 줄 수도 있습니다. 사채와 신주인수권이 한 몸이 아니라 따로 놀 수도 있다는 얘기입니다.

명확한 이해를 위해 예를 들어보겠습니다. 표면이자율 0%, 만기이자율 4%, 만기가 5년인 전환사채와 신주인수권부사채가 있다고 하겠습니다. 채권 만기가 가까워졌는데 주가가 급등해서 행사가격을 50% 상회했다고 해보죠. 당연히 투자자들은 전환권 또는 신주인수권을 행사하려고 할 겁니다.

이 경우 전환사채는 지금까지 쌓인 채권 복리 이자를 모두 포기하고 사채를 주식으로 전환해야 합니다. 만기가 5년이니 복리로 27.6%에 달하는 수익률을 포기하는 겁니다. 주식의 변동성을 고려하면 전환 청구 후 주식이 발행되는 기간에 주가가 하락해서 채권 이자보다도 수익이 덜 날 위험도 감수해야 하고요.

신주인수권부사채는 똑같은 상황에서 신주인수권을 행사할 때 채권은 그대로 두고 보유한 현금을 지급할 수 있습니다. 채권은 채권대로 만기까지 가져가면서, 복리 이자를 모두 받는 겁니다. 투자자 관점에서는 신주인수권을 행사하여 얻는 시세 차익과 채권을 통한 이자 수익을 함께 얻는 큰 장점이 있는 겁니다.

신주인수권부사채의 신주인수권은 분리되기도 하는데, 이를 분리형 신주인수권부사채라고 합니다. 분리형은 주주배정 유상증자의 사례처럼 신주인수권만 별도로 매매할 수 있습니다. 다만 지금은 공모

📊 키움증권 영웅문 HTS 내 신주인수권 거래 화면

신주/수익현재	신주/수익전체시세	신주/수익일별추이

◉전체 ○신주인수권증권 ○신주인수권증서 ○상장수익증권

종목명	현재가	전일대비	등락률	매도호가	매수호가	거래량
KR모터스 45R	0	0	0	0	0	0
KG모빌리티 122WR	968	0	0	968	933	0
한창 66WR	0	0	0	0	0	0
국동 9WR	144	0	0	144	143	1
형지I&C 6WR	3	0	0	3	2	3
유니켐 38WR	798 ▲	99	+14.16	750	640	5,807
유니슨 26R	0	0	0	0	0	0
유니슨 15WR	221 ▲	6	+2.79	220	215	264
리더스 기술투자 9WR	25 ▼	1	-3.85	25	24	286,756
재영솔루텍 11WR	70 ▼	2	-2.78	72	70	2,296
팬스타엔터프라이즈 2	214 ▲	24	+12.63	214	180	6
아스트 11WR	1,522 ▼	157	-9.35	1,593	1,522	17,515
에이치엘비생명과학 9	11,910 ▲	110	+0.93	12,480	11,930	3,148
한국유니온제약 3WR	950	0	0	949	900	0
트루윈 11WR	1,192	0	0	1,598	1,100	0

자료 : 키움증권

HTS

형의 경우만 분리형을 발행할 수 있고 사모형은 무조건 비분리형 신주인수권부사채만 발행할 수 있습니다. 과거 분리형 신주인수권부사채가 기업 오너들이 지분을 늘리는 편법으로 악용되었기 때문입니다.

공모형은 여전히 분리형으로 발행이 가능하다고 설명했는데 HTS에서 찾아보면 앞의 화면처럼 신주인수권부사채의 상장된 워런트(신주인수권)들을 확인할 수 있습니다. 이 워런트들은 사채 만기 또는 워런트를 행사하기 전까지 상장됩니다. 종목명 옆에 9WR과 같이 적힌 것은 9회 차 발행 채권과 관련된 워런트라는 의미입니다. 이 워런트와 관련된 상세 내역이 궁금하면 9회 차 채권이 무엇인지 살펴보면 되겠죠.

다른 종목들은 WR이 붙어있는데 몇몇 R이 붙어있는 종목들이 보입니다. 이것은 주주배정 유상증자의 신주인수권을 의미합니다. WR은 신주인수권부사채의 워런트, R은 유상증자의 신주인수권이라고 정리할 수 있겠네요.

신주인수권부사채가 회사로서는 불리하고 투자자에게 유리한 이유가 한 가지 더 있는데요. CB, BW는 발행할 때 보통 '조기상환권' 내용도 같이 들어갑니다. 풋옵션이라고도 불리는 조기상환권은 정해진 주기(3개월, 6개월, 1년 등)에 따라 투자자가 회사에 채권 상환을 요청할 수 있는 권리입니다. 회사는 다음 예처럼 만기수익률에 따른 이자와 원금을 돌려줘야 하죠.

이때 CB는 조기상환권을 청구하면서 전환권도 같이 사라지게 되는데 신주인수권부사채는 계약에 따라 채권은 소멸해도 신주인수권은 남아있는 경우가 있습니다. 회사로서는 채권 원금을 상환해줬으니 받은 돈은 없는데 주가 희석 요인만 남게 되는 겁니다. 그런데 보통 조기상환권 청구가 들어왔다면, 회사의 사업이 생각처럼 잘되지 않았을 확률이 높죠. 그러면 상환 자금 마련을 위해 또 주식관련사채를 발

📊 시스웍 조기상환권(풋옵션)

나. 조기상환청구권(Put-Option): 사채권자는 다음의 조기상환기일에 "본 사채"의 조
기상환을 청구할 수 있다. 조기상환기일에 적용되는 조기상환수익율(YTP)은 연
4.00%로 하고 3개월 복리로 계산하되 사채권자가 조기상환청구권을 행사할 수 있
는 조기상환기일 및 이에 따라 계산된 구체적인 조기상환율은 다음과 같다.

- 다음 -

연도	조기상환율
2022년 10월 15일	103.0453%
2023년 01월 14일	103.8258%
2023년 04월 16일	104.6140%
2023년 07월 17일	105.4102%
2023년 10월 16일	106.2143%
2024년 01월 14일	107.0264%
2024년 04월 15일	107.8467%
2024년 07월 16일	108.6751%

행하는 경우가 대다수입니다. 신주인수권이 남아있는 상황에서 또 신
주인수권부사채를 발행하게 되면 주가 희석 요인은 더 커지게 되죠.
회사와 주주 모두에게 좋은 상황은 아닌 겁니다.

기업의 관점에서 이런 CB와 BW는 주가에 주는 충격을 줄이면서
자금 조달 비용은 낮출 수 있는 좋은 방안이 됩니다. 하지만 주주들이
볼 때는 잠재 물량이 늘어나는 것이 부담이죠. CB나 BW를 자주 발행
하는 회사는 재무 상황이 좋지 않은 기업이 많기에 일단 의심의 눈초
리로 바라봐야 합니다. 사업이 제대로 돌아가지 않아서 채권 발행으

로 연명하는 케이스가 많기 때문입니다.

　그러니 기업에 투자하려고 할 때 일단 회사가 발행한 CB와 BW 내역이 있는지 꼭 확인해야 합니다. 보통은 재무상태표에서 부채를 확인하면 전환사채와 신주인수권부사채가 있는지 점검할 수 있는데 일부 기업들이 유동성부채라고 뭉뚱그려서 적어놓은 경우들이 있어서 꼭 주석을 함께 찾아보셔야 합니다.

　주석을 확인한 후 CB, BW 발행 내역이 있다면 발행 회차도 같이 볼 필요가 있습니다. 채권을 몇 번째로 발행했느냐는 것인데요. 대기업의 경우는 일반 사채를 발행하기도 하지만, 중소기업은 일반 회사채 발행이 거의 불가능하죠. 그러니 회차가 많다는 것은 CB, BW 발행이 많았다는 얘기가 됩니다. 그만큼 투자에 유의할 필요가 있음을 말해주는 것이겠죠.

유동성부채

기업이 1년 이내에 상환해야 하는 부채를 의미합니다.

📈 주식관련사채 CB와 BW 비교

CB	BW
전환사채	신주인수권부사채
전환권	신주인수권
신주 발행이 아닌 경우도 존재	분리형, 비분리형이 나뉨
만기가 존재하는 채권	
주식으로 전환할 수 있는 옵션이 붙어있음	
회사: 자금 조달 비용이 저렴하고 자금 조달이 용이	
투자자: 원금이 보장된 상태에서 위험 투자를 할 수 있음	
주가 하락 시 행사가격이 전환되는 Refixing 조항이 보통 존재	
투자자들은 일정 주기마다 상환을 요청하는 풋옵션 보유	
때때로 발행회사가 콜옵션을 보유하는 경우도 존재	
기발행 CB, BW는 잠재 물량이기에 늘 점검해야 함	

기타공시: 경영 활동이 보인다

"이런 것까지 공시가 나와요?"

기타공시에는 다양한 공시들이 있습니다. 기업의 매각, M&A, 기관의 매수/매도, 특별관계인의 매수/매도, 자사주 매입/매도/소각, 회사의 장래 계획 발표, 배당, 소송, 기업설명회 개최, 임원 변동 등 다양한 공시들이 있죠.

기타공시에는 기업의 사업 방향과 관련해서 직접적인 힌트를 주는 것들이 있습니다. 대표적인 것이 회사의 장래 계획 발표입니다. '장래 사업·경영 계획(공정공시)'라는 이름으로 나오는데요. 앞으로 몇 년간의 사업 계획을 발표하는 공시입니다.

+문서 선택+　　　　∨　　　　　　　　🖥 다운로드　🖨 인쇄　▣ 닫기

☞ 본 공시사항은 [한국거래소 유가증권시장본부] 소관사항입니다.

장래사업·경영 계획(공정공시)

※ 동 정보는 장래 계획사항으로서 향후 변경될 수 있음			
1. 장래계획 사항			2024년 현대자동차 가이던스
2. 주요내용 및 추진일정	목적		2024년 경영계획 공개를 통한 투자자 이해 제고
	세부내용		◎ 판매, 수익성, 투자 등 2024년 주요 경영 계획 및 정책 방향성 · 2024년 판매목표 : 424만대 · 2024년 연결 기준 매출액 성장률 　　: 4.0 ~ 5.0% 수준 · 2024년 연결 기준 영업이익률 목표 　　: 8.0 ~ 9.0% 수준 · 2024년 투자계획 : 12.4조원
	추진일정	시작일	2024-01-01
		종료일	2024-12-31
	예상투자금액		12.4조원
	기대효과		2024년 경영 가이던스 공개 통한 주요 투자자 경영 참고자료 제공
3. 장애요인			-
4. 이사회결의일(결정일)			2024-01-25

　　현대자동차에서 발표한 장래 계획 발표 공시를 보면 판매 목표와 매출액, 영업이익 목표치까지 제시하고 있습니다. 더불어서 투자 계획도 발표하고 있죠. 현대자동차처럼 큰 기업의 사업 계획은 해당 기업뿐만 아니라 부품, 장비업체와 같은 유관 업체에도 영향을 줄 수 있으니 투자 규모 추이를 잘 봐야 합니다.

　　기업의 방향과 관련해서 시설투자나 M&A 공시로도 회사가 나아가고자 하는 방향을 파악할 수 있습니다. 회사가 어떤 시설에 얼마를 투자하는지 살펴보면 주요 업황이나 회사의 중점 요소를 확인할 수

있죠. M&A를 통해서 비주력 자회사를 매각하고 새롭게 인수하는 기업이 있다면 회사가 미래 방향을 어떻게 설정하는지 알 수 있고요.

회사의 비전이나 자신감을 간접적으로 확인할 수 있는 공시도 있습니다. 특별관계자의 매수나 자사주 매입 공시죠. 내부적으로 회사가 저평가되어 있다고 보는 경우가 많은데 그 이유를 공부하다 보면 좋은 투자 기회를 찾을 수 있습니다. 반대로 주가가 테마를 타고 급등했을 때 내부자의 매도가 나오면 '이제는 내부에서도 주가에 부담을 갖고 있구나'라고 생각할 수 있습니다.

특별관계자나 자사주 매입 공시도 반드시 좋은 신호라고 볼 수는 없습니다. 공시를 바탕으로 관심을 가졌다면 그에 기반하는 기업 분석 과정을 거쳐야 투자로 이어질 수 있습니다.

공시를 활용하는 세 가지 방법

"구슬이 서 말이라도 꿰어야 보배인 거 아시죠?"

물론 공시는 힌트일 뿐, 이것이 절대적인 투자 판단의 근거가 되지는 않습니다. 결국은 이 힌트를 알아채고 그걸 기반으로 투자 아이디어로 연결할 수 있느냐의 싸움이 되는 것이죠. 이 책은 공시에서 힌트를 얻는 방법과 이를 아이디어로 연결하는 과정을 보여드리려 합니다. 공시를 활용하는 방법은 크게 세 가지로 구분할 수 있습니다.

1. 최근공시로 투자 힌트 발견하기

매일매일 공시를 살펴보면 다양한 투자 힌트를 발견할 수 있습니다. 대표이사의 장내 매수, 유망한 회사의 M&A, 대규모 자사주 매입, 예상치 못했던 좋은 실적 등 공시에서 다양한 투자 아이디어들을 발견해내는 거죠.

문제는 하루에도 수백 개의 공시가 올라온다는 겁니다. 이 공시들을 하나하나 세세하게 살펴보는 것은 불가능에 가까우니, 투자에 활용할 만한 정보를 추려내는 능력이 필요하죠. 공시에서 투자의 힌트를 봤다면 해당 기업과 관련된 다른 공시를 찾거나 해당 기업의 사업내용을 공부해서 투자 힌트를 투자의 기회로 바꿀 수 있도록 기업 분석 능력도 갖춰야 할 것이고요.

만약 공시를 직접 살펴보고 싶으면 다트 홈페이지에서 윗줄 왼쪽의 '최근 공시'를 누르면 됩니다. 들어가면 시간대별로 당일에 나온 공시를 모두 확인할 수 있습니다. 코스피(유가증권), 코스닥 시장을 별도로 볼 수도 있고, 지분 공시만 살펴볼 수도 있죠.

전자공시생 블로그에서 매일 주요 전자공시를 업데이트하고 있습니다. 직접 찾아보기 힘드신 분들은 제 블로그로 찾아오세요!

📈 최근공시 확인

시간	공시대상회사	보고서명	제출인	접수일자	비고
17:43	이지스밸류플러스리츠	[기재정정]부동산투자회사자금차입	이지스밸류플러…	2024.06.04	유
17:33	키움증권	투자설명서(일괄신고)	키움증권	2024.06.04	
17:32	키움증권	투자설명서(일괄신고)	키움증권	2024.06.04	
17:31	신영증권	일괄신고추가서류(파생결합증권-주가연계증권)	신영증권	2024.06.04	
17:24	키움증권	일괄신고추가서류(파생결합사채-주가연계파생결합사채)	키움증권	2024.06.04	
17:24	한화투자증권	투자설명서(일괄신고)	한화투자증권	2024.06.04	
17:23	신영증권	증권발행실적보고서	신영증권	2024.06.04	
17:23	티와이홀딩스	파산신청(자회사의 주요경영사항)	티와이홀딩스	2024.06.04	유
17:22	미래에셋증권	투자설명서(일괄신고)	미래에셋증권	2024.06.04	
17:22	CJ	[기재정정]타법인주식및출자증권취득결정	CJ	2024.06.04	유

유가증권시장 117건 (2024년 06월 04일)

여러분이 스스로 공시를 보면서 복기할 때는 홈페이지 왼쪽에 있는 발표 시간을 참조하면 도움이 됩니다. 공시 발표 이후 주가 흐름을 비교하면서 이 공시가 주가에 긍정적이었는지, 올랐다가 금방 빠졌는지, 지속적으로 더 올랐는지 등을 확인하면서 투자의 감을 익힐 수 있기 때문입니다.

2. 공시로 특정 기업 분석하기

다트에 들어가서 검색창에 분석하고자 하는 기업명을 입력합니다. 그러면 기업과 관련된 공시들이 일자별로 쭉 나열되어 나옵니다. 해당 회사의 최근공시를 보면 회사가 어떤 활동을 하고 있는지 대략 파악할 수 있습니다.

시설투자가 있었는지, 지속적인 수주가 있었는지, 내부자들의 장내 매수가 있었는지 등의 흐름을 점검할 수 있다는 거죠. 대충 흐름을 봤다면 사업보고서를 살펴보면서 사업의 내용은 무엇인지, 실적 흐름은 어떤지 등을 확인해나가면 됩니다.

3. 특정 공시 위주로 살펴보기

스크리닝

특정 조건을 기반으로 한 검색을 스크리닝이라 말합니다. 유사한 기업들의 정보를 추려서 분석하면 예상치 못한 보물을 발견할 수도 있습니다.

특정한 행동을 한 기업들을 스크리닝하는 용도로도 다트를 활용할 수 있습니다. 예를 들어 기업들의 자사주 매입 공시를 검색하여 정리한 후 월별, 연도별 데이터로 비교할 수 있겠죠. 자사주 매입은 경영진들이 자신의 회사가 저평가됐다고 보는 신호인데요. 여러 기업이 동시다발적으로 자사주 매입에 나선다면 시장 전반적으로 바닥에 근접했을 가능성이 크다고 판단할 수 있겠죠.

또 관심 갖고 지켜보던 기업에서 특정 공시가 나왔을 때 비슷한 다른 공시가 있었던 기업들은 공시 전후로 주가 흐름이 어땠는지 확인할 때도 공시 검색을 활용할 수 있습니다. 예를 들어 특정 기업이 CB를 발행한다고 하면 다른 기업들의 CB 발행 이력들을 검색해보는 거죠. 다른 기업들의 최근 CB 발행 조건과 해당 기업의 발행 조건을 비교해볼 수도 있고, CB 발행 전후의 주가 흐름을 보면서 주가가 어떻게 흘러갈지 예측해볼 수도 있을 겁니다.

📊 고급검색 활용

고급 검색을 활용하면 본문의 내용을 검색할 수도 있는데요. 예를 들어 반도체 CXL 테마가 뜬다고 할 때 CXL을 검색하면 CXL 관련 소재, 부품, 장비 개발, 납품 등과 연관된 회사들을 손쉽게 찾을 수 있습니다. 새로운 산업과 테마가 이슈가 되었을 때 빠르게 검색해서 대응할 수 있는 도구가 되는 겁니다.

📊 요약

- 최근공시를 매일 보면서 투자의 힌트를 얻는다.
- 특정 기업과 관련된 공시를 중점적으로 살펴본다.
- 특정 공시를 발행한 기업들을 살펴보고 비교 분석한다.

CHAPTER 4

필수 요소:
재무제표란 무엇인가?

재무상태표가 보여주는 것

"내 지갑에 돈이 얼마 있더라?"

　기업을 분석하는 과정에서 우리는 회계라는 새로운 언어를 반드시 익혀야 합니다. 한글을 모르면 책을 읽을 수 없고, 수학의 기호를 모르면 문제를 풀 수가 없듯이 회계 언어를 알지 못하면 기업 분석에 필요한 내용들을 이해할 수가 없기 때문입니다. 회계는 기업의 자산과 부채 그리고 이익을 누구나 이해할 수 있게 숫자로 표현한 자료입니다. 회계라는 용어부터가 어렵게 느껴질 수 있지만 아주 쉽게 설명해볼 테니 걱정하지 말고 차분히 따라오세요.

　회계를 전문적으로 다루려는 것이 아니라면 세부적인 회계 계정들을 처음부터 다 알겠다고 공부하는 것은 무리입니다. 무리해서 회계 계정을 파고들면 투자라는 과정이 재미는 없고 지루하게만 느껴질 수 있습니다. 그러니 이 책에서는 큰 틀에서 재무제표가 주식투자와 어떻게 연계되는지를 설명하려고 합니다. 목표는 네이버 금융이나 야후 파이낸스 같은 사이트에 정리되어 있는 주요 재무 정보를 읽을 수 있는 겁니다.

📈 삼성전자 주요 재무정보 예시 (단위 : 억 원)

주요재무정보 (IFRS연결)	연간			
	2018/12	2019/12	2020/12	2021/12(E)
매출액	2,437,714	2,304,009	2,368,070	2,721,010
영업이익	588,867	277,685	359,939	517,816
영업이익(발표기준)	588,867	277,685	359,939	–
세전 계속 사업이익	611,600	304,322	363,451	532,636
당기순이익	443,449	217,389	264,078	390,859
당기순이익(지배)	438,909	215,051	260,908	386,619
당기순이익(비지배)	4,540	2,338	3,170	–
자산총계	3,393,572	3,525,645	3,782,357	4,065,451
부채총계	916,041	896,841	1,022,877	1,111,300
자본총계	2,477,532	2,628,804	2,759,480	2,954,151
자본총계(지배)	2,400,690	2,549,155	2,676,703	2,865,151
자본총계(비지배)	76,842	79,649	82,777	–
자본금	8,975	8,975	8,975	8,978
영업활동현금흐름	670,319	453,829	652,870	655,231
투자활동현금흐름	−522,405	−399,482	−536,286	−462,979
재무활동현금흐름	−150,902	−94,845	−83,278	−173,643

여러분이 은행에서 돈을 빌려서 주식투자를 한다고 가정하겠습니다. 수중에는 원래 100만 원이 있었고 추가로 은행에서 100만 원을 빌려서 주식 200만 원어치를 산다고 해보죠.

주식투자 간편 요약

| 주식
200만 원 | 대출
100만 원 |
| | 내 돈
100만 원 |

이 내용을 간단하게 그려보면 앞의 그림처럼 되겠네요. 왼쪽에는 여러분이 산 전체 주식 200만 원어치가 표시되어 있습니다. 이것을 자산이라고 합니다. 그런데 이 자산이 모두 내 돈은 아니었죠. 자산은 다시 부채와 자본으로 나뉩니다. 이것을 오른쪽에 표시했죠. 빌린 돈 100만 원은 부채로 잡히고 원래 있던 내 돈 100만 원은 자본이 됩니다.

자산, 자본, 부채의 개념

| 자산 | 부채 |
| | 자본 |

이렇게 자산, 부채, 자본 계정을 나타내는 재무제표를 재무상태표라고 합니다. 공시에서 재무제표로 들어가면 가장 위에 보이는 게 재무상태표죠. 재무상태표에서 왼쪽의 자산 계정과 오른쪽의 부채, 자본 계정의 합은 늘 같아야 합니다. 아주 당연한 얘기죠.

여기까지는 아주 쉽게 이해가 됐겠죠. 이제는 자산 변동에 따라 부채와 자본이 어떻게 변화하는지 더 살펴보겠습니다. 주식투자를 해서 기분 좋게 수익률 50%를 거뒀다고 가정해보겠습니다. 200만 원을 투자했는데 수익률이 50%니 100만 원의 수익을 올린 겁니다. 그러면 '200만 원+100만 원'으로 자산 계정이 300만 원으로 늘게 되겠죠. 그런데 왼쪽의 자산 계정과 오른쪽 부채와 자본 계정의 합은 늘 같아야

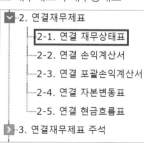

재무제표의 재무상태표

한다고 했잖아요. 왼쪽 자산 부분은 200만 원에서 300만 원으로 늘었는데 오른쪽은 어떻게 바꿔야 할까요?

우선 부채 계정을 생각해보죠. 대출은 주가가 오르든 내리든 100만 원이라는 것에 변함이 없습니다. 돈을 벌었다고 은행에서 대출 원금을 더 내놓으라고 하진 않잖아요. 부채에 변동이 없다면 늘어나는 것은 당연히 자본 계정이 되겠죠. 그러니 수익이 발생해서 자산이 늘거나 줄어들면 우측의 자본 계정에 변화가 생기겠구나, 이해하면 됩니다.

자산 증식에 따른 자본의 변화

이번에는 레버리지의 개념에 대해서 생각해보겠습니다. 레버리지는 지렛대를 의미합니다. 지렛대는 적은 힘으로 무거운 물건을 들어 올릴 수 있는 도구입니다. 아르키메데스가 이렇게 말했다는 건 아주 유명하잖아요.

"긴 지렛대만 있으면 지구도 들어 올릴 수 있어."

다시 앞의 예를 생각해보면 주식투자에서 거둔 수익률은 50%였습니다. 그런데 내 돈(자본)은 100만 원에서 200만 원이 되었으니, 그 수익률은 (50%가 아니라) 100%가 되었네요. 부채를 이용해서 적은 투자 금액으로도 큰 수익을 낼 수 있도록 한 것이 지렛대를 이용한 것과 같다고 해서 이를 '부채레버리지'라고 부릅니다. 자산에서 부채가 차지하는 비중이 클수록 레버리지는 더 커지게 되죠. 또 레버리지가 클수록 자산 증감에 따른 자본의 변동성은 더욱 커지게 될 것이고요.

제가 변동성이라는 표현을 썼죠. 부채레버리지는 수익을 극대화할 수도 있지만 반대 방향으로 작용하면 엄청난 손실을 주기도 합니다. 이번에는 주식이 200만 원에서 1/4토막이 났다고 해보겠습니다. 자산이 50만 원밖에 남지 않은 거죠. 대출금은 그대로 100만이니까, 주식을 다 팔아도 대출금을 갚을 수 없는 상황이 됩니다. 이제는 50만 원의 빚만 남게 된 거죠. 주식의 수익률은 -75%인데 자본의 수익률은 -150%가 되어버린 겁니다. 이게 부채레버리지의 무서움입니다. 손실을 키우는 것도 모자라서 빚더미에 올라설 수도 있게 되는 것이죠.

자산 감소에 따른 자본의 변화

기업의 재무상태표를 생각해보면 자본은 주주에게 귀속됩니다. 주주는 소유한 지분율만큼의 자본을 소유하게 되죠. 기업이 투자할 때 부채레버리지를 잘 활용하면 자본의 수익률을 극대화할 수 있습니다. 적은 자본으로 더 큰 수익을 낼 수 있으니 무조건 부채가 없는 기업이 좋다고 얘기할 수는 없죠.

대신 부채가 너무 크면 경기가 조금만 부진해도 기업이 순식간에 무너질 수 있습니다. 우리나라 IMF 외환위기 때를 돌아보세요. 대기업들이 문어발식으로 사업을 확장하면서 과도하게 외화 부채를 썼었죠. 그런데 외환위기가 발생하면서 순식간에 달러의 가치가 급등해버립니다. 갚아야 할 외화 부채도 당연히 급격하게 증가해버렸죠. 자산은 변하지 않았는데 부채가 커졌으니 자본이 급감하면서 기업들이 도미노처럼 무너져 버린 것이 IMF였죠.

IMF 외환위기를 겪으면서 대기업들의 체질이 개선되었기 때문에, 2008년 금융위기나 2020년 코로나 때는 IMF 시기와 같은 큰 혼란을 피할 수 있었습니다. 부채 관리가 그만큼 중요하다는 사실을 잘 보여준 사례들이라고 볼 수 있죠.

우리가 투자하려는 기업이 파산하거나 추가적인 자금 조달을 하는 위험은 되도록 피하는 게 좋겠죠. 이를 위해서는 재무상태표를 잘 살펴봐야 하는데요. 특히 과도한 부채가 문제 될 수 있으니 기업이 부채를 얼마나 사용하고 있는지, 부채 규모가 너무 과도하지는 않은지 점검해야 합니다. 이때 주요하게 사용하는 지표가 총부채를 자본으로 나눈 부채비율입니다.

$$부채비율 = \frac{부채}{자본}$$

내가 보유한 자본 대비 부채가 얼마나 되는지를 확인하는 거죠. 부채비율이 100%라면 내가 가진 돈만큼 부채가 있는 것이고 200%면 내가 가진 돈의 2배만큼 돈을 빌렸다는 얘기입니다. 업종에 따라서 환경이 다르고 부채비율이 달라지지만, 100%가 훌쩍 넘어가는 기업은 일단 내용을 더 신중하게 점검할 필요가 있습니다.

자본 계정을 보면 자본총계 안에 자본금, 주식발행초과금, 이익잉여금 같은 계정들이 있는데요. 기업이 신주를 발행하면 조달한 자금

만큼 자본 계정이 커집니다. 이때 자본금과 주식발행초과금 명목으로 들어오게 되죠.

자본금은 액면가에 주식 수를 곱한 금액을 말합니다. 액면가란 처음 회사를 설립할 때의 설립자들이 투자했던 주당 가격을 의미하는 것이죠. 그런데 회사가 성장하면서 당연히 주가가 올랐을 가능성이 크겠죠. 주가와 액면가의 차이에 주식 수를 곱한 것이 주식발행초과금이 되는 것이고요.

이익잉여금은 기업이 낸 수익이 자본 계정으로 더해지는 금액을 의미합니다. 이익잉여금이 많이 쌓여서 자본총계가 커졌다면 꾸준히 돈을 벌어온 기업이라고 볼 수 있겠죠.

반대로 기업이 손실을 내면 이익잉여금이 마이너스가 되고 자본총계가 자본금보다 적어지는 상황이 나오게 됩니다. 이를 자본잠식이라고 하는데, 액면가로 계산된 투자원금에 손실이 발생했다는 의미입니다. 자본잠식 상태에서 더 손실이 나면 자본총계가 마이너스가 될 수도 있겠죠. 앞의 예에서도 200만 원 투자했던 주식이 50만 원이 되면서 자본이 −50만 원이 돼버렸잖아요. 주식을 다 팔아도 부채를 갚을 수 없는 상황이 된 것인데 이렇게 내 돈이 마이너스인 상황을 '완전 자본잠식'이라고 얘기합니다. 자본잠식이 되면 상장 시장에서 퇴출당할 수 있으니 조심해야 합니다. 기업들은 퇴출을 피하기 위해 유상증자를 하기도 하는데, 이 역시 기존 주주들에게 우호적인 상황은 아니겠죠.

레버리지(부채비율)가 높으면 자본잠식의 위험은 당연히 커집니다. 하지만 '부채비율이 얼마면 나쁘다' 하는 식의 절대적 기준은 없습니다. 경기가 좋을 땐 실적이 급증하면서 부채비율이 높은 걸 한 번에 만회하기도 하니까요. 경기 상황에 따라서도 부채비율에 대한 관점을 달리할 필요가 있는 거죠. 경기가 안 좋은 상황에서 실적이 부진한데 부채비율까지 높은 기업이라면 피하는 것이 맞습니다.

다시 한번 정리하죠. 갚아야 할 돈은 부채, 주주에게 귀속되는 돈은 자본입니다. 기업이 보유하고 있는 모든 토지, 건물, 기물, 재고 등은 자산이 되는 거고요. 이 자산은 부채와 자본을 더한 값과 항상 동일해야 합니다.

📈 기업이 보유한 현금은 자산? 자본?

현금은 자산입니다. 자본이 아닙니다. 우리가 눈으로 볼 수 있는 회사의 모든 것은 자산입니다. 갚아야 할 돈은 부채가 되고요. 자본은 실제 눈에 보이지 않습니다. '자산-부채'를 통해 주주의 몫이라고 추정하는 가치가 자본이죠.

우리는 주주자본주의를 살고 있습니다. 주주의 몫이 커지면 주가는 상승하게 되죠. 정확하게는 주주의 몫이 성장할 것으로 기대될 때 주가가 상승하는 것이지만요. 주주의 몫은 자본이고 이 자본은 기업의 이익이 커지면 같이 커집니다. 이익잉여금이 자본으로 귀속되면서 말이죠. 다시 한번 주가가 왜 미래 이익성장률의 함수라고 하는지 알 수 있는 부분입니다. 주주의 몫을 키우기 때문이라는 것을 말이죠.

유상증자 vs 무상증자

"뭐? 주식을 공짜로 준다고?"

이번에는 유상증자와 무상증자의 차이를 얘기하려고 합니다. 자산, 부채, 자본에 대한 이해가 있어야 유상증자와 무상증자를 제대로 이해할 수 있습니다.

유상증자는 돈을 받고 신규 발행 주식을 투자자들에게 파는 것이라고 설명했습니다. 유상증자를 하면 기업에 현금이 들어오게 되죠. 현금은 자산이라고 했으니 자산이 증가하는 것입니다. 자산과 더불어 자본도 같이 증가하게 되겠죠. 앞에서 자금 조달을 통해 자본 계정이 늘어나면 자본금과 주식발행초과금이라는 항목으로 들어온다고 말했습니다.

유상증자가 '유상으로' 즉 돈을 받고 주식을 주는 것이라면, 무상

잉여금

이익잉여금, 주식발행초과금, 자산 재평가적립금 등을 말합니다. 충분한 잉여금이 있어야 무상증자로 주식을 발행할 수 있습니다.

증자는 주주들에게 공짜로 주식을 준다는 의미입니다. 무상증자는 자본에 잉여금이 있는 경우에만 실시할 수 있습니다. 잉여금을 자본금으로 전환하면서 그만큼 주식을 더 발행하기 때문입니다.

무상증자는 주주로서는 보유주식이 늘어나니까 좋아 보이지만, 이 역시 시가총액의 개념을 생각하면 큰 의미가 없다는 것을 알 수 있습니다.

$$시가총액 = 주식수 \times 주가$$

이 식을 다시 보면 무상증자는 자본이나 이익에 전혀 영향을 주지 않습니다. 결국은 초과 발행되는 주식 수만큼 주가가 내려오게 되죠. 예를 들어 100% 무상증자를 한다고 하면 주식 수가 2배가 되니까 무상증자 기준일(무상증자를 받을 수 있는 주주가 결정되는 날) 이후 주가가 전날의 절반으로 조정이 됩니다.

그렇다면 이런 의문을 가질 수 있겠죠. "돈이 들어오는 것도 아니고 기업가치에 영향을 주는 것도 아닌데 무상증자는 왜 하는 것일까?" 저는 무상증자의 이점을 크게 두 가지로 보고 있습니다.

1. 무상증자로 늘어나는 거래량

무상증자를 하면 주식 수가 늘어나죠. 이 자체가 주가에는 긍정적일 수 있습니다. 특히 한 주의 가격이 비싸고 거래량이 적은 경우라면 무상증자의 효과가 더 커집니다. 주식을 사고팔 때 거래량이 적으면 살 때 더 비싸게 사고, 팔 때 더 싸게 팔아야만 하죠. 특히 주식을 많이 샀는데 여러 가지 이유로 급하게 주식을 팔아야 할 경우, 손실이 커지는 요인이 됩니다. 그런데 무상증자를 통해서 주식 수를 늘리게 되면 자연스럽게 거래량을 늘릴 수 있습니다. 삼성전자만 봐도 100만 원이 넘어갈 때는 개인들이 쉽게 사지 못하다가 10만 원 밑으로 내려오면서 개인들의 참여가 크게 확대됐었죠.

2. 무상증자로 소각되는 자사주

무상증자를 하는 회사가 자사주를 보유한 경우인데요. 자사주는 무상증자의 대상이 되지 않습니다. 회사가 지분율 10%에 해당하는 자사주를 보유하고 있는데 100% 무상증자했다고 가정할게요. 그러면 주식 수는 2배가 되어야 하는데 자사주는 무상증자 대상이 되지 않으니 실제로는 90%만큼 주식 수가 늘어나게 됩니다.

📊 주주의 가치 상승 예시
(단위 : 원)

주식 수	시가총액	주가	주주 가치
10,000	100,000,000	10,000	10,000
19,000	100,000,000	5,263	10,526

간단하게 이해하기 위해서 주식 수가 기존에 1만 주에서 1만9,000주로 늘었다고 해보죠. 주가는 무상증자 전 1만 원이었다고 하겠습니다. 그럼 시가총액은 1억 원이 되죠. 주식 수가 1만9,000주가 되어도 시가총액 1억 원이 유지된다고 가정하면 주가는 5,263원이 됩니다. 그런데 주주들의 주식 수는 2배가 됐죠. 기존에 1주를 보유하고 있던 주주는 1만 원의 가치에서 1만526원 가치로 상승했습니다. 자사주가 10%가 있었는데 무상증자 대상이 되지 않아 무상증자 이후 5%가 되었죠. 이에 5%가 소각된 효과가 나타나면서 주주의 가치가 상승했다고 볼 수 있습니다.

기업에도 모자 관계가 있다

"내 돈은 내 거, 아들 돈도 내 거?"

재무상태표에서 자산, 부채, 자본이라는 개념은 파악했습니다. 그런데 자본총계 밑에 붙어있는 지배주주지분, 비지배주주지분이라는 것이 우리를 또 헷갈리게 합니다. 자 지금부터 다음 그림에서 '틀린 그림 찾기'를 한번 해보겠습니다. 두 표의 글자를 비교하면서 어떤 차이가 있는지 볼까요.

📊 IFRS(연결)과 IFRS(별도) 비교하기

IFRS(연결)	IFRS(별도)
매출액	매출액
영업이익	영업이익
영업이익(발표기준)	영업이익(발표기준)
당기순이익	당기순이익
지배주주순이익	자산총계
비지배주주순이익	부채총계
자산총계	자본총계
부채총계	
자본총계	
지배주주순이익	
비지배주주순이익	

뭔가 발견하셨나요? 일단 표의 위를 보면 왼쪽은 IFRS(연결), 오른쪽은 IFRS(별도)라고 적혀 있습니다. 그런데 IFRS(별도)에는 '지배, 비지배'가 없네요. 그럼 '지배주주지분, 비지배주주지분을 나누는 것은 연결재무제표에 해당하는 것이고 필요에 의해 구분해놓았구나'라고 생각할 수 있습니다.

그렇다면 연결재무제표와 별도재무제표의 차이를 먼저 확인해야겠네요. 일단 별도재무제표는 아주 심플합니다. 삼성전자면 삼성전자, LG전자면 LG전자, 딱 그 법인의 재무제표만 기록한 것이 별도재무제표입니다.

기업에도 엄마와 자식의 관계가 있습니다. 회사가 사업을 확장하다 보면 해외에 법인을 설립할 수도 있고 조인트벤처를 설립하거나 다른 회사를 인수하기도 합니다. 다른 사업 분야에 진출하기 위해 지분을 출자한 회사를 설립할 수도 있고요. 이렇게 지분을 투자한 회사

조인트벤처

서로 다른 회사가 공동사업을 위해 지분을 출자하여 설립한 회사를 말합니다. 합자회사의 일종입니다.

를 '자₅회사'라고 합니다. 자회사를 거느리고 있는 회사는 '모₆회사'가 되는 것이고요.

별도재무제표는 이 모회사만의 재무제표인데요. 당연히 별도재무제표만으로는 자회사들의 실적을 제대로 파악할 수 없습니다. 이에 자회사들의 실적까지 모두 합쳐서 기업 상황을 단번에 볼 수 있게 정리한 것을 연결재무제표라고 합니다. 현재 우리나라 회계기준에서는 연결재무제표가 중심입니다. 물론 연결해야 할 자회사가 없다면 별도재무제표만 표시되고요.

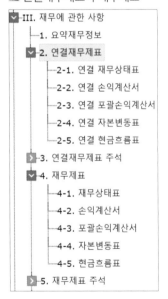
연결재무제표와 재무제표

연결재무제표에 대한 이해도를 높이기 위해 예를 하나 들어보겠습니다. 집에서 엄마가 자기 돈으로 장부를 기록합니다. 자산은 무엇이 있는지, 대출은 얼마, 수입은 얼마, 생활비는 얼마, 지출은 얼마 등 엄마에게 들어온 돈만 가지고 장부를 만들면 이게 별도재무제표입니다.

그런데 엄마는 여기에 더해 아빠의 장부도 같이 확인합니다. 아빠가 하는 투자는 잘되고 있는지, 월급은 충분히 들어오는지. 거기에 자식들 것도 챙기죠. 증여했던 주식은 잘 크는지, 적금은 잘 들어가고 있는지 등을 말입니다. 그럼 엄마의 장부에 가족들의 장부가 더해진 새로운 장부가 만들어집니다. 이게 연결재무제표입니다.

사업보고서에 들어가면 'Ⅲ. 재무에 관한 사항'에 재무제표가 있습니다. 다음 그림처럼 연결재무제표와 재무제표가 있죠. 그냥 재무제표가 해당 법인의 별도재무제표라고 보면 됩니다.

지분을 보유하고 있는 회사라고 해서 모두 연결 대상이 되는 것은 아닙니다. 몇 가지 기준이 있죠. 현재 우리나라는 국제 회계기준인 IFRS를 따르고 있는데요. 다음 기준에 해당하면 연결 대상이 됩니다.

📊 연결 대상 종속회사 기준

----

① 투자기업이 직·간접적으로 피투자기업 의결권의 과반수를 보유한 경우

② 의결권이 절반 이하라도 이사회의 과반을 임명하는 등 실질 지배력을 보유한 경우

③ 법규나 약정에 따라 피투자기업의 재무정책과 영업정책을 결정할 수 있는 능력이
   있는 경우

지분법손익

지분법은 '경영에 중대한 영향을 줄 수 있는 계열회사의 실적을 보유한 지분 비율만큼 자기 회사 실적에 반영하는 것'을 말합니다. 여기서 발생한 손익이 지분법손익입니다.

연결 대상 자회사가 아닐 경우, 자회사의 당기순이익에 지분율을 곱한 만큼 '지분법 손익'으로 반영됩니다. 연결 대상이 아닌 상장 자회사의 경우에는 시세를 기반으로 시가평가를 해서 재무제표에 반영하기도 합니다. 조이시티 사업보고서를 보면서 확인해보죠.

📈 조이시티 연결재무제표 주석

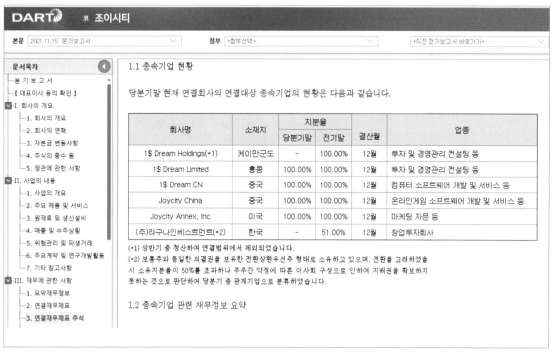

1.1 종속기업 현황

당분기말 현재 연결회사의 연결대상 종속기업의 현황은 다음과 같습니다.

회사명	소재지	지분율 당분기말	지분율 전기말	결산월	업종
1$ Dream Holdings(*1)	케이만군도	-	100.00%	12월	투자 및 경영관리 컨설팅 등
1$ Dream Limited	홍콩	100.00%	100.00%	12월	투자 및 경영관리 컨설팅 등
1$ Dream CN	중국	100.00%	100.00%	12월	컴퓨터 소프트웨어 개발 및 서비스 등
Joycity China	중국	100.00%	100.00%	12월	온라인게임 소프트웨어 개발 및 서비스 등
Joycity Annex, Inc.	미국	100.00%	100.00%	12월	마케팅 자문 등
(주)라구나인베스트먼트(*2)	한국	-	51.00%	12월	창업투자회사

(*1) 상반기 중 청산하여 연결범위에서 제외되었습니다.
(*2) 보통주와 동일한 의결권을 보유한 전환상환우선주 형태로 소유하고 있으며, 전환을 고려하였을 시 소유지분율이 50%를 초과하나 주주간 약정에 따른 이사회 구성으로 인하여 지배권을 확보하지 못하는 것으로 판단하여 당분기 중 관계기업으로 분류하였습니다.

1.2 종속기업 관련 재무정보 요약

연결재무제표 주석을 살펴보면 상단에 '1.1 종속기업 현황'을 표시하고 있습니다. 이 내용으로 '현재 이 회사들이 연결 대상으로 들어와 있구나'라고 생각할 수 있죠. 회사에 따라서 종속기업별 자산, 부채, 실적 등을 구분해 보여주는 경우도 많이 있고요. 이를 확인하면 어떤 자회사의 실적이 좋은지 확인할 수 있고, 나아가 그 이유와 전망을 통해 모회사의 주가에도 긍정적인 영향을 줄지도 점검할 수 있습니다.

지배주주지분은 무엇을 뜻하는가?

"주주의 몫은 무엇일까?"

아직 풀리지 않은 의문이 있습니다. 연결재무제표와 별도재무제표는 알았는데, 연결재무제표에 표시된 지배주주지분과 비지배주주지분은 뭘까. 다시 예를 들어 설명해보겠습니다.

아빠가 어떤 투자를 하려고 합니다. 그런데 엄마에게 얘기하는 거죠. 좋은 투자 대상이 있으니 엄마도 자금이 있으면 같이 투자하자고요. 그래서 엄마가 투자 금액의 30%를 내기로 합니다. 엄마는 아빠가 하는 투자의 30% 지분을 갖게 된 거죠.

엄마는 장부를 기록할 때 이제 엄마 것에다 아빠의 자산과 부채도 함께 적어서 집안 전체를 관리하게 됩니다. 아빠의 자산이 커지면 가족의 자산이 커지고 또 엄마가 쓸 수 있는 돈도 커지니 한 번에 관리하는 것이죠. 그럼 다음 그림처럼 집안 전체의 자산, 부채, 자본 현황이 나오게 됩니다.

집안 전체의 자산, 부채, 자본 현황

| 온가족 자산 | 부채 |
| | 자본 |

그런데 이렇게 정리해놓고 보니 뭔가 불편한 겁니다. 엄마의 자본은 원래 엄마의 돈과 아빠가 투자한 대상의 30%잖아요. 그런데 전체 자산을 뭉쳐서 표시해두니 엄마의 돈이 따로 정리가 안 되는 겁니다. 우리 집 전체 자산이 커지는 것은 좋은데, 그래서 엄마가 쓸 수 있는 돈이 얼마나 늘어났는지는 구분이 안 되는 거죠. 이에 엄마가 전체 표를 보면서도 엄마의 돈이 얼마인지 정확하게 알 수 있게 머리를 굴립니다.

1단계는 엄마 자본과 아빠 자본을 구분하는 것입니다. 2단계는 엄마 자본은 모두 엄마의 몫이니 그냥 두고 아빠의 자본을 아빠의 몫 70%와 엄마 몫 30%로 다시 나누는 겁니다. 그리고 마지막 3단계에서 엄마의 자본에 아빠 자본 중 엄마 몫을 더하면 엄마가 쓸 수 있는 돈이 얼마인지 확실히 구분할 수 있게 되죠.

엄마·아빠 자본 정리

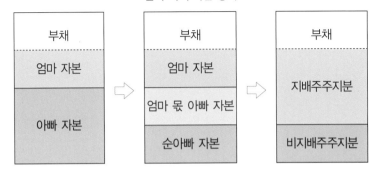

이렇게 표시하니 가정의 전체 자산 현황을 한눈에 들어옵니다. 동시에 엄마의 몫이 얼마인지도 쉽게 파악할 수 있게 되고요. 이런 식으로 기업의 전체 자산을 한 번에 연결하여 표현한 것이 연결재무제표입니다. 연결재무제표에서 오로지 엄마(모회사) 몫에 해당하는 자본이 얼마인지 확인할 수 있는 것이 지배주주지분이 되고요. 앞의 예에서는 엄마 자본에 아빠 자본 중 엄마 몫을 더한 값이 바로 지배주주지분입니다.

실제 연결재무제표에서는 자회사에 대한 지분율만큼 계산해서 지배주주지분으로 끌고 들어옵니다. 100% 자회사면 자회사의 자본 100%가 지배주주지분에 들어오게 되고 지분율 50%를 보유한 자회사면 50% 지분만큼이 지배주주지분, 나머지 50%는 비지배주주지분에 들어갑니다.

앞에서 자본은 주주의 몫이기 때문에 중요하다고 했죠. 이익 성장은 회사의 자본을 키우고 자본 성장은 주주의 몫을 키우기 때문에, 이익 성장이 주가의 핵심이라고 할 수 있습니다. 그런데 연결재무제표에서 자본은 지배주주지분을 말합니다. 전체 자본총계를 보고 판단하면 내 몫이 아닌 비지배주주지분까지 더하는 실수를 범하는 거죠. 연결재무제표에서 주주의 몫은 어디까지나 '엄마 자본 + 아빠 자본 중 엄마 자본의 몫'임을 기억하면 좋겠습니다.

매출총이익, 손익의 첫째 단계

"오늘 내가 얼마를 벌었더라?"

이번 목표는 아주 심플합니다. 왼쪽 표에 있는 내용이 무엇인지 하나하나 알아가면 됩니다. 손익 부분은 자본 계정을 이해하는 것보다 훨씬 직관적이기에 한두 번만 곱씹으면 기초적인 내용을 파악하는 데 크게 무리가 없습니다.

1. 매출액

'Sale'은 특정 판매 행위 또는 할인이나 프로모션 이벤트를 뜻하죠. 여기에 's'가 붙으면 재화와 서비스를 판매한 총금액을 의미하는 매출액(Sales)이 됩니다. 여러분이 가게를 운영하는데 5만 원짜리 물건을 팔았다면 매출액이 5만 원 발생한 겁니다.

뉴스나 보고서에서 기업에 관한 설명을 할 때 '외형이 성장했다'는 표현을 자주 보셨을 텐데요. 외형이라는 것은 바깥으로 드러난 모습을 의미하죠. 손익계산서에서 가장 표면에 드러난 것은 사람들이 쉽게 파악할 수 있는 매출액입니다. 결국, 외형 성장은 손익계산서에서 매출액이 성장했다는 것을 의미하죠.

아빠가 벌어오는 월급이 적은데 아무리 엄마가 아낀다고 한들 모으는 돈에는 한계가 있을 수밖에 없잖아요. 마찬가지로 회사도 일단은 외형이 성장해야 이익의 성장을 도모할 수 있기에 무엇보다 매출액의 성장이 중요합니다.

성장성 다음으로 중요한 것이 안정성이죠. 성장성에 관해서는 다른 챕터에서 많이 얘기할 터이므로, 여기에서는 안정성의 가치를 설명하고자 합니다.

수주산업은 수주 상황에 따라 실적의 변동성이 상당히 큽니다. 업황에 따라 수주가 많이 쌓였을 때는 매출이 크게 늘었다가 반대로 업황이 부진하면서 수주가 급감하면 매출도 급격하게 감소하게 되죠. 그래서 수주산업은 수주가 증가할 때 주가가 좋고, 막상 그 수주가 실적으로 이어지는 구간에서는 주가가 부진한 경우가 많습니다. 만약 수주가 실적으로 이어지는 구간에서 추가로 수주가 성장한다면 주가가 더 오르겠지만 업황의 사이클을 봤을 때 그런 경우는 많지가 않죠.

변동성이 큰 수주산업은 실적의 안정성이 떨어지기에 실적이 잘 나올 때 실적에 비해 기업가치가 할인(디스카운트)되는 경우가 많습니다. 변동성이 큰 수주산업은 1년~2년 후의 실적 성장이 보이더라도 그 이후 언젠가는 실적이 꺾일 것이라는 우려가 있기에 주가가 오르지 못하는 거죠.

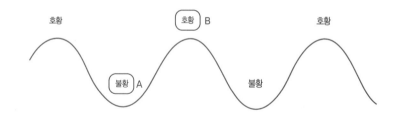
📈 산업의 사이클

이해하기 쉽게 그래프를 보면서 설명하겠습니다. A는 산업의 사이클이 최저점, B는 산업의 사이클이 최정점인 시기입니다. 그렇다면 주식은 언제 사야 할까요? 주가가 미래 이익성장률의 함수라는 점을 생각해보면 업황이 바닥이라고 예상되는 A 지점의 3개월~6개월 전에 매수해야 합니다. 최악의 상황에서 용기를 내야 하는 거죠. 반대로 사람들이 이익이 좋을 것이라고 얘기하는 B 지점이 나오기 전에 주식을 팔아야 하고요.

그런데 문제는 A와 B 지점이 언제인지는 지난 후에야 알 수 있다는 겁니다. 특히 최정점 B가 어디인지를 파악하는 건 더 쉽지 않은데요. 시클리컬 산업에 투자하는 이들은 '이 산업은 언젠가는 꺾일 거야. 그 전에 팔고 나와야 해'라는 생각을 기본적으로 하고 있습니다. 그런데 최정점 B를 예측하는 게 쉽지 않다고 하면 A와 B 사이의 어느 지점부터는 주가가 크게 오르지 못하는 상황이 나오게 됩니다. 특히 성장률이 둔화하는 지점부터는 아무리 이익이 증가한다고 외쳐도 주가 상승이 쉽지 않게 되죠.

반대로 성장성이 크지 않아도 안정적인 성장이 나오는 기업은 할증(프리미엄)을 받는 경우가 많습니다. 네이버 같은 플랫폼 업체는 경기가 안 좋아도 실적이 적자를 볼 정도로 급격하게 감소하지는 않습니다. 경기 민감도가 상대적으로 낮다는 얘기죠. 또 인플레이션과 신규 유저 유입을 기반으로 장기적인 실적 우상향을 보입니다. 성장성이 유지되는 한 가치평가에서 프리미엄을 받는 이유죠.

판매량의 증가가 정체된 경우에는 가격이 굉장히 중요한 변수가 되기도 합니다. 대표적인 게 음식료입니다. 음식료는 수출시장을 뚫거나 신제품이 출시되는 게 아니면 시장 규모가 뻔합니다. 그러니 가격 인상이 매출액을 결정하는 데 굉장히 중요한 변수로 작용합니다. 경제가 성장하면 인플레이션이 발생하고 음식료 업체들은 이 인플레이션을 가격에 반영해 가격을 올립니다. 인구가 감소하거나 판매 제품에 심각한 이슈가 있지 않은 가격 인상을 기반으로 꾸준히 실적이 성장한다는 얘기입니다.

화학과 철강 제품은 모두 산업의 기초 소재이기에 경기에 따라 업황의 변화가 큰 대표적 시클리컬 산업입니다. 그런데 화학, 철강은 조선이나 장비 같은 수주산업과는 또 다른 양상이 나타납니다. 수주산업은 업황에 따라 판매량의 변화가 굉장히 큰데요. 철강, 화학은 극단적으로 생산량이 증가하거나 감소하지는 않습니다. 기본적인 수요가 있기 때문이죠. 그런데도 업황에 따라 실적이 크게 출렁이는 것은 판매 가격의 급격한 변화 때문입니다.

화학, 철강은 사업을 처음 시작할 때 엄청난 시설투자가 필요합니다. 시설투자에는 막대한 자금이 소요되고 투자를 위한 기간도 오래 걸립니다. 그러니 수요가 변화한다고 빠르게 설비를 늘리거나 줄일 수가 없죠.

이를 '수요에 대해 비탄력적이다'라고 표현합니다. 경기가 좋을 때를 생각해보죠. 철강, 화학 제품의 공급은 제한되는 가운데 수요가 증가하게 되면 수요자들은 어떻게든 원재료 재고를 확보하기 위해 비싼 가격에라도 철강과 화학 제품을 사게 될 겁니다. 원재료 확보에 실패하면서 매출을 발생시킬 수 없으니까요. 당연히 철강, 화학 제품의 가격은 급등하겠죠. 철강, 화학 업체는 가동률 상승과 가격 상승의 효과를 동시에 누리면서 실적이 급격히 개선되죠.

반대로 업황이 좋지 않을 때는 공급은 많은데 수요가 감소하면서 철강, 화학 제품의 가격이 급락합니다. 가동률은 낮아지고 가격이 하락하면서 실적이 무너지게 되고요. 제품 가격의 변동이 매출액에 큰 영향을 주는 대표적인 케이스죠.

2. 매출원가

방송을 보면 장사하는 곳들을 소개할 때 '하루에 1억 원을 벌었네, 2억 원을 벌었네'라는 식으로 자극적인 얘기를 하잖아요. 이게 매출액을 의미하는 경우가 많습니다. 그런데 매출액이 1억 원이라도 들어가는 비용이 1억 원이라면 정작 내 수중에 들어오는 돈이 하나도 없겠죠. 매출액이 아무리 크더라도 전혀 의미가 없다는 얘기입니다. 그러니 진정한 수익성(profitability)을 알기 위해서는 매출액을 발생시키기 위해 투입된 비용을 고려해야 합니다.

회계적으로 이 비용은 두 가지로 나뉘는데요. 먼저 차감하는 비용은 매출원가(COGS, Cost of Goods Sold)입니다. 그런데 매출원가는 아마 보신 적이 별로 없을 겁니다. 특히 COGS라는 약자는 더 접해보지 못했을 텐데요. 기업 분석의 깊은 단계까지 들어가지 않는 한, 투자자들이 직접 살펴보는 일이 많지 않기 때문입니다.

매출원가를 이해하기 위해 김치 회사를 예로 들겠습니다. 김치 회사니까 김치를 판매한 총금액이 매출액이 되겠죠. 김치를 만들기 위

감가상각비

우리가 차를 사면 매년 그 가치가 감소하죠. 자산이 낡으면서 그 가치가 감소하는 것인데요. 감가상각비(Depreciation Expenses)는 기업이 소유하고 있는 고정자산(예: 기계, 건물, 차량 등)의 가치 하락을 회계적으로 풀어냈다고 보면 됩니다. 회사의 정책에 따라 고정자산의 가치를 하락시키는데 자산가치의 하락을 회계적인 비용으로 인식하는 것이죠.

해 들어가는 비용은 어떤 것이 있을까요? 일단 배추, 고춧가루, 소금과 같은 재료가 있을 겁니다. 김치를 만들기 위해서는 공장을 짓고 설비를 들여야 하는데, 공장과 설비에 대한 감가상각비도 대표적인 비용이죠. 김치를 만들 사람을 고용하는 데 필요한 인건비도 들어가고요. 이렇게 김치를 만드는 데 직접 투입되는 비용을 합해서 매출원가라고 합니다.

매출원가는 일반적으로 매출액이 증가하면 같이 증가하게 됩니다. 김치를 더 만들려면 배추를 비롯한 원재료가 그만큼 더 필요하고 공장과 설비도 더 필요하게 되니 말이죠. 매출원가를 매출액으로 나눈 값을 매출원가율이라고 하는데요. 보통 매출원가율은 크게 변동하지 않는 이유입니다.

$$\text{매출원가율} \;=\; \frac{\text{매출원가}}{\text{매출액}}$$

그런데 매출액이 일정 수준 이상 커지게 되면 규모의 경제가 발생하면서 매출원가율이 낮아지죠. 이때가 기업이 본격적인 성장을 이루는 구간일 수 있으니, 매출원가율이 낮아졌다면 그 이유를 잘 살펴볼 필요가 있습니다.

이 용어도 신문, 뉴스에서 많이 보셨을 텐데요. 규모의 경제란 외형(매출 규모)이 성장하는 데 따른 여러 가지 효과를 말합니다. 대표적인 게 구매력 향상이죠. 시장에서 어머니들이 배추를 산다고 가정할게요. 배추를 한 포기만 살 때와 삼십 포기를 살 때 어머니의 협상력은 큰 차이를 보일 겁니다. 배추 삼십 포기를 사면 "에이, 삼십 포기나 사는데 좀 깎아줘요"라고 당당하게 말할 수 있죠. 과일을 살 때도 많이 사면 "에이, 서비스 좀 줘요" 이렇게 말할 수 있고요. 이게 구매자에게 구매력 파워가 생긴 겁니다. 판매자는 매출이 증가하게 되고 이익이 나니 조금 깎아주더라도 많이 파는 전략으로 가게 될 수 있죠. 공장 증설을 하지 않는다는 가정을 두고 보면 가동률이 높아지면 공장의 공간, 전력 등의 인프라 사용 효율성이 높아지겠죠. 그러면 공장 하나를 위해 돌아가는 비용은 비슷한데 생산량이 늘었으니 제품 하나에 투입되는 비용은 절감되는 효과가 생기겠네요. 예를 들어 공장 유지비가 10이라고 할 때 제품을 10개 생산하면 비용이 1씩 들어가는 것인데, 제품이 100개 생산되면 비용이 0.1씩 들어가게 되는 겁니다.

3. 매출총이익

매출액에서 매출원가를 빼면 바로 매출총이익(Gross Profit)이 나옵니다. 다시 김치 회사를 예로 들면 김치를 판매한 금액에서 마늘, 배추 등의 원재료비와 직접 생산비용을 빼면 매출총이익이 되는 것입니다.

매출총이익은 절대 금액보다는 비율로 살펴봐야 의미를 파악하기가 수월합니다. 매출총이익을 매출로 나누면 매출총이익률이 됩니다. 아마 'GP 마진'이라는 얘기는 많이 접해보셨을 겁니다. 이 GP 마진이 매출총이익률을 의미합니다.

$$\text{매출총이익(Gross Profit)} = \text{매출} - \text{매출원가}$$

$$\text{매출총이익률(GP마진)} = \frac{\text{매출총이익}}{\text{매출}}$$

매출총이익률은 크게 두 가지 형태로 활용됩니다. 하나는 동종업계의 다른 기업들과 비교해보는 겁니다. 만약 경쟁사 대비 매출총이익률이 더 높다면, 타사 대비 원가를 낮출 수 있는 어떤 요인이 있었을 거라 볼 수 있습니다.

회사의 매출 규모가 경쟁사 대비 월등히 크다면 규모의 경제 효과가 발현될 수 있고요. 인력들의 숙련도가 높아 경쟁사 대비 더 적은 인력으로도 더 높은 생산성을 보였을 수도 있습니다. 제품 생산을 위한 장비를 직접 개발했다면 장비 구입비를 낮춰 감가상각비가 감소할 것이고요. 부품을 직접 조달한다면 역시 수익성이 개선될 수 있습니다. 기술력이 좋아서 제품 생산의 수율이 높을 수도 있죠. 경쟁사 대비 구조적으로 이익률이 높다면 가치평가에서도 더 높은 점수를 받을 수 있습니다.

수율

전체 생산품에서 불량제품을 제외한 양품의 비율을 말합니다.

다른 하나는 매출총이익률의 변화 동향을 확인하는 것입니다. 회사가 원가 관리를 잘하면 매출총이익률이 개선될 수 있습니다. 원부자재의 가격이 하락하면서 매출총이익률이 올라가기도 하고요. 반대로 원재료 가격이 상승하는데도 매출총이익률을 일정하게 유지하는 기업이 있다면 주목할 필요가 있습니다. 이는 원가가 상승한 만큼 판가도 상승시켰다는 얘기인데요. 고객사 또는 고객들이 가격 상승을 무릅쓰고도 제품을 구매할 만큼 경쟁력이 있는 업체라고 판단할 수 있기 때문이죠.

또 매출원가가 증가하는 가운데 매출총이익률이 동일하게 유지가 되면 재미있는 일이 발생합니다. 바로 이익의 규모가 커지는 거죠. 예를 들어 매출액이 100에 매출총이익률이 20%인 회사가 있다고 해보겠습니다. 그런데 원가가 20% 올라서 판가도 20%를 올린다고 하면 매출액은 120이 되겠죠. 매출총이익률은 20%로 동일하니 매출총이익은 20에서 24로 증가하게 됩니다.

만약 원가 상승을 판매가로 전가하지 못하는 회사라면 어떻게 될까요? 매출액은 100으로 변함없는데, 매출원가는 80(매출총이익률 20%)에서 20%가 증가한 96이 되잖아요. '매출액 – 매출원가'를 하면 매출총이익이 20에서 4로 급감해버리게 됩니다. 매출총이익률로 보면 20%에서 4%로 뚝 떨어지게 된 거죠. 매출총이익률을 지키는 것이 얼마나 중요한지 느껴지시나요?

다음은 스판덱스, 나일론 원사 등을 판매하는 효성티앤씨의 2019년 1분기~2023년 1분기까지 매출총이익률 흐름을 표시한 차트입니다. 코로나 이후 스판덱스 수요가 크게 늘면서 가격은 급상승했는데, 원가는 그만큼 상승하지 않았습니다. 이에 2020년 2분기만 해도 4.1%에 불과했던 매출총이익률이 2021년 2분기에는 21.22%까지 치솟게 됩니다.

효성티앤씨의 매출총이익은 2020년 4,985억 원에서 2021년 1조 6,991억 원으로 무려 241% 증가했고요. 가동률 상승과 판매가 상승이 겹치면서 매출액은 크게 늘었지만, 원가율은 오히려 개선되어 매출총이익이 급격하게 개선된 케이스입니다.

제품의 판가가 시장의 수요와 공급에 따라 결정되는 화학, 철강, 해운, 반도체 등에서 종종 보이는 모습입니다. 우리가 지속적으로 제품의 가격을 모니터하는 이유죠. 갑자기 제품 판매가에 변화를 보인

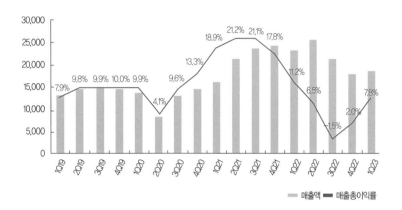

효성티앤씨 매출액, 매출총이익률 추이

(단위 : 억 원)

자료 : IDC, 블룸버그

다면 시장의 수요가 늘어난다는 이야기이고 그 이유가 단기 이슈인지 장기 이슈인지를 판단하면서 투자의 기회를 찾을 수 있습니다.

영업이익, 손익의 둘째 단계

"설마 제품을 만드는 비용이 원재료비라고 생각하는 건 아니시죠?"

1. 판매비와 관리비

매출총이익 다음에 나오는 계정은 '판매비와 관리비'입니다. 줄여서 판관비라고 부르죠. 우리는 제품을 앞에 두고서 종종 이런 대화를 나누곤 합니다.

"야, 너 그거 아냐? 100만 원짜리 이 스마트폰을 만드는 데 들어가는 원가가 20만 원밖에 안 된대. 이거 완전 날강도 아니냐?"

우리는 무의식중에 물건을 만드는 데 들어가는 직접 비용인 원가에 민감하게 반응합니다. 원가 대비 판가가 높으면 폭리를 취한다고 분노하죠. 그런데 사업자가 정말 엄청난 폭리를 취하는 것일까요? 만약 이렇게 생각하시는 분들이 계신다면 절대 본인의 사업을 시작하면 안 됩니다. 분명 비용 관리가 안 돼서 망할 수밖에 없으니까요.

스마트폰을 예로 들어볼까요? 스마트폰에 들어가는 부품은 디스플레이, 케이스, 터치패드, 통신 모듈, 기판, 안테나 등 정말 다양합니다. 이걸 다 더했을 때 20만 원 정도 된다고 가정할게요. 판가가 100만 원인데 원가가 20만 원이니 원가율은 20%입니다.

그런데 눈에 보이는 게 전부는 아니죠. 제품은 도깨비방망이처럼 뚝딱 만들어지는 게 아닙니다. 스마트폰을 설계하고, 부품을 조달하고, 디자인을 구상하려면 사람이 필요합니다. 사람들의 인건비도 비용으로 들어가죠. 제품 완성을 위해 여러 가지 부품을 테스트하고 인증받는 과정도 있습니다. 여러 가지 디자인의 제품 시안을 만들어보는 것도 비용이겠죠.

기술이 하늘에서 뚝 떨어지는 것도 아니니까 매출과 직접 연결되지 않더라도 꾸준한 연구개발을 해야 합니다. 삼성이 기술을 선도하는 것이 그냥 되는 것은 아니잖아요. 예를 들어 폴더블 스마트폰 하나를 구현한다고 하면 사전에 여러 테스트도 거치고 여러 모델도 만들어봐야 하는데 이 모든 게 비용입니다.

제품을 만들면 재고를 관리하고, 납품하는 유통비용이 또 들어갑니다. 판매가 잘 안되면 유통업체에 추가로 지원금을 제공하기도 하죠. 제품 하나를 만들기 위해서 원재료 이상의 비용이 들어가는 것입니다.

이렇게 제품 개발과 판매를 위해 들어가는 다양한 추가 비용을 판매비와 관리비라고 합니다. 본사의 관리 인력에 대한 비용, 사무집기 비용, 전기, 수도, 가스, 복리후생 비용들도 모두 판관비로 들어갑니다. 본사 건물이 있다면 건물의 감가상각비도 판관비에 들어갑니다. 물류를 위한 비용, 수수료도 판관비에 잡히겠죠.

📊 삼성전자 비용의 성격별 분류

(단위 : 백만 원)

구분	당분기	전분기
제품 및 재공품 등의 변동	1,739,852	645,739
원재료 등의 사용액 및 상품 매입액 등	22,584,423	18,411,092
급여	6,702,731	6,087,291
퇴직급여	339,184	305,463
감가상각비	7,147,736	6,591,167
무형자산상각비	695,542	814,438
복리후생비	1,202,577	1,141,558
유틸리티비	1,200,411	1,154,703
외주용역비	1,406,449	1,349,170
광고선전비	1,110,369	959,628
판매촉진비	1,624,527	1,612,091
기타비용	10,251,834	9,805,493
계(*)	56,005,635	48,877,833

※ 연결손익계산서상 매출원가와 판매비와 관리비를 합한 금액입니다.

사업보고서의 주석에 들어가서 보면 앞의 표처럼 '비용의 성격별 분류'가 나옵니다. 이건 매출원가와 판관비를 통틀어서 보여주죠. 이 비용 내역들을 분기별로 정리해서 비용의 증감과 매출액 대비 비율의 상승, 하락을 파악할 수 있습니다.

2. 영업이익

매출액에서 제품 제조에 필요한 비용인 매출원가를 빼면 매출총이익이 됩니다. 매출총이익에서 다시 판관비를 빼면 그게 바로 영업이익입니다. 결국, 매출액에서 제품의 생산과 판매에 필요한 모든 비용을 제외한 이익이 바로 영업이익(OP, Operating Profit)이죠. 투자하다 보면 'OP가 얼마다' 이런 얘기 많이 들어보셨을 것입니다. 이때 OP가 바로 영업이익이라고 생각하면 됩니다.

$$매출 = 판매량 \times 단가$$

$$매출총이익 = 매출 - 원가$$

$$영업이익 = 매출총이익 - 판관비$$

영업營業이란 영리를 목적으로 하는 사업입니다. 회사가 존재하는 이유는 바로 재화와 서비스를 판매하여 수익을 추구하는 것입니다. 이것이 영업이라는 한마디로 축약되는 것인데요. 이 뜻을 통해 영업이익의 뜻과 중요성도 쉽게 유추해볼 수 있습니다. 회사의 근간이 되는 영업을 통해서 벌어들이는 이익이 바로 영업이익이 되죠. 그러니 영업이익은 회사의 존재 가치가 충분한지를 판단하는 중요한 기준이 됩니다.

기업을 분석하는 가치투자자들이 주목하는 것도 바로 이 영업이익입니다. 회사의 영업 상황이 좋아서 꾸준히 영업이익이 우상향하는 기업을 가장 선호하기 마련이죠.

$$영업이익률 \; = \; \frac{영업이익}{매출}$$

매출총이익률 계산처럼 영업이익을 매출로 나눈 수치가 영업이익률이 됩니다. 우선순위로 보면 일단 회사의 외형이라고 할 수 있는 매출이 커지는 것이 1번, 높은 영업이익률을 통해 높은 수익성을 확보하는 것이 2번입니다. 영업이익률이 높다는 것은 그만큼 회사가 높은 경쟁력을 보유하고 있다고 할 수 있겠죠.

좋은 회사와 좋은 주식

영업이익률이 높으면 좋은 회사일까요? 매출이 똑같이 100인데 영업이익률이 5%인 A 회사와 30%인 B 회사가 있다면 30%인 B 회사가 당연히 더 좋은 회사입니다. 그럼 다시 질문해보겠습니다.

영업이익률이 높으면 좋은 주식일까요? 이건 생각해봐야 합니다. A 회사와 B 회사가 똑같이 매출이 10% 성장하고 영업이익률도 똑같이 3% 포인트 상승한다고 가정하겠습니다.

A 회사의 매출액은 100에서 110이 되고 영업이익률은 5%에서 8%가 됩니다. 그러면 영업이익은 100×5%=5에서 110×8%=8.8로 76% 증가합니다.

B 회사도 마찬가지로 매출액이 100에서 110이 되고 영업이익률은 30%에서 33%로 됩니다. 그러면 영업이익은 100×30%=30에서 110×33%=36.3으로 21% 증가하고요.

📈 A회사와 B회사의 매출 증가에 따른 영업이익 비교

주요 성장 지표	A회사		B회사	
	성장 전	성장 후	성장 전	성장 후
매출액	100	110	100	110
영업이익률(%)	5	8	30	33
영업이익	5	8.8	30	36.3
영업이익성장률(%)	–	76	–	21

※ 성장률 매출 10%, 영업이익률 3%P 상승

똑같이 매출이 증가하는데 영업이익성장률은 A 회사가 훨씬 큽니다. 물론 영업이익률이 높은 B 회사가 여전히 더 좋은 회사라는 것은 맞죠. 하지만 주가는 이익성장률의 함수라고 했으니 주가 관점에서는 이익성장률이 큰 A가 훨씬 매력적일 수 있다는 겁니다.

좋은 회사는 이미 그에 걸맞은 높은 평가를 받고 있어서 시장 기대치를 뛰어넘는 추가적인 성장을 거두기가 쉽지 않습니다. 주가가 추가로 오르기는 쉽지 않다는 얘기죠. 반면 좋지 않았던 회사는 턴어라운드와 함께 급격한 수익성 개선을 보이며 주가가 급등할 수 있습니다. 시장이 턴어라운드 주식을 좋아하는 이유겠죠.

이를 고려하면 장치산업에서 영업이익률이 0%에 가까웠던 회사가 영업환경의 변화로 턴어라운드할 때를 주목해야 하는 걸 이해할 수 있습니다. 영업이익률이 1%에서 3%~4%로 높아진다고 해보세요. 턴어라운드로 매출액이 증가하는데 영업이익률까지 급격하게 상승하면 영업이익 규모가 최소 3배~4배 증가하잖아요. 이때 이익성장률에 대한 기대가 극대화되면서 주가도 당연히 크게 상승할 수 있겠죠.

판매량의 성장 → 매출의 성장 → 영업이익 급증 → 주가 상승

매출총이익률 파트에서 효성티앤씨의 매출총이익률 증가를 살펴봤었죠. 수요 증가에 따른 가동률 상승과 판가 상승으로 효성티앤씨의 매출총이익이 2020년 4,985억 원에서 2021년 1조6,991억 원으로 무려 241%가 증가했었잖아요.

매출원가뿐 아니라 판관비까지 뺀 영업이익의 변화는 더 극적입니다. 2020년 2,666억 원에서 2021년 1조4,237억 원으로 434% 증가했으니까요. 매출총이익 증가율 241%보다도 1.8배 정도 영업이익이 증가한 거죠. 영업이익이 1년 만에 5배 넘게 증가한 효성티앤씨의 주가는 어떻게 됐을까요?

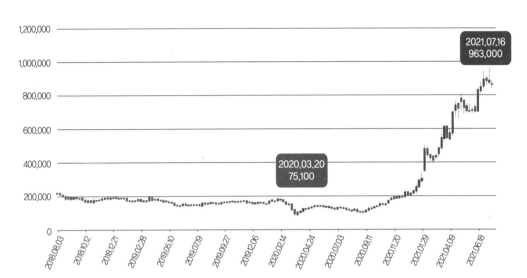

효성티앤씨 주봉 차트 (단위 : 원)

2021.07.16
963,000

2020.03.20
75,100

2020년 10월만 해도 15만 원 수준이던 주가는 2021년 7월 963,000원으로 6배가 넘게 올랐습니다. 영업이익률이 꾸준하게 높지는 않더라도 매출이 증가하면서 매출총이익률과 영업이익률이 급격하게 개선되는 회사는 좋은 주식이 될 수 있음을 보여준 대표적인 사례입니다.

당기순이익, 손익의 셋째 단계

"그래서 진짜로 내 지갑으로 들어오는 돈이 얼마야?"

1. 금융수익, 금융원가

영업이익은 회사의 사업을 통해서 벌어들이는 이익이라고 했습니다. 열심히 일해서 받는 월급 같은 수익이 바로 영업이익이죠. 그런데 월급만 버는 돈입니까? 이자를 받거나 투자를 하는 등 일해서 받는 월급과 별개의 수익을 내기도 하죠. 때론 차입에 대한 이자를 내거나 투자한 것이 손해를 보기도 하지만요.

여러분에게 정말 중요한 것은 월급인가요? 아니면 각종 세금, 관리비, 이자, 투자수익 등을 모두 정산하고 남은 가처분소득인가요? 소비를 결정하는 것은 최종 가처분소득이 되겠죠.

회사도 영업에서 돈을 버는 것 외의 다양한 활동들로 수익이나 손실을 발생시킵니다. 이렇게 영업활동과 별개로 발생하는 손익은 영업이익 밑단에서 가감하는데요. 대표적인 게 금융수익과 금융원가입니다.

회사가 보유 현금으로 예금에 가입하면 주기적으로 이자 수익이 발생하겠죠. 달러 등 외환을 보유하고 있는데 환율이 오르면 수익이 나기도 할 테고요. 이렇게 금융 활동을 통해 들어오는 수익이 바로 금융수익입니다.

반대로 회사가 차입금이나 사채를 통해 자금을 조달했다면 주기적으로 이자 비용을 지급해야 하죠. 보유한 외환 또는 파생상품에서 손실이 발생할 수도 있고요. 이렇게 금융 활동을 통해 발생하는 손실이 금융원가가 됩니다.

2. 기타수익, 기타비용

기타수익과 기타비용에는 말 그대로 잡다한 것들이 다 들어있습니다. 회사가 영업을 통해서 벌어들이는 손익과 금융 관련한 손익을 제외한 모든 것이라고 볼 수 있죠. 대표적으로 투자자산에 대한 배당수익이 기타수익으로 잡힙니다. 건물이나 토지를 매각해서 발생하는 차익도 기타수익이고요.

제품을 판매하는 기업들은 미리 재고를 쌓아두는데 잘 팔리지 않아서 오랫동안 재고로 남는 경우가 있습니다. 유행이 지난 오래된 의류나 가전제품을 생각하면 할인을 많이 하더라도 소비자들이 구매하지 않는 경우가 많죠. 이런 재고들은 회계적으로 '상각'이라는 절차를 거치게 되는데요. 자산을 상각한다는 것은 자산이 감소한다는 거잖아요. 이때 자산이 감소한 만큼의 금액이 손익계산서에 손실로 반영되는데 '영업 외 기타비용'으로 잡히는 겁니다.

상각

실질적인 재고의 처리와 상관없이 재무제표상에서 재고 자산의 가치를 낮추는 것을 말합니다.

기업은 제품을 판매하면서 대금을 바로 수취하지 않죠. 외상 매출처럼 나중에 돈을 받게 되는데 이 금액을 회계적으로 매출채권으로 표기해둡니다. 이 매출채권도 오랫동안 받지 못하면 악성 채권으로 분류되면서 상각이 진행됩니다. 이때 발생하는 관련 손실도 역시 기타비용으로 들어가죠.

이밖에 임대사업을 주목적으로 하는 회사가 아니라면 임대료수익도 기타손익에 들어가고, 투자자산에 손익이 발생하는 것도 대표적으로 기타손익에 들어가게 됩니다.

3. 종속기업, 공동지배기업 및 관계기업 관련 손익

앞에서 얘기했듯이 모회사가 자회사 지분을 50% 이상 보유하고 있거나 그렇지 않더라도 그 회사를 실질적으로 지배하고 있다면 자회사는 모회사의 연결재무제표에 편입됩니다.

그렇다면 모회사가 지분을 보유하고 있는데도 연결 대상에 편입되지 않는 회사가 있을 거잖아요. 앞에서 이런 자회사는 당기순이익에 보유한 지분율을 곱해서 지분법 이익으로 인식한다고 설명했지요. 종속기업, 공동지배기업, 관계기업과 관련된 손익은 이렇게 지분법으로 들어오는 이익에 잡힌다고 보면 됩니다.

그런데 지분법으로 인식하는 자회사임에도 영업외손익에서 지분법손익을 발견하지 못 하는 경우가 있습니다. 지주사가 바로 그런 경우인데요. 지주사는 설립 목적 자체가 자회사들을 관리하고 로열티와 배당수익 등을 받는 것입니다. 이에 지분법 이익이 매출로 인식됩니다.

다음은 솔브레인홀딩스 매출의 예인데요. 솔브레인홀딩스는 핵심 자회사 솔브레인의 지분을 31% 보유하고 있어 솔브레인이 연결 편입 대상이 아닙니다. 그렇지만 솔브레인홀딩스는 지주사이기 때문에, '지주'라는 항목의 매출 구분이 있고 지분법 손익이 매출로 잡히고 있음을 알 수 있습니다.

📊 솔브레인홀딩스 사업부별 실적

(단위 : 천 원)

구분	제품제조	유통 및 서비스	지주	합계
매출액	–	–	–	–
외부매출액	93,399,650	24,771,998	–	118,171,648
관계·공동기업으로부터의 지분법손익	–	–	18,085,562	18,085,562
매출총이익	23,069,491	7,339,387	18,085,562	48,494,440
영업이익	7,808,006	127,184	18,085,562	26,020,752

4. 세전 계속 사업이익

세전 계속 사업이익은 '세전'이라는 표현이 있으니 세금을 부과하기 전의 이익임을 알 수 있습니다. 여기서 말하는 세금이란 기업에 부과하는 법인세를 뜻하고요. 계속이라는 것은 이어지고 있다는 얘기로 결국 끊이지 않고 이어지는 사업에서 나오는 이익을 뜻합니다. 합해보면 법인세를 차감하기 전의 계속 영위하고 있는 사업에서 나오는 이익이라고 할 수 있겠네요.

계속이라는 표현을 썼다면 반대로 중단하는 사업도 있다는 것을 유추할 수 있습니다. 중단되는 사업의 내용이 재무제표에 들어가 있으면 계속되는 사업의 연속성을 파악하는 데 어려움을 줍니다. 이에 중단사업은 연결재무제표의 매출과 영업이익 단에서 포함되지 않고 당기순이익 아래에 한 줄로 중단사업 손익이 반영됩니다.

예를 들어 한 회사가 적자를 보는 사업을 중단한다고 하죠. 올해 전체 매출은 200, 영업이익은 10, 당기순이익은 2라고 하겠습니다. 이 중 계속사업은 매출 100, 영업이익 30, 당기순이익 22이고 중단사업은 매출 100, 영업이익 -20, 당기순이익 -20이라고 하겠습니다. 편하게 생각하려고 단위는 생략했습니다.

📈 회사 사업 중단 예시

(단위 : 천 원)

구분	올해			내년		
	전체사업 (A)	계속사업 (B)	중단사업	전체산업	(A)대비	(B)대비
매출액	200	100	100	150	-25%	50%
영업이익	10	30	-20	50	400%	67%
당기순이익	2	22	-20	38	1800%	73%

내년 매출은 150에 영업이익 50, 당기순이익 38이라고 가정하고 만약 중단사업을 고려하지 않았을 때 어떻게 될까요. 전체 매출은 올해가 200인데 150으로 줄어드니 매출이 25% 감소하게 됩니다. 영업이익은 10에서 50이 되었으니 400% 증가하게 되고요. 이것만 보면 매출액이 감소하는데 비용 면의 개선이 있었다고 오해할 수 있죠.

하지만 계속사업만 비교하면 매출이 100에서 150으로 50% 증가하고 영업이익은 30에서 50으로 67% 증가했죠. 기업의 성장에 따른 매출과 영업이익의 증가가 보이는 겁니다.

중단사업이 있을 때와 없을 때 재무제표를 보고 판단하는 게 완전히 달라진다는 게 느껴질 겁니다. 계속해서 영위할 사업을 시계열로 분석하기 위해서는 중단사업이 제거되는 것이 더 합당하다는 얘기죠. 중단사업의 매출액과 영업이익은 연결재무제표의 주석에 보면 상세하게 표기되니 추가적인 정보를 원한다면 주석을 보면서 확인할 수도 있습니다.

세전 계속 사업이익은 영업이익에서 기타수익, 기타비용, 금융수익, 금융원가 등 모든 영업외손익을 가감하면 나옵니다. 다만 상대적으로 중요도가 떨어져서 크게 주목하는 이익은 아닙니다.

$$매출 = 판매량 \times 단가$$
$$매출총이익 = 매출 - 원가$$
$$영업이익 = 매출총이익 - 판관비$$
$$세전 계속 사업이익 = 영업이익 + 금융수익 +$$
$$기타수익 - 금융원가 - 기타비용$$

5. 당기순이익

당기순이익은 바로 주주의 몫이라고 할 수 있는데요. 세전 계속 사업이익에서 법인세를 차감하면 남는 이익이 당기순이익입니다. 기업은 과세표준 금액에 따라 서로 다른 법인세율을 적용받고 추가로 법인세의 10%에 해당하는 지방세를 부담하게 됩니다.

📊 법인세 세율(2023년 이후)

(단위 : 원)

소득종류 법인종류	각 사업연도 소득		
	과세표준	세율	누진공제
영리법인	2억 이하	9%	–
	2억 초과 200억 이하	19%	2,000만
	200억 초과 3,000억 이하	21%	42,000만
	3,000억 초과	24%	942,000만

과세표준 금액은 당기순손익에 과세 조정이 이뤄지므로 당기순이익에 정확하게 맞아떨어지지는 않습니다. 우리나라 법인세는 과세표준 이익 기준 2억 원 이하는 9%, 2억 원 초과~200억 원 이하는 19%,

200억 원 초과 ~3,000억 원 이하는 21%, 3,000억 원 초과는 24%가 부여됩니다. 지방세를 포함하면 최고세율은 26.4%가 되겠네요.

지금까지 이어온 손익계산서의 흐름을 정리해보죠. 매출액은 수량과 단가를 곱해서 나온다고 얘기했습니다. 여기에서 제조에 필요한 원가를 빼면 매출총이익이 나오죠. 매출총이익에서 판관비까지 빼면 회사가 영업을 통해 창출하는 영업이익이 나옵니다. 영업이익에서 금융 관련 손익과 기타손익을 가감하면 세전 계속 사업이익이 나오고 여기에서 법인세까지 빼면 당기순이익이 나옵니다.

매출 = 판매량 × 단가

매출총이익 = 매출 − 원가

영업이익 = 매출총이익 − 판관비

세전계속사업이익 = 영업이익 + 금융수익 +

기타수익 − 금융원가 − 기타비용

당기순이익 = 세전계속사업이익 − 법인세

6. 지배주주순이익, 비지배주주순이익

이제 정말 손익계산서의 마지막 단계입니다. 앞에서 재무상태표를 살펴볼 때 자본 계정은 지배주주지분과 비지배주주지분으로 나뉜다고 했죠. 마찬가지로 연결재무제표에서 당기순이익도 다시 지배주주 순이익과 비지배주주 순이익으로 구분됩니다.

다시 앞의 엄마, 아빠 사례를 생각해보겠습니다. 아빠가 하는 투자처에 엄마도 30% 자금을 넣었습니다. 그런데 엄마가 궁금한 것은 그래서 최종적으로 엄마의 지갑으로 들어오는 돈이 얼마냐 하는 것입니다. 그 돈은 엄마가 번 돈+아빠가 번 돈의 30%가 되죠. 이 둘을 합한 것이 지배주주 순이익입니다.

자본이 주주의 주머니에 들어있는 돈이라면 당기순이익은 주기적으로 주주의 주머니에 새로이 꽂히는 돈이라고 볼 수 있습니다. 당기순이익이 들어오면서 주주의 주머니인 자본이 두둑해진다는 얘기입니다. 그러니 당기순이익에서도 지배주주의 몫과 비지배주주의 몫을 나누는 것이 당연합니다.

매출액, 영업이익, 영업외손익에서 일일이 지배주주지분, 비지배주주지분을 나누게 되면 회계 작성이 너무 복잡해지고 전체 사업을 바라보는 데도 어려움을 겪을 수 있습니다. 이에 최종 주주의 몫에 해당하는 자본과 당기순이익만 나눠서 바라본다고 할 수 있겠죠.

다음은 지주사 한화의 요약 재무입니다. 보시면 당기순이익과 지배주주 순이익 간의 괴리가 크죠. 지분율이 높지 않은 자회사들이 연결로 많이 편입되기 때문입니다. 만약 당기순이익과 지배주주 순이익의 괴리가 큰데, 영업이익이나 당기순이익을 기반으로 기업의 가치평가를 하게 되면 기업을 과대평가할 가능성이 크죠.

📊 한화 주요재무현황

(단위 : 억 원, %)

IFRS(연결)	연간		
	2018/12	2019/12	2020/12
매출액	487,402	504,124	509,265
영업이익	18,061	11,257	15,820
영업이익(발표기준)	18,061	11,257	15,820
당기순이익	7,993	2,311	7,405
지배주주순이익	4,684	900	2,138
비지배주주순이익	3,309	1,411	5,267

가치평가를 할 때는 최종적으로 주주의 손에 떨어지는 이익, 즉 당기순이익이 중요하고, 그중에서도 지배주주 순이익을 봐야 내 손에 쥐어지는 진짜 이익을 통해 제대로 된 가치평가를 할 수 있게 됩니다.

예를 들어 비슷한 사업을 영위하고 있는 A, B의 영업이익 규모가 500억 원이고 당기순이익도 350억 원으로 같다고 하죠. 그런데 A의 가치가 B의 절반 정도인 겁니다. 이에 누군가 B 회사가 저평가되어 있으니 B를 사자고 선동할 수 있겠죠. 얼핏 보면 설득력이 있어 보입니다. 그런데 지배주주 순이익을 보니 A 회사는 170억 원, B 회사는 340억 원이라면요? B 회사가 2배 비싼 게 당연하잖아요. 그러니 누군가에게 호도되지 않으려면 반드시, 꼭 지배주주 순이익의 규모를 함께 확인하는 습관이 필요합니다.

절대로 다른 사람의 의견만 듣고 투자하지 맙시다! 가치투자자는 반드시 기업 분석을 기반으로 투자해야 합니다. 이 점을 명심하세요!

놉!

파생상품에서 손실이 났다고?

파생상품이란 선물, 옵션과 같은 거래 상품을 의미합니다. 파생상품은 헷징 (hedging)을 목적으로 시작됐는데요. 헷징이란 쉽게 말하면 가격 변동의 위험을 제거하는 행위입니다. 우리는 큰 사고나 병을 대비해서 보험이라는 비용을 지불합니다. 마찬가지로 투자자들은 자산의 가격 변동 위험을 줄이기 위해서 파생상품을 거래합니다. 대표적인 것이 통화선물계약입니다. 수출기업의 상황을 통해 통화선물이 어떻게 작용하는지 살펴보시죠.

수출 대금을 달러로 받는 수출기업의 매출액이 100달러라고 하겠습니다. 인건비 등 나가야 하는 비용은 모두 원화로 지급하고 관련 비용은 5만 원이라고 하죠. 이때 달러/원 환율이 1,000원/달러에서 1,100원/달러로 올라가면(원화가 약세가 되면) 달러 매출액은 변하지 않는데 원화 매출액은 10만 원에서 11만 원으로 증가하게 됩니다. 하지만 비용은 여전히 5만 원이니 이익은 5만 원에서 6만 원으로 증가하게 됩니다.

반대로 달러/원 환율이 1,000원/달러에서 900원/달러로 내려가면(원화가 강세가 되면) 원화 매출은 10만 원에서 9만 원으로 감소하게 되죠. 비용은 같으니 이익도 5만 원에서 4만 원으로 감소하게 됩니다. 영업환경은 변화가 없는데 환율 때문에 매출과 이익이 오르내리는 상황이 나오는 겁니다.

그런데 달러/원 환율이 너무 높아서 앞으로 환율 하락이 우려되는 시점이라고 해보죠. 환율 하락은 수출기업 입장에서 원화 매출의 감소를 의미합니다. 환율 변동 때문에 이익이 감소하는 게 억울하게 느껴질 수 있죠. 이때 통화선물을 활용해서 환율 변동을 헷징하는 겁니다. 예를 들어서 설명해보겠습니다.

한 수출기업이 6개월 뒤에 100달러 규모 매출액이 들어온다고 해보죠. 현재 환율은 1,300원/달러인데 경영진은 환율이 내려갈 것이 우려되는 겁니다. 그래서 6개월 뒤에도 100달러를 현재 환율로 환전하는 방법을 찾죠. 그게 바로 통화선물입니다. 통화선물 매도 포지션을 잡으면 미래에 들어올 달러를 현재 환율로 매도하는 효과를 낼 수 있습니다. 이제 환율이 예상대로 내려가면 통화선물 매도가 어떤 효과를 일으키는지 살펴보죠.

"달러/원 환율이 1,200원/달러로 하락하면?"

달러/원 환율이 1,200달러/원으로 하락하면 선물거래에서 달러당 100원의 이익이 발생하게 됩니다. 1달러를 1,300원에 팔았는데 1,200원으로 떨어졌으니까요. 100달러만큼의 선물 계약이라면 달러당 1만 원의 이익이 발생하게 되죠. 파생상품 관련 이익이니 영업 외에서 금융수익으로 잡히겠네요. 환율이 하락했으니 원화 매출은 1만 원이 감소하게 됩니다. 손익계산서 전체로 보면 원화 매출 감소분을 금융수익이 상쇄해준 겁니다. 결과적으로 회사는 선물거래를 통해 1,300원/달러일 때의 매출이 발생한 것과 동일한 당기순이익을 거둘 수 있겠네요. 환율 하락으로 인한 손실을 헷징해 준 겁니다.

기업들은 미래에 발생할 외화 매출이나 보유한 외화 자산에 대해서 이렇게 미리 헷징해두는 경우가 많습니다. 환율 변동의 위험을 끌어안지 않으려는 거죠. 문제는 이렇게 헷징을 해두었는데 환율이 올라가버리는 상황에서 발생합니다.

"달러/원 환율이 1,400원/달러로 상승하면?"

달러/원 환율이 1,400원으로 올라가면 통화선물거래에서 달러당 100원의 손실이 발생하게 됩니다. 1달러를 1,300원에 팔았는데 1,400원이 되었으니 1달러당 100원 손해를 본 거죠. 100달러만큼의 선물 계약이었으니 1만 원의 손실이 생긴 겁니다. 파생상품 관련 손실이니 영업 외 금융원가로 잡히겠죠. 이번에는 환율 상승으로 원화 매출은 1만 원이 증가할 것이고요. 전체 손익계산서에서 보면 매출 증가 효과를 파생상품 손실이 상쇄해버린 겁니다.

공시에 종종 '파생상품 거래 손실 발생'이 뜨기도 하는데요. 이렇게 헷징을 걸어두었다가 손실이 발생한 경우가 많습니다.

한화 테크윈 거래 손실 발생

본문 2024.05.14 파생상품거래손실발생 　　　　첨부 +첨부선택+

☞ 본 공시사항은 [한국거래소 코스닥시장본부] 소관사항입니다.

파생상품 거래 손실 발생

1. 파생상품 거래계약의 종류 및 내용		통화선도(선물환) 계약 및 선물 계약
2. 손실발생내역	손실누계잔액(원) (기신고분 제외)	14,923,432,205
	자기자본(원)	215,586,935,429
	자기자본대비(%)	6.92
	대기업해당여부	해당
3. 손실발생 주요원인		수출위주의 매출구조로 인하여 환율하락을 대비하고자 체결한 파생상품(통화선도계약 및 선물계약)에 대하여 환율상승으로 인한 거래 및 평가 손실 발생
4. 손실발생일자		2024-05-14
		1) 상기 손실누계잔액은 2024년 3월 31일 기준 환율(1,346.80원/USD, 889.48원/100JPY)로 평가한 평가손실과 통화선도거래, 선물거래의 이익 및 손실금액을 가감한 수치입니다. 당분기까지 누적 손실입니다

앞의 테크윙 공시의 예를 보면 "수출 위주의 매출구조로 인하여 환율 하락을 대비하고자" 파생상품 계약을 체결했다고 나와 있죠. 손실이 149억 원이지만 애초에 파생상품 계약을 체결한 것이 헷징의 목적임을 밝히고 있잖아요. 그말은 환율 상승의 효과로 매출이 증가했다는 얘기가 되겠죠. 그러니 파생상품 손실을 크게 우려할 것은 아닙니다. 물론 환율 상승을 온전히 누리지 못하는 것이 배가 아프기는 하죠. 하지만 환율이 내려갈 때는 그만큼 이익 감소를 방어할 수 있으니 실적의 안정성 측면에서 보면 오히려 긍정적으로 볼 수도 있습니다.

수출 기업이라면 적절한 헷징이 기업의 안정성을 높일 수 있습니다!

중요한데 잘 놓치는 현금흐름표

"손익계산서와 재무상태표는 속여도 현금흐름표는 못 속인다고요?"

마지막으로 살펴볼 내용은 현금흐름표입니다. 'Ⅲ. 재무에 관한 사항'에서 '2-5. 연결 현금흐름표'에서 확인할 수 있는 내용이죠. 자산 내역과 손익을 파악했으면 다 된 거지, 뭘 또 확인해야 하느냐고 의아할 수 있는데요. 현금흐름표가 무엇인지 왜 필요한지 차분히 설명하겠습니다.

여러분이 은행에서 돈을 빌려 여러 채의 아파트를 취득했다고 가정합시다. 그런데 아파트 가격이 올라 대규모 시세 차익이 난 겁니다. 지금까지 살펴본 내용에 기반하면 시세 차익은 손익계산서상의 이익으로 잡히죠. 이익이 증가면서 자산이 증가하게 되고요. 결국은 여러분이 가져갈 몫인 자본도 증가할 것입니다.

문제는 부동산 시세 차익이 났다고 해서 그 차익만큼 현금이 들어

146

2-5. 연결 현금흐름표

연결 현금흐름표

제 56 기 1분기 2024.01.01 부터 2024.03.31 까지

제 55 기 1분기 2023.01.01 부터 2023.03.31 까지

(단위 : 백만원)

	제 56 기 1분기	제 55 기 1분기
영업활동현금흐름	11,866,306	6,291,774
영업에서 창출된 현금흐름	12,106,438	6,842,158
분기순이익(손실)	6,754,708	1,574,600
조정 (주24)	8,747,019	11,708,097
영업활동으로 인한 자산부채의 변동 (주24)	(3,395,289)	(6,440,539)
이자의 수취	1,098,569	1,085,460
이자의 지급	(164,248)	(219,559)
배당금 수입	35,935	38,957
법인세 납부액	(1,210,388)	(1,455,242)
투자활동현금흐름	(22,010,751)	16,471,470
단기금융상품의 순감소(증가)	(12,174,719)	27,560,017
단기상각후원가금융자산의 순감소(증가)	620,868	416,095
단기당기손익-공정가치금융자산의 순감소(증가)	(1,020)	(3,831)
장기금융상품의 처분	4,100,008	2,960,801
장기금융상품의 취득	(129,053)	(534)
기타포괄손익-공정가치측정금융자산의처분	53,306	5,607
기타포괄손익-공정가치측정금융자산의취득	(24,070)	(2,362)
당기손익-공정가치금융자산의 처분	92,282	17,096
당기손익-공정가치금융자산의 취득	(5,924)	(11,284)
관계기업 및 공동기업 투자의 처분	11,731	4,661
관계기업 및 공동기업 투자의 취득	(6,342)	(62,182)

오지는 않는다는 겁니다. 은행 차입으로 부동산을 구매해서 재산세, 종부세, 이자 지급 등 나가야 할 현금은 많은데 들어오는 현금은 없는 상황이죠. 시세 차익으로 기분은 좋지만 정작 현금이 부족해서 자린 고비처럼 궁핍해질 수도 있는 노릇입니다. 극단적으로는 현금 부족으로 이자를 제대로 내지 못해 파산에 이를 수도 있고요.

사람으로 보면 겉으로 보기에는 체격이 건장하고 운동 능력도 뛰어난데 혈액순환에 문제가 있어 쓰러지는 것과 같습니다. 명목상의 자산과 이익도 중요하지만, 실제 필요한 현금이 마르지 않도록 관리하는 것도 그 못지않게 중요한 것이죠.

이렇게 기업의 실질적인 현금흐름 상황을 점검하는 것이 현금흐름표입니다. 이 표는 회기 내에 기업의 현금 유입·유출 내역을 통해 기업이 어떻게 현금을 관리하고 있는지 보여줍니다. 현금흐름표는 크게 영업활동, 투자활동, 재무활동 세 가지로 나뉩니다. 복잡해 보이지만 상식적으로 생각해보면 어렵지 않습니다. 하나씩 살펴보시죠.

1. 영업현금흐름

여러분이 편의점을 운영한다고 하죠. 편의점 운영은 영업활동이 됩니다. 편의점 사업을 시작하려면 초기에 대량의 재고를 확보해야 합니다. 편의점을 막 시작했으니 벌어들인 돈은 없는데 재고를 확보하기 위해서 현금만 지출되는 상황입니다. 다음 그림을 보면서 이해해보시죠.

현금으로 재고 구입

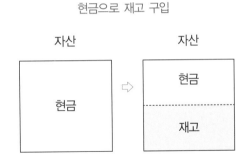

처음 사업을 시작할 때 우리는 현금이라는 자산을 보유하고 있습니다. 그리고 이 현금으로 영업에 필요한 재고를 구입하죠. 자산을 구성하고 있던 현금이 재고로 변하면서 현금이 줄고 재고가 늘었지만, 전체 자산 규모는 그대로입니다. 현금으로 재고를 확충하는 것이 손익계산서에 영향을 주지 않는다는 뜻입니다.

편의점 사업을 계속 영위하면 재고는 큰 변화 없이 유지될 겁니다. 재고 확충을 위해서 추가로 들어가는 현금은 없다는 겁니다. 이제는 수익이 발생하면서 자산이 늘어나고 현금이 확충되겠죠. 이렇게 영업활동을 하면서 들어오고 나오는 돈의 흐름을 기록한 것이 '영업활동으로 인한 현금흐름'입니다. 줄여서 '영업현금흐름'이라고 하죠.

영업현금흐름을 구하는 것은 당기순이익에서부터 시작합니다. 당기순이익에서 우선 현금 유출이 없는 비용을 더해주죠. 유형자산을 상각하는 감가상각비, 무형자산을 상각하는 무형자산 상각비, 부실한 자산을 조정하여 미리 설정하는 대손충당금 등이 대표적으로 현금이 나가지 않는 비용입니다.

이후 재고자산, 매출채권, 매입채무 등 영업활동으로 인한 자산부채의 변동을 계산해서 다시 가감하죠. 영업활동을 하면서 재고자산을 늘렸다면 현금 유출이 될 것이고, 재고가 감소했다면 현금 유입이 되겠죠. 외상 매출이라고 할 수 있는 매출채권이 증가했다면 현금 유출, 매출채권이 감소하면 현금 유입이 되겠죠. 반대로 기업이 원재료를 조달할 때 외상으로 사면 매입채무가 부채로 잡히는데요. 매입채무가 증가하면 현금은 유입, 매입채무가 감소하면 현금은 유출이 됩니다.

영업현금흐름 = 당기순이익 + 현금 유출이 없는 비용 ± 자산부채 변동

영업현금흐름은 기업의 부실을 점검할 수 있는 중요한 지표 중 하나입니다. 기업이 당기순이익은 잘 나오는데 영업현금흐름이 지속적으로 마이너스라면, 반드시 주의 깊게 봐야 합니다. 뭔가 문제가 있을 가능성이 크기 때문이죠. 최악의 상황에는 기업이 분식회계(회계 장부를 조작하는 것)를 하고 있다는 신호이거나, 회사에 돈이 돌지 않아 흑자 도산할지 모른다는 신호일 수도 있습니다.

특히 매출이 해외에서 발생하는데 매출채권이 쌓이면서 현금이 들어오지 않는다면, 분식회계 가능성을 의심해봐야 합니다. 고객사가

대손충당금

대손충당금(Allowance for Doubtful Accounts)은 회수 불가능한 채권에 대비하기 위해 사전에 미리 회계로 손실 비용을 설정해두는 것을 의미합니다. 이는 매출채권의 일정 부분이 회수 불가능할 가능성을 회계 장부에 반영하는 것으로, 재무제표의 정확성과 신뢰성을 높이는 역할을 합니다. 만약 회수 불가능하다고 봤던 채권이 회수된다면 충당금 환입이라는 이익이 잡히게 되고요.

설립된 지 얼마 되지 않고 규모도 작다면 매출의 실재성에 의심이 갈 수밖에 없겠죠. 또 해외에 있는 관계사로 대량의 매출이 이루어졌는데 매출채권이 회수되지 않는다면 억지로 실적을 만들어냈을 가능성은 없는지 꼭 봐야 합니다.

2. 투자현금흐름

다시 편의점의 상황으로 돌아가볼까요. 사업을 시작할 때 재고를 보유해야 하는데 재고를 구매할 돈이 부족한 겁니다. 그런데 마침 회사 여유자금으로 주식이나 코인 등에 투자해둔 것이 있었다면 투자자산을 매각해서 현금을 채울 수 있겠죠.

투자자산을 통한 재고자산 확보

반대로 편의점 영업 상황이 너무 좋아 현금이 쌓여있는 상황이라고 해보죠. 그러면 보유한 현금을 활용하고 싶을 거잖아요. 점포를 확대하거나 부동산 취득에 사용할 수도 있고, 사업과 관련 없는 코인이나 주식에 투자할 수도 있을 겁니다. 이렇게 영업활동과 상관없는 투자를 통해 들어오고 나가는 현금을 '투자활동으로 인한 현금흐름', 줄여서 '투자현금흐름'이라고 합니다.

기업 활동으로 보면 유형자산 취득, 시설투자, 자회사 설립, 타 회사

인수, 주식·코인·파생상품 투자 등을 위해 현금을 사용하면 투자현금흐름 유출이 되죠. 반대로 유형자산 처분, 자회사 매각, 투자자산 매각 등을 통해 현금이 들어오면 투자현금흐름 유입이 됩니다. 영업현금흐름보다 훨씬 직관적이죠.

투자현금흐름에서 주목할 것은 유형자산 취득과 시설투자입니다. 이런 시설투자는 자본적 지출(Capital Expenditure)의 약자인 'Capex'라고 보통 얘기하는데요. 대규모 Capex가 집행되는 것은 미래의 성장을 위해 자금을 투입하는 것이기 때문입니다. 투자가 실제 실적 성장으로 이어지면 주가도 크게 오를 수 있기에 될성부른 떡잎을 미리 알아챌 기회가 됩니다.

LB세미콘은 비메모리 반도체 후공정 단계에서 테스트와 패키징을 전문으로 수행하는 외주 업체인데요. 2017년부터 2023년까지 시설투자 규모가 6,713억 원에 달합니다. LB세미콘의 2017년 말 자본이 1,000

📈 LB세미콘 Capex 추이

(단위 : 억 원)

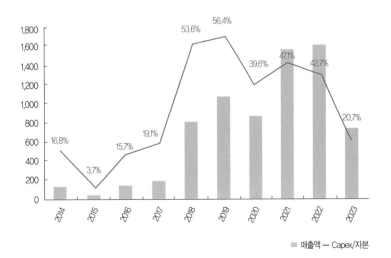

■ 매출액 — Capex/자본

억 원 수준이었음을 고려하면 얼마나 막대한 투자를 단행한 건지 느낄 수 있을 겁니다.

막대한 투자를 기반으로 LB세미콘의 매출액은 2017년 1,318억 원에서 불과 5년 만에 5,246억 원으로 5배 증가하게 됩니다. 당기순이익도 80억 원에서 402억 원으로 5배 늘었고요. 막대한 시설투자가 매출 성장과 이익 성장으로 이어진 긍정적인 사례라고 볼 수 있습니다.

LB세미콘 매출 추이

(단위 : 억 원)

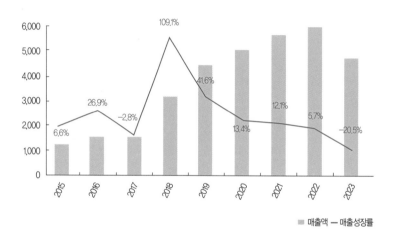

■ 매출액 — 매출성장률

물론 대규모 시설투자를 했어도 사업 환경이 좋지 않아서 오히려 회사가 휘청거릴 수도 있습니다. 규모에 비해 무리한 사업 확장이 꼭 좋은 건 아니죠. 하지만 통상 회사가 투자를 결정했다는 것 자체가 사업 전망을 긍정적으로 본다는 신호가 됩니다. 그러니 투자현금흐름을 보면서 근래에 대규모 시설투자가 있었다면 투자 내용을 꼼꼼히 살펴보고 업황을 점검할 필요가 있겠죠.

3. 재무현금흐름

다시 편의점 사업 얘기입니다. 사업 초반에 재고를 늘려야 하는데 현금도 부족하고, 그렇다고 회수할 투자자산도 없다면 어떻게 해야 할까요? 아마도 은행으로 찾아가 돈을 빌릴 생각을 하겠죠. 이렇게 은행 차입으로 현금이 들어오면 다음 그림처럼 부채가 늘어나면서 자산 계정에는 현금이 늘어납니다. 이제 이 현금을 재고로 바꾸면 되죠. 반대로 사업이 잘돼서 현금이 늘면, 이 현금으로 부채를 갚을 수 있을 것이고요.

이렇게 영업활동도 투자활동도 아닌, 돈을 빌리거나 갚아서 생기는 현금 유출입을 '재무활동으로 인한 현금흐름', 줄여서 '재무현금흐름'이라고 합니다.

재무현금흐름 유입

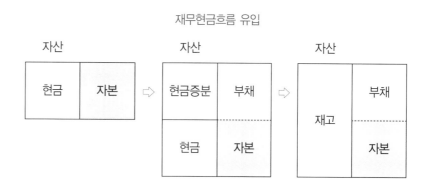

기업이 영업활동이나 투자활동을 함에 있어 부족한 자금을 메우기 위해 유상증자, 채권 발행, 은행 차입 등 여러 가지 방법으로 자금을 조달하면 재무현금흐름이 유입됩니다. 이 중 유상증자는 자본을 늘리는 것이니까 상환 대상은 아니죠. 반면 채권이나 은행의 차입을 갚게 되면 재무현금흐름은 유출됩니다.

영업현금흐름은 사람의 혈액순환과 같다는 것을 꼭 기억해야 하는데요. 사람이 기초 체력으로 혈액순환이 잘 되는 것이 최선인 것처럼, 기업도 영업현금흐름이 잘 도는 것이 가장 좋습니다. 그런데 사람도 갑자기 혈액순환이 잘되지 않을 때가 있죠. 그럴 때는 약을 먹거나 최악의 상황에는 혈관 스텐트 등의 시술을 받아야 할 수도 있습니다. 기업으로 보면 그때그때 부족한 영업현금흐름을 보완하기 위한 처방이 재무현금흐름의 유입이라고 보면 됩니다. 기업의 상황에 따라 적절하게 재무현금흐름을 활용하는 것은 기업 성장을 위한 약이 될 수 있다는 얘기죠.

📊 요약

----

① 영업현금흐름: 일상 영업활동에서 발생하는 현금 유입과 유출을 말한다.

 • 기업의 분식이나 부실을 점검하는 주요 도구다.

② 투자현금흐름: 장기적인 투자활동에서 발생하는 현금 유입과 유출을 말한다.

 • 장기 성장을 위한 시설투자 등이 이뤄지고 있다면 주의 깊게 살펴봐야 한다.

③ 재무현금흐름: 자본 조달 및 상환과 관련된 현금 유입과 유출을 말한다.

 • 기업의 영업과 투자 활동을 보조하기 위해 잘 활용하는 것도 중요하다.

CHAPTER 5

기업 분석:
양갈비 가위!

'양갈비'는 '가위'로 잘라먹자

"기업 분석을 시작할 때 무엇을 먼저 생각해야 할까요?"

저는 아직도 중학교 때 배웠던 '모스 광물 굳기계'를 외웁니다. 당시 학원 선생님이 얘기해주신 문장이 지금도 기억나기 때문입니다.

"활석 많은 방형이 인정 없는 석황을 강금했다."

광물은 활석, 석고, 방해석, 형석, 인회석, 정장석, 석영, 황옥, 강옥, 금강석의 순서로 단단하죠. 이것을 하나씩 외우라고 했으면 그때는 외웠을지 몰라도 지금까지 머리에 남지는 않았을 겁니다. 그런데 첫 글자로 문장을 만들어 익히니 까먹지를 않는 것이죠.

이 챕터의 제목이 '양갈비 가위!'인데요. 아마 처음 이 문장을 보면서 의아했던 분들이 많을 것 같습니다. 이 역시 앞서 얘기한 모스 굳기계를 외우기 위한 문장과 같다고 생각하시면 됩니다. 여러분도 제 글을 함께 읽다 보면 이 내용을 평생 잊지 못하게 되실 겁니다. 사실 제가 다른 곳에서 뭔가 있어 보이려고 'QPC-VR' 이렇게도 설명한 적이 있었는데요. 어려운 말을 써봤자 제 잘난 척하는 것 외에는 쓸모가 없더라고요.

다시 한번 강조하죠. 기업 분석의 시작은 양갈비입니다. 자세한 내용을 앞으로 양갈비 뜯듯이 하나씩 뜯어가보겠습니다.

'양': 기업은 양으로 성장한다

"기업 분석에서 가장 중요하게 봐야 할 내용이 뭘까요?"

앞에서 '매출=판매량×단가'라고 설명했죠. 양갈비의 '양'은 판매량을 얘기합니다. 돈을 많이 벌고 싶다면 매출이 커져야 하는데 이러한 성장의 핵심이 바로 '양(Q, Quantity)'입니다. 계속 강조하건대 미래 이익이 성장하기 위한 가장 선결 조건이 바로 양입니다.

여러분이 편의점을 열려고 준비한다고 가정하겠습니다. 편의점을 시작하겠다고 다짜고짜 본사에 전화해서 가맹점 내달라고 조르지는 않을 겁니다. 당연히 편의점 사업을 이해하기 위해서 선행조사를 하겠죠.

우선 편의점에는 GS25, 세븐일레븐 등 다양한 업체들이 있으니 어떤 편의점의 조건이 좋은지 파악해야 합니다. 가맹비, 수수료, 브랜드 인지도, 브랜드 평판 등 다양한 조건들을 비교해볼 겁니다. 또 편의점

정책으로 출점 제한이 있는지도 확인해야 합니다. 편의점을 냈는데 또 근처에 점포를 허가해주면 난감하잖아요.

브랜드 선택이 결정됐다고 해서 끝이 아니죠. 직접 편의점을 낼 자리도 알아봐야 합니다. 목이 좋은 곳을 선정해야겠죠. 인테리어 등 초기 비용이 얼마나 들어갈지도 확인해야 하고요. 이후에는 점포 하나에서 대략 얼마의 매출이 나올지 계산해보고 투자 비용 대비 얼마나 수익을 낼 수 있을지를 점검해볼 겁니다.

여러분은 앞에 나열한 여러 가지 중에서 가장 중요한 것이 무엇이라고 생각하시나요? 저렴한 수수료? 낮은 가맹비? 인테리어비 절감? 아닙니다. 가장 중요한 질문은 이겁니다.

"그래서 이 편의점으로 월평균 매출을 얼마나 낼 수 있는가?"

편의점의 매출을 추정하기 위해 여러 가지 방법을 사용하겠죠. 한 가지 방법은 내가 구상하는 매장 규모나 점포 위치와 비슷한 점포의 매출과 비교하는 겁니다. 점포를 직접 비교하려면 데이터가 있어야 하는데 점포별 데이터를 확보하기는 쉽지 않죠. 더군다나 직접 비교할 수 있는 점포 데이터 구하기는 더 어려울 것이고요.

그렇다면 구할 수 있는 데이터에서 출발해야 합니다. 가령 전체 편의점의 평균 고객 1인당 매출을 안다고 하죠. 이제 확인해야 할 것은 '편의점을 이용하는 사람이 얼마나 될까?'입니다. 편의점 매출은 일평균 방문 고객 수에 1인당 평균 매출을 곱하면 나올 테니까요.

편의점 매출 = 일평균 방문 고객 수(Q) × 1인당 평균 매출(P)

여기서 또 중요한 것이 수요와 공급입니다. 편의점의 수요는 결국 인구입니다. 여기에서 입지 관련 고민을 하게 되겠죠. 배후에 주거지가 있어서 방문할 수 있는 사람이 많은지, 주거지는 없지만 오피스가 있어서 유동인구가 많은 곳인지 등을 점검해볼 겁니다. 또 지금은 아니지만 개발 계획이나 대기업의 입주 등으로 향후 유동인구가 늘어날 수 있는지도 점검해야 합니다.

주변에 경쟁할 편의점이나 마트가 몇 개나 있는지, 유동인구에 비추어 적당한지, 추가로 공급 확대의 여지는 없는지, 주변에 추가로 분양되는 상가는 없는지 등도 확인할 수 있을 겁니다.

이렇게 수요와 공급을 기반으로 '양'이 어떻게 되는지를 확인하는 것은 매출을 추정할 때 굉장히 중요합니다. 충분한 '양'이 나오지 않는데 덜컥 사업을 시작하면 수익은커녕 투자원금도 잃을 수 있기 때문이죠.

그런데 이렇게 현상을 확인하는 것만으로는 부족합니다. 적극적으로 '양'을 늘릴 수 있는 전략도 고민해야 하죠. 이벤트를 통해 더 많은 이들이 방문하도록 유도하거나, 아예 점포를 확장하는 것도 방문자를 늘리는 방법이 될 것이고요. '양'이 증가하면 매출이 늘면서 전체 이익이 늘어날 수 있으니까요.

주식투자를 할 때도 가장 중요하게 볼 것은 '양'입니다. 업황이 좋아서 또는 기업의 기술 경쟁력이 탁월해서 앞으로 쭉 '양'이 성장할 수 있는 산업이나 기업을 찾아야 합니다. 장기적으로 '양'의 성장이 보이면 미래 성장성까지도 미리 반영해서 주가가 단기간에 급등하는 경우가 많습니다. 여기서 주의할 점은 성장성이 보인다고 해도 이미 주가가 급등했다면 그 성장성을 선반영했을 확률이 높다는 점입니다.

그러니 향후 높은 성장률이 유지될 수 있는지, 성장률이 꺾일 위험은 없는지 등을 더 면밀하게 살펴봐야 하죠.

2023년 초 전기차 판매 증가에 대한 기대감으로 단기 급등했던 2차전지가 좋은 사례입니다. 만약 전기차 시장 확대라는 장밋빛 전망만 보고 투자했다면 2023년 말로 가면서 2차전지 기업들이 급락할 때 크게 손실을 볼 수 있었겠죠. 주가 급락이 2차전지 기업들의 성장이 끝났기 때문이냐? 그건 아니었습니다. 다만 미래 '양'의 급격한 성장을 선반영했다가 예상보다 성장률이 둔화하면서 주가가 급락한 것이었죠. 다시 한번 주가는 미래 이익성장률의 함수임을 보여주는 사례입니다.

2차전지 같은 사례를 접한다면 어떻게 대응해야 할까요? 지금부터 트렌드와 패션으로 양의 성장을 이해해봅시다

Check Point

'양'의 성장, 트렌드인가 패션인가?

　　판매량의 장기적인 증가는 기업의 노력만으로는 쉽지 않습니다. 반드시 기업이 속해 있는 산업이 꾸준히 호황이어야만 하죠. 산업이 구조적으로 좋아지는 현상을 저는 '트렌드'라고 정의합니다. 반대로 단기로만 실적에 영향을 미치는 현상을 '패션'이라고 정의하고요. 다음 예를 보면서 트렌드와 패션에 대한 감을 잡아보고 가죠.

📈 트렌드의 예시

2000년대 조선, 철강, 해운

- 중국이 2001년 12월 세계무역기구 WTO에 가입했대!

- 중국이 제조업 중심으로 경제 구조를 재편하면서 세계의 공장 역할을 한대!

- 중국이 제조업을 담당하면서 전 세계 원자재들이 중국으로 블랙홀처럼 빨려 간대!

- 원자재 가격이 상승하면서 철강 가격도 뛰나 봐!

- 원자재 수입을 위해서 벌크선이 많이 쓰이니 해운 운임도 급등해!

- 중국이 물건을 수출하는 건 컨테이너선을 이용하니 선박 발주도 늘어나!

2008년 금융위기 직후 자동차

- 금융위기로 연비 좋고 저렴한 자동차를 원하는 사람이 늘었대!

- 도요타는 2009년 대규모 리콜 사태로 어려움을 겪고 있어!

- 현대기아차는 값이 싼데 연비까지 좋아서 판매량이 늘어!

- 기아차는 피터 슈라이어를 영입하면서 디자인까지 많이 좋아졌네!

- 현대기아차 북미 시장점유율이 높아지면서 실적이 급성장 중이야!

친환경 트렌드 2차전지

- 인간이 만드는 온실가스가 지구온난화의 주범이래!
- 그래서 각국 정부가 온실가스를 규제하고 장기적으로 친환경 산업을 추진한대!
- 친환경을 위해 전기차에 보조금도 주면서 적극 장려한다네!
- 전기차 판매가 늘어나겠는데, 어디가 제일 잘 팔지?
- 테슬라잖아!
- 전기차를 생산하려면 2차전지가 필수래!
- 2차전지에서 비중이 가장 크고 중요한 것이 양극재래!
- 양극재는 주행거리 때문에 삼원계가 대세라는데!
- 이 삼원계는 우리나라 업체들이 기술력도 좋고 잘한대!
- 에코프로비엠, 엘앤에프, 포스코퓨처엠이 양극재 선두업체야!

이런 식으로 수요가 꾸준히 증가할 수 있는 상황이 트렌드입니다. 수요가 증가한다는 것은 결국 '양'이 계속해서 증가한다는 것을 의미하죠. 트렌드는 보통 2년 이상 이어지면서 매출과 이익의 급격한 성장을 가져옵니다. 산업에서 수요가 증가하는 트렌드를 먼저 읽을 수만 있으면 큰 수익을 거둘 수 있다는 얘기입니다.

그러니 뉴스나 주변의 동향을 항상 예의 주시하면서 '양'이 증가하는 신호는 없는지, 있다면 그 신호가 트렌드가 될 수 있는지, 확인하는 습관을 길러야 합니다. '양'이 증가하는 힌트가 많이 숨겨져 있는 곳 중의 하나가 전자공시고요.

트렌드를 관찰했다면 '양'이 얼마나 언제까지 늘어날 것인지를 추정할 필요가 있습니다. 트렌드의 지속 기간을 추정하여 성장률이 둔화하는 시점을 판단한다면 적절한 매도 시점을 잡을 수 있게 됩니다.

트렌드가 가시적으로 드러나면 사람들은 관성에 의해 그 트렌드가 더 오래 이어질 것으로 생각합니다. 그때 주가는 미래 이익을 당겨서 가파르게 상승합니다. 이때 시장이 실제보다 과도하게 미래 이익을 반영한다는 생각이 들더라도 선부르게 매도할 필요는 없습니다. 때로는 시장의 비이성적인 행동도 활용해야 하죠. 대신 꼭지에서 팔겠다는 생각보다는 점진적으로 수량을 줄여나가는 전략을 추천합니다. '나 말고 다른 사람도 수익을 낼 수 있어야지'라는 생각으로 여유를 가지면서 매매하는 분들이 결국은 큰 성과를 내는 경우가 많더라고요.

패션의 예시

윤석열 전 검찰총장이 대선 주자로 나온대!

- 파평윤씨가 있는 기업이 좋아질 수 있지 않을까?
- 진짜 좋아져? 그건 모르지!
- 주가 오를 것 같아, 파평윤씨가 있는 기업을 찾자!

스팩 기업들에 수급이 몰리면서 주가가 오른대!

- 스팩 기업 실적이 좋은 거야?
- 아니, 단순히 시장의 자금이 쏠리는 상황이야!
- 주가 오를 것 같으니 안 오른 스팩 기업 찾자!

철강 기업들의 2분기 실적이 좋대!

- 원인이 뭐야?
- 일시적인 철강 공급 부족 때문에 가격과 원자재 가격의 차이가 벌어졌대!
- 장기적인 성장률 변화는 아니네?
- 그래도 실적이 좋으니 주가가 오르지 않을까?

상온초전도체가 개발되었대!

- 이게 상용화되면 인간 역사가 바뀐다는데?
- 실제 개발 성공했어? 검증은 안 됐지?
- 실제로 실적과 연관된 기업이 있어?
- 뭘 그런 걸 따져, 초전도체 엮이면 가야지!

패션에는 테마주가 많습니다. 테마주 찾기는 마약과 비슷합니다. 단기 급등주를 찾아서 하루에도 쏠쏠한 재미를 볼 수 있죠. 하지만 패션은 길게 유지되지 않습니다. 또 트렌드와 다르게 투자자는 패션이 꺾이는 것을 인지하기가 쉽지 않습니다. 결국 주가의 흐름을 보면서 개인이 판단해야죠.

주가가 급등했을 때 좇아 샀는데 예상과 다르게 주가가 급락했다고 가정합시다. 패션을 좇아서 산 기업은 트렌드와 다르게 매매의 기준점을 세우기가 어렵습니다. 시세에 흔들리고, 주가가 빠지면 손절하곤 하죠. 그런데 손절했더니 다시 전고점을 돌파하면서 오르는 겁니다. 이런 경험이 많아지면 다음에는 급락이 나와도 안 팔고 버팁니다. 버티는 정도면 다행인데 과감하게 물을 타기도 하죠. 그리고 결국 어떻게 손을 쓸 수도 없는 손실을 보는 경우가 허다합니다.

트렌드와 패션의 차이가 좀 느껴지시나요? 트렌드와 패션, 무엇을 활용하는 것이 옳다는 얘기를 드리고 싶지는 않습니다. 저마다 자신만의 원칙을 가지고 트렌드와 패션을 이용해서 수익을 내는 분들이 있으니까요. 다만 트렌드는 '양'의 증가를 예상하는 것이고 '양'의 증가가 확실하게 나온다면 편안하게 큰 수익을 낼 수 있다는 점을 강조하고자 합니다.

똑같이 실적이 좋아지더라도 트렌드와 패션에 따른 양상은 완전히 달라집니다. 단기 주가 탄력은 패션 기업이 좋지만, 장기적이고 안정적인 수익은 장기적인 판매량 성장을 동반한 트렌드에서 나옵니다. 그러니 가치투자를 하고 전자공시도 공부하기로 마음먹었다면 '양'이 계속 증가할 수 있는 트렌드를 꾸준히 포착해야 합니다.

이 트렌드라는 걸 찾기 위해서 어떻게 해야 할까요? 다시 한번 강조합니다. 주가는 미래 이익성장률의 함수이고, 이익의 가장 기본은 회사의 매출입니다. 그 매출액을 결정하는 것이 판매량과 가격이고요.

'양'을 알고 싶다면 적어도 회사가 무슨 사업을 하는지는 알아야 합니다. 그게 무조건 첫 번째입니다. 그래야 경쟁 구도도 파악하고 업황과 전방산업 동향까지 확인할 수 있거든요. 여기에서 우리는 비즈니스 밸류 체인(Value Chain, 가치 사슬)을 이해하고 가야 합니다. 밸류 체인이라는 것은 전·후방산업의 관계를 뜻하는 용어인데요. 자동차 타이어 회사를 예로 들어보겠습니다.

타이어 회사는 자동차 타이어를 판매하니 당연히 자동차 업황에 따라서 판매량이 좌우됩니다. 이렇게 구매자와의 접점을 가지고 판매하는 산업을 전방산업이라고 합니다. 타이어의 전방산업은 자동차가 되겠네요.

그런데 타이어는 자동차 회사에 직접 판매하는 OE와 고객이 직접 교체할 때 구매하는 RE로 나뉩니다. 만약 타이어 회사가 RE 중심의 회사라면 RE 타이어의 전방산업은 자동차 산업이 아니라 자동차 정비산업이 됩니다. 그런데 자동차 판매량이 증가한다고 무턱대고 RE 타이어만 판매하는 업체를 매수한다면 낭패를 보겠죠. 밸류 체인을 파악하지 않은 상태에서 섣부르게 투자하면 안 되는 이유입니다.

전방산업이 있다면 후방산업도 있겠죠. 전쟁에서 우리가 후방이라고 하면 물자 지원 등을 담당하는 것을 말하잖아요. 제품 판매에서 후방은 원재료를 의미합니다. 타이어 만드는 데 필요한 타이어코드 등을 만드는 회사가 후방산업에 속하죠. 타이어 업황이 좋다고 하면 '타이어코드도 좋을 수 있구나'라고 연계해서 생각할 수 있습니다.

밸류 체인을 확인한 후 전방산업 성장이 기대되는 것이 가장 좋은 케이스입니다. 전방산업의 성장이 구조적이고 구조적인 변화 흐름이 향후 오랜 기간 이어진다면 트렌드를 잘 포착했다고 할 수 있을 겁니다.

반대로 후방업체 쪽에서 먼저 긍정적인 흐름이 감지될 때도 있습니다. 다수의 후방산업에 속해 있는 기업들이 동시다발적으로 곧 부품, 소재, 장비 등을 전방업체에 납품할 것이라고 얘기한다면 전방산업의 변화를 감지할 수 있겠죠. 이때 변화의 원인까지 접근하면 트렌드를 포착할 수 있게 됩니다.

📈 업스트림, 다운스트림

뉴스나 보고서 등을 보는데 업스트림, 다운스트림이라는 용어가 나와서 혼동이 되는 경우가 있습니다. 스트림이라는 것은 물줄기를 의미하죠. 업스트림은 상류, 다운스트림은 하류입니다. 물은 상류에서 하류로 자연스럽게 흐르게 되고요.

이 물줄기를 상품이 생산되어 판매되는 과정이라고 생각해보죠. 타이어의 예를 다시 보겠습니다. 타이어를 만들기 위한 원재료가 있고 이 원재료를 만들기 위한 소재가 또 있습니다. 이 소재가 바로 제품 생산 흐름의 꼭대기 출발점, 업스트림입니다. 그리고 흐름이 내려가면서 타이어코드, 타이어, 자동차까지 연결됩니다. 자동차가 최종 다운스트림이 되는 겁니다.

직접 산업 내 업스트림과 다운스트림 기업들을 정리해보면 산업의 흐름과 산업 내 기업들을 파악하는 데 큰 도움이 될 수 있습니다.

변압기를 제조하는 제룡전기가 갑자기 전에 없던 미국발 주문을 계속해서 받은 적이 있었습니다. 신재생에너지 투자와 미국의 인프라 투자로 전력기기가 부족했기 때문이었죠. 결국, 후방업체의 상황을 통해 전력기기 인프라 투자 확대 트렌드를 읽을 수 있었습니다.

가트너의 하이프 사이클(The Gartner Hype Cycle)을 보면서 기술이 어느 단계인지 생각해보는 것도 트렌드와 패션을 구분하는 데 도움이 됩니다. 가트너의 하이프 사이클은 5단계로 구분됩니다. 단계별 특징을 간략하게 정리하면 다음과 같습니다.

📊 가트너의 하이프 사이클

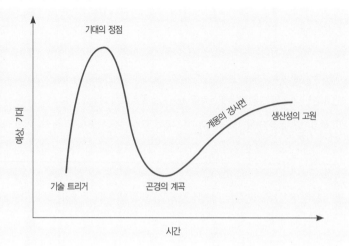

1. 기술 트리거(Technology Trigger): 새로운 기술이 발명되거나 소개되어 관심을 받기 시작하는 단계입니다.

2. 기대의 정점(Peak of Inflated Expectations): 초기 성공 사례들이 과장되게 보도되면서 매우 긍정적인 기대감이 형성되는 단계입니다.

3. 곤경의 계곡 (Trough of Disillusionment): 기술에 대한 초기 기대가 충족되지 않으면서 실망감이 생기고 관심이 떨어지는 단계입니다.

4. 계몽의 경사면(Slope of Enlightenment): 기술이 점차 안정되고, 실질적인 문제 해결에 적용되기 시작하면서 기업들이 실제 효용을 이해하고 채택을 확대하는 단계입니다.

5. 생산성의 고원(Plateau of Productivity): 기술이 널리 이해되고 시장에서 안정적으로 자리잡으면서 실질적인 가치를 창출하는 단계입니다.

세상에 없던 신기술이 등장하면 초기에 사람들은 큰 기대에 엄청 부풀기 마련입니다. 곧 관련 테마가 형성되고 신기술을 기반하는 구체적인 성과가 없더라도 테마와 엮이기만 하면 주가가 급등하고는 하죠. '1. 기술 트리거'와 '2. 기대의 정점' 단계에서 벌어지는 일입니다. 이때는 '양'의 성장성이 동반되지 않으니 패션이라고 볼 수 있습니다.

하지만 긴 그림으로는 성장할 수 있는 산업일지라도 초기에는 기술이 무르익지 않아 상용화를 이루지 못하는 경우가 많습니다. 기업들이 많은 투자를 했건만 성과는 나지 않고 무리하게 투자했던 기업들이 무너지면서 시장의 관심이 급속도로 축소되죠. '3. 곤경의 계곡'에서 발생하는 현상입니다.

대표적으로 태양광산업이 그랬는데요. OCI(옛 동양제철화학)가 2000년 후반 태양광 폴리실리콘 사업에 뛰어들면서 2005년 15,000원도 안 됐던 주가는 2008년 최고 443,000원까지 상승했습니다. 이런 성공을 본 많은 기업이 앞다퉈 태양광산업으로 진출했죠. 현대중공업과 한화그룹이 대표적이었고요. 하지만 산업이 아직 초기 단계였기에 본격적인 '양'의 성장이 나타날 수 없었고 폴리실리콘이나 태양광 패널 가격마저 급락해버렸죠. 결과적으로 현대중공업은 태양광 투자에 실패했고, 수많은 중소기업이 무리한 태양광 투자로 무너져 내렸습니다. 태양광산업의 장밋빛 전망을 믿고 투자했던 수많은 투자자의 계좌도 같이 녹아내렸고요.

이렇게 실적 없이 기대감만으로 주가가 오르는 구간은 패션이라고 봐야 합니다. 대표적인 사례로 상온초전도체에 대한 기대감으로 인한 주가 급등을 꼽을 수 있겠네요. 로봇산업도 아직은 기업의 가치 대비 이익을 내는 구간이 아니기에 패션의 영역에 있다고 봐야 합니다.

이런 어려움을 딛고 결국 기술을 완성해 양산까지 이루게 된 업체들은 본격적인 '양'의 성장과 함께 주가도 급등하기 시작합니다. '4. 계몽의 경사면'과 '5. 생산성의 고원' 단계에서 벌어지는 일이죠. 같은 기술이지만 '양'의 성장이 동반되었기에 이번에는 트렌드가 형성됐다고 볼 수 있습니다.

보릿고개를 버티고 결국 상용화를 이루면 살아남은 기업들은 급속한 실적 성장을 경험하게 됩니다. 상용화를 이루기까지 축적된 기술과 생산 설비의 차이가 있으므로 후발주자와의 격차를 벌리며 승승장구하는 것이죠. 테슬라가 촉발한 전기차 시장 성장이 2차전지 기업들의 실적 성장으로 이어지면서 주가가 급등한 것이 대표적인 사례입니다.

트렌드를 확인하는 것은 귀찮고 힘든 작업입니다. 하지만 힘든 만큼 제대로 읽었을 때의 성과는 상당하죠. 그만큼 '양'이 증가하는 것의 중요성을 꼭 명심하시고 열심히 트렌드를 찾아보시면 좋겠습니다.

'갈': 가격은 수요·공급으로 결정된다

"가격은 어떻게 정해질까요?"

양갈비의 '갈'은 가격입니다. 가격의 첫 글자 '가'를 입에서 잘 돌게 하려고 버터 발음 'ㄹ'을 갖다 붙였습니다. 다시 한번 매출이 나오는 공식을 살펴보죠.

$$매출 = 판매량(Q) \times 단가(P)$$

매출은 판매량과 단가를 곱해서 얻죠. 그래서 '양'이 늘어나면 매출이 증가하면서 회사의 주가도 상승할 수 있다고 말했죠. 이번에는 뒤에 곱해지는 가격에 집중하는 겁니다. 똑같은 수량을 판매하더라도 비싸게 팔면 더 많은 매출을 올릴 수 있겠죠.

가격도 수요와 공급에 의해 결정되는 경우가 많습니다. 수요가 많으면 가격이 오르고 공급이 많아지면 가격이 내리게 되죠. 단, 수요가 많다고 해서 가격이 무한정 오를 수 있는 것은 아닙니다.

📈 수요와 공급 곡선

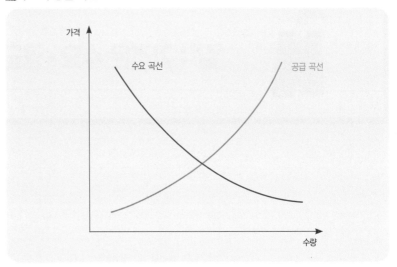

이 그래프는 유명한 수요와 공급 곡선인데요. 가격이 상승하면 공급이 늘어나고 수요는 감소합니다. 반대로 가격이 하락하면 수요는 늘고 공급은 감소하죠. 그러니 가격은 수요와 공급의 균형점에서 생성된다는 것이 수요와 공급 곡선의 핵심입니다.

같은 물건을 비싸게 팔면 매출이 늘어서 좋겠죠. 하지만 사람들은 점차 비싼 가격에 부담을 느끼게 됩니다. 결국엔 소비를 줄이거나 대체품으로 수요가 옮겨가죠. 가격은 올랐지만, 판매량이 감소하면서 매출에 오히려 부정적인 영향을 끼치는 겁니다.

가격과 관련한 유명한 일화가 하나 있는데, 이 내용을 보면 사람들이 가격에 얼마나 예민하게 반응하는지 알 수 있습니다.

📈 코카콜라 가격 저항 사례

코카콜라는 음료 시장을 지배하고 있다고 해도 과언이 아니죠. 1990년 코카콜라 CEO 더글러스 아이베스터는 전 세계 투자자와 기자들을 모아두고 '여름에는 수요가 많으니 코카콜라를 더 비싸게 팔 것'이라고 선언했습니다. 수요가 증가하면 가격이 오르고 수요가 감소하면 가격이 내리는 것이 이론적으로는 맞죠. 경제학적으로는 옳았지만, 이게 사람들의 심기를 건드리게 되고 결국 역풍을 맞아 판매가 감소합니다. 아시아 외환위기 등 다른 요인들이 겹치면서 결국 아이베스터는 자진해서 코카콜라 CEO를 사임하기에 이릅니다.

차라리 아이베스터가 가격을 올리면서 수요가 적은 겨울에는 할인 정책을 펴겠다고 했으면 좋았을 것 같다는 생각이 드네요. 회사로 봤을 때는 '조삼모사' 정책이지만 소비자의 가격 저항감을 낮추는 요인이 될 테니까요.

어쨌든 고객의 충성도가 높아 수요가 꾸준한 코카콜라마저 마음대로 가격을 움직이기 힘들다는 걸 확인했죠. 바로 이런 이유로 가격 인상보다 판매량의 증가가 더욱 중요하다는 겁니다.

어쨌거나 가격은 분명 중요한 요인입니다. 특히 B2B에서 중요하죠. 삼성전자가 스마트폰에 신기술 기반의 부품을 처음 도입한다고 가정하겠습니다. 처음 도입하는 기술이니까 부품업체는 이 기술을 개발하고 양산하기 위해 높은 비용을 들였을 것입니다. 또 어떤 제품이든 초기 생산할 때는 생산 수율이 낮습니다. 삼성전자도 이런 상황들을 고려해서 초기에는 가격을 높게 책정해주죠.

이후 삼성전자가 사용하는 신기술 기반의 제품은 점점 늘어나게 되죠. 부품업체로서는 생산량이 늘어나면 '양'이 늘어나게 됩니다. 자

B2B

B2B(Business-to-Business)는 기업 간 거래를 의미합니다. 기업이 다른 기업에게 제품이나 서비스를 제공하는 형태의 비즈니스 모델입니다.

연스럽게 규모의 경제를 달성하고 생산 수율도 개선되면서 수익성도 좋아지고요. 삼성전자 구매 담당자도 당연히 이를 알고 있기에 부품 사용이 늘어나면 부품업체에 가격 인하를 요구하게 됩니다. 이를 CR(Cost Reduction)이라고 많이 얘기하죠.

그러니 부품업체에 투자할 때 초기 납품 단가가 끝까지 유지된다는 가정하에 실적 추정을 하면 큰 낭패를 보게 됩니다. 초기에 투자수익을 내다가도 더 큰 수익을 욕심내며 버티다간 오히려 손실을 보는 경우까지 생기죠. B2B 사업에서 가격은 언제나 하락할 수 있음을 명심하면 좋겠습니다.

B2C는 가격 자체보다 수요 증감을 파악하는 데 집중합시다. 네이버 트렌드를 확인하고, 주변 사람들이 요즘 무엇을 즐기는지 보고, 기업의 제품이 판매되는 추이를 점검하는 게 모두 B2C 기업의 수요를 점검하는 방법입니다.

다시 수요와 공급 곡선을 떠올려봅시다. 가격과 판매량은 수요와 공급에 따라 변할 수 있습니다. 가격과 판매량의 변화 추이는 산업에 따라 차이를 보이는데요. 우선 B2C 회사들은 보통 판가를 정해두고 판매합니다. 수요가 적을 때 값을 깎는 경우는 있지만, 수요가 늘어난다고 해서 가격을 올릴 수는 없죠. 과거 허니버터칩 열풍이 불었을 때 사람들은 과자를 구할 수 없어서 난리가 났었죠. 그렇다고 회사에서 가격을 올리지는 않았습니다. 다만 생산량이 증가하면서 판매량이 증가했죠.

원자재 비즈니스는 시장의 수요, 공급 상황에 따라 가격이 빠르게 변화합니다. 철강, 화학, 반도체가 대표적이죠. 조선도 수요와 공급에 따라 신조선가가 움직이고요. 이런 산업들은 수요가 많아지거나 공급이 줄면 가격이 상승합니다. 만약 가격 상승의 이유가 수요 증대 때문

B2C

B2C(Business-to-Consumer)는 기업이 최종 소비자에게 제품이나 서비스를 직접 제공하는 비즈니스 모델을 말합니다.

이라면 이는 곧 가장 중요한 '양'의 성장으로 이어질 수 있습니다. 시장에서 가격이 형성되는 사업에서 가격을 계속 점검하는 이유입니다.

이게 이번 '갈' 부분의 핵심입니다. '갈'이 때로 가장 중요한 '양'의 변화를 읽을 수 있는 힌트를 준다는 것이죠. 고객이 비싼 돈을 주고서라도 제품을 사고 있다면 (가격이 빠르게 상승한다면) 업황이 개선되는 새로운 트렌드의 시작일 수 있습니다. 수주가 늘어나거나 실적이 좋아지는 '양'의 변화를 읽었을 때는 이미 주가가 올라버린 후일 수 있습니다. 남보다 한발 앞서나가려면 제품 가격의 변화를 확인하면서 그 원인이 트렌드 때문인지 점검해야 합니다.

철강, 화학, 반도체, 조선처럼 수시로 제품 가격의 변동을 확인할 수 있는 분야도 있지만, 가격을 실시간으로 확인하기 어려운 회사도 상당히 많습니다. 다만 분기보고서에 판매단가를 표시해줄 때가 있죠. 또는 생산량을 표기하고 매출에서 생산량을 나눠서 판매단가를 구하기도 하고요. 이렇게 분기보고서에서 판매단가 상승이라는 투자의 힌트를 얻고 단가 상승의 원인을 파악한다면 발 빠르게 투자 기회를 잡을 수 있겠죠. 반대로 판매단가 하락이 발견된다면 매도 타이밍은 아닌지 고민해볼 수 있고요.

'양갈'을 복합적으로 생각했을 때 베스트 시나리오는 수요가 증가하면서 가격 상승과 판매량 증가가 동시에 나타나는 것입니다. 폭발적인 실적 성장과 이보다 빠른 주가 상승이 나타나는 구간이죠.

2008년 기아차는 유명한 자동차 디자이너 피터 슈라이어를 영입하면서 디자인 경영을 지향합니다. 쏘울(Soul)을 필두로 디자인 변화가 성공하면서 판매량이 급증하기 시작했죠. 판매량 증가율은 2009년 8.1%, 2010년 22.6%, 2011년 12.9%에 달했습니다. 2008년에서 2011년까지 '양'이 약 50% 증가한 겁니다.

이때는 디자인 경영에 힘입어 평균 판매단가 '갈'도 동반 상승했습니다. 이를 느낄 수 있는 것이 매출 추이인데요. 기아의 매출은 2008년 22.2조 원에서 43.2조 원으로 급증합니다. 수량이 50% 늘었는데 매출이 94.6%가 증가했으니 단가도 30% 정도 상승한 겁니다.

📈 기아차 당기순이익 추이

(단위 : 십억 원, %)

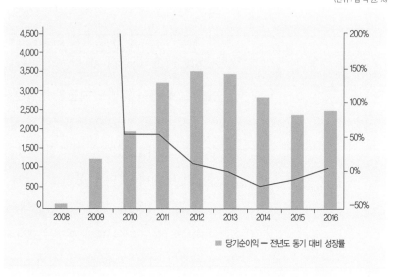

■ 당기순이익 ━ 전년도 동기 대비 성장률

기업의 주가는 미래 이익성장률의 함수라고 했으니 이때 당기순이익 추이를 살펴보죠. 기아차의 순이익은 2009년 전년 대비 1,174% 성장, 2010년 55.4%, 2011년 56.1%의 고성장을 이어갑니다. 2008년 당기순이익은 1,138억 원에서 2011년 3조5,192억 원까지 30배에 달하는 엄청난 성장을 보였고요. 판매량 증가는 50%에 불과했지만, 순이익의 변화는 이보다 훨씬 컸던 것이죠.

그러는 동안 주가 상승률도 엄청났습니다. 2008년 11월 5,720원의 최저가에서 2012년 5월 84,800원까지 주가가 1,383%, 거의 15배 상승했습니다. '양'과 '갈'이 동반 상승할 때 엄청난 수익을 내게 된다는 걸 다시 한번 확인할 수 있죠.

 기아 주봉 차트

(단위 : 원)

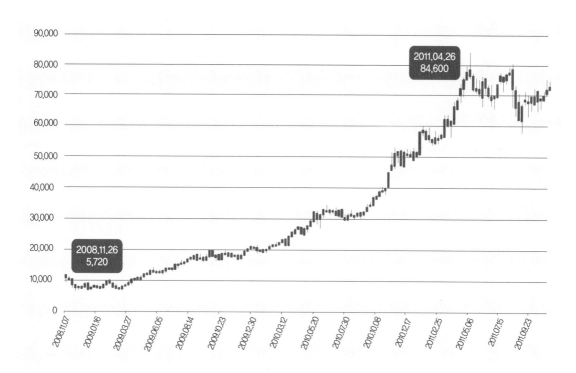

여기서 또 한 가지 주목할 점은 주가가 2012년 5월에 고점을 기록
했다는 것입니다. 2013년 기아차의 판매량은 전년보다 0.5% 증가했
는데요. '양'의 성장 정체가 전망되자 주가는 꺾인 겁니다.

'비' : 비용 구조가 중요하다

"버는 것보다 쓰는 게 많으면 곤란하겠죠?"

오래도록 기억하시라고 계속 강조합니다. 주식은 미래 이익성장률의 함수죠. 그런데 지금까지 우리가 본 것은 매출이었잖아요. 이익을 구하기 위해서는 매출에서 우리가 사용한 비용을 차감해야 합니다. 이익에는 매출총이익, 영업이익, 영업외이익, 법인세차감전이익, 당기순이익 등 다양한 것들이 있었는데 여기서는 영업이익을 중심으로 설명하겠습니다.

이익 = 매출 − 비용

매출에서 비용을 빼면 남는 게 이익이고 양갈비의 '비'는 바로 이 비용을 뜻합니다. 이익을 늘리려면 비용을 적절히 통제해야 한다는 것을 이 공식만 봐도 쉽게 알 수 있죠. 매출이 아무리 증가해도 이보다 더 큰 비용을 쓰다가 회사가 무너질 수도 있고요.

아마존, 메타, 쿠팡 같은 플랫폼 회사들은 초기에 사용자를 모으기 위한 대규모 투자를 단행합니다. 매출액이 증가해도 투자 비용을 더 늘리면서 오히려 적자가 커지는 경우가 많죠. 플랫폼 업체는 1등이 되어 시장을 장악하는 것이 중요하기에 대규모 투자 비용을 감당하는 겁니다. 하지만 이 과정에서 비용 부담을 못 이기고 무너지는 기업들이 더 많죠. 결국, 가장 중요한 것은 '양'의 성장이지만 그렇다고 비용을 무조건 무시할 수는 없음을 알 수 있습니다.

앞에서 비용들을 세세하게 다뤘으니 여기서는 꼭 이해해야 할 변동비와 고정비의 개념만 짚고 넘어가겠습니다. 변동비는 판매량에 비례해서 발생하는 비용입니다. 기업은 제품을 만들 때마다 원재료를 사용해야 하죠. 원재료비는 대표적인 변동비에 속합니다. 타사로부터 기술 라이선스를 받아 제품을 생산할 때 판매량에 비례해 로열티를 지급한다면 이것도 변동비가 되고요. 제조 공정의 일부를 외주로 돌려 맡긴다면 이 역시 변동비가 됩니다.

반대로 '판매량'의 증감과 무관하게 회사가 경영을 유지하기 위해 고정적으로 들어가는 비용이 고정비입니다. 공장을 보유한 업체라면 공장 유지를 위한 각종 비용과 감가상각비 등이 대표적인 고정비죠. 임대료나 인건비도 마찬가지입니다.

변동비: 매출에 비례해서 증감하는 비용

고정비: 영업 상황과 무관하게 고정적으로 드는 비용

앞서 우리는 지렛대의 원리인 레버리지를 배웠고 그중에서도 부

영업레버리지

영업레버리지란 매출액 변동을 지렛대 삼아 영업이익이 더 크게 변화하는 것을 의미합니다. 고정비와 변동비의 구조에 따라 영업레버리지 도가 달라지게 됩니다.

채의 레버리지를 살펴봤었죠. 이번에는 또 다른 중요한 레버리지인 영업레버리지를 만날 때입니다. 변동비와 고정비의 개념을 설명한 것도 모두 영업레버리지를 이해하기 위함이죠. 앞서 기아의 성공 스토리를 얘기했죠. 기아는 당시 '양'이 50%, 매출은 2배, 순이익은 30배가 증가하면서 주가는 15배가 상승했잖아요. 매출이 2배가 되었는데 순이익은 30배가 된 마법이 바로 영업레버리지에 숨어있습니다.

SK하이닉스의 사례를 보면 확연히 드러나는데요. 다음 표는 SK하이닉스의 연간 매출액, 영업이익 변동률 추이를 나타냅니다. 2016년에는 매출액이 8.51% 감소하는데 영업이익은 38.59% 감소합니다. 반대로 2017년엔 매출액이 75.08% 증가하는데 영업이익은 318.75% 증가하고요. 딱 봐도 매출액보다 영업이익의 변동성이 훨씬 크다는 것이 눈에 들어오죠.

📈 SK하이닉스 연간 매출액, 영업이익 변동률 추이

(단위 : %)

항목 (IFRS연결)	2016/12	2017/12	2018/12
매출액증가율	-8.51	75.08	34.33
영업이익증가율	-38.59	318.75	51.91

이게 마치 매출이라는 지렛대를 이용해서 영업이익의 변화를 극대화하는 것 같잖아요. 이처럼 매출 변화에 따른 영업이익의 변화 효과를 영업레버리지라고 합니다.

영업레버리지를 제대로 이해하려면 영업이익률의 변화를 이해해야 합니다. 영업이익률은 영업이익을 매출액으로 나눈 비율이죠. 그런데 한 회사의 영업이익률은 항상 일정한 것이 아닙니다. 바로 고정비와 변동비의 성격 차이 때문이죠.

다시 편의점을 예로 들어볼까요? 우리가 편의점에서 파는 제품마다 그걸 들여오는 비용이 있습니다. 물건의 원가는 '양'에 비례하니 변동비겠죠. 그런데 알바생에게 지급하는 인건비, 프랜차이즈 비용, 건물 임대료, 전기수도료는 영업 상황과 관계없이 드는 고정비입니다. 우리 편의점의 매출액을 100이라 두고 변동비는 50%, 고정비는 20이라고 가정합시다. 그리고 다음 표에서 매출액이 변할 때 영업이익률이 어떻게 변하는지 살펴보겠습니다.

📈 편의점의 매출액에 따른 영업이익률 변화

편의점	기본	1안	2안	3안	4안
매출액	100	110	90	150	50
변동비	50%	50%	50%	50%	50%
고정비	20	20	20	20	20
영업이익	30	35	25	55	5
영업이익률	30.0%	31.8%	27.8%	36.7%	10.0%

매출액 증감에 따라서 영업이익률이 달라지는 게 보이죠. 매출액이 100일 때 영업이익률은 30%였는데, 50% 증가한 150이 되니 36.7%까지 높아졌습니다. 반대로 매출액이 50% 감소하니 영업이익률은 10%까지 낮아졌고요. 이런 현상이 발생하는 이유는 바로 고정비 때문입니다. 여기에서 새로운 개념인 '공헌이익'이 등장합니다. 변동비는 사업을 영위하기 위해서 항상 투입되어야 하는 비용입니다. 애초에 내가 이익으로 가져갈 수 없는 돈이라는 거죠. 그러니 매출액에서 변동비는 빼고서 실제로 내가 돈을 버는 데 공헌할 수 있는 이익을 산출하게 되는데 그것이 바로 '공헌이익'입니다.

공헌이익 = 매출액 - 변동비

이 공헌이익에서 고정비를 차감하면 영업이익이 나오게 되고요.

$$영업이익 = 공헌이익 - 고정비$$

공헌이익률은 변동비를 매출액으로 나눈 값이죠.

$$공헌이익률 = \frac{변동비}{매출액}$$

또 영업이익률은 공헌이익률에서 고정비율을 차감하는 형태로 구할 수 있고요.

$$영업이익률 = \frac{영업이익}{매출액} = \frac{공헌이익 - 고정비}{매출액} = \frac{공헌이익}{매출액} - \frac{고정비}{매출액}$$
$$= 공헌이익률 - 고정비율$$

공헌이익률은 변동비를 매출액으로 나눈 것이니 매출액 증감과 무관하게 항상 일정한 수준을 유지합니다. 편의점의 사례에서는 공헌이익률이 50%죠. 그런데 고정비의 비율은 다릅니다. 매출액이 증가하면 고정비율이 낮아지고, 매출액이 감소하면 고정비율이 상승하게 되죠.

영업이익률은 공헌이익률에서 고정비율을 뺀 값이었잖아요. 공헌이익률은 동일한데 매출액이 늘어나 고정비율이 낮아지면 영업이익률은 상승하겠군요. 반대로 매출액이 감소해 고정비율이 높아지면 영업이익률은 증가하고요. 결국 영업레버리지 효과의 비밀은 고정비에 있다는 것을 알 수 있습니다.

이번에는 매출액 변화에 따라 영업이익은 얼마나 변화하는지를 살펴보겠습니다. 다음 표를 주목해주세요. 매출액이 10% 증가하면 영업이익은 16.7% 증가합니다. 반대로 10% 감소하니 영업이익은 16.7% 감소했고요. 매출액 변동에 따른 영업이익 변동이 1.67배나 되죠. 완벽한 지렛대 효과입니다.

📈 매출액에 따른 영업레버리지 사례

편의점	기본	1안	2안	3안	4안
매출액	100	110	90	150	50
변동비	50%	50%	50%	50%	50%
고정비	20	20	20	20	20
영업이익	30	35	25	55	5
영업이익률	30.0%	31.8%	27.8%	36.7%	10.0%
매출액증감률	–	10.0%	-10.0%	50.0%	-50.0%
영업이익증감률	–	16.7%	-16.7%	83.3%	-83.3%

매출과 변동비, 고정비 그리고 이익의 변화를 도식화해서 나타내 보면 다음의 차트와 같습니다.

📈 매출-비용-손익 구조   (단위 : 만 원, 개)

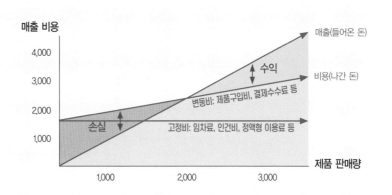

화살표로 표시된 부분이 매출액과 비용의 차이입니다. 매출액이 비용보다 아래에 있는 구간은 손실, 매출액이 비용 위에 올라가는 구간은 이익이죠. 차트를 보면 매출액이 처음으로 고정비와 변동비를 넘어서는 구간을 지나는 순간 영업이익레버리지 효과로 영업이익률이 상승하고 영업이익이 급격하게 증가함을 알 수 있습니다.

이번에는 고정비의 비중에 따라 영업레버리지 효과가 어떻게 차이 나는지를 한번 살펴보겠습니다.

1. 고정비 0%, 변동비 80%라면?

비용에서 고정비가 차지하는 비중이 0%라는 것은 변동비만 있는 사업이라는 의미죠. 그리되면 매출액의 증감률과 영업이익의 증감률은 같습니다. 영업레버리지는 1배라는 얘기죠.

📊 영업레버리지 1배

편의점	기본	성장	역성장
매출액	100	150	50
변동비	80	120	40
영업이익	20	30	10
영업이익률	20.0%	20.0%	20.0%
매출액증감률	–	50.0%	-50.0%
영업이익증감률	–	50.0%	-50.0%

변동비율이 80%라면 매출액이 어떻게 변하든 영업이익률은 20%로 동일합니다. 고정비가 없다면 영업레버리지 효과가 전혀 없는 거죠

2. 고정비 30%, 변동비 0%라면?

이번에는 변동비는 없고 고정비만 있다고 가정해보겠습니다. 기준 시점의 고정비 비율은 매출의 30%입니다. 이때 매출액이 50% 증가하니 영업이익은 71.4% 증가합니다. 반대로 매출액이 50% 감소하니 영업이익은 71.4% 감소하고요. 매출액 변화율 대비 영업이익 변화율은 1.43배입니다. 매출액 1단위가 변하면 영업이익은 1.43단위가 움직인다는 겁니다. 즉, 영업레버리지가 1.43배라는 얘기죠.

📈 영업레버리지 1.43배

편의점	기본	성장	역성장
매출액	100	150	50
고정비	30	30	30
영업이익	70	120	20
영업이익률	70.0%	80.0%	40.0%
매출액증감률	–	50.0%	-50.0%
영업이익증감률	–	71.4%	-71.4%

3. 고정비 80%, 변동비 0%라면?

다시 고정비만 있는데 기준 시점의 고정비가 매출액의 80%라고 가정하겠습니다. 이때 매출액이 50% 증가하면 영업이익은 250%가 증가합니다. 반대로 매출액이 50% 감소하면 영업이익은 250% 감소하면서 영업 적자를 기록하게 되고요. 매출액 변화율 대비 영업이익의 변화율, 즉 영업레버리지가 5배인 겁니다.

📊 영업레버리지 5배

편의점	기본	성장	역성장
매출액	100	150	50
고정비	80	80	80
영업이익	20	70	-30
영업이익률	20.0%	46.7%	-60.0%
매출액증감률	-	50.0%	-50.0%
영업이익증감률	-	250.0%	-250.0%

우리는 이를 통해 첫째로 변동비보다 고정비의 비중이 높으면 영업레버리지가 올라가고, 둘째로 현시점의 매출액 대비 고정비의 비중이 높을수록 영업레버리지가 커진다는 걸 확인했습니다.

그러니 매출의 절대액이 큰데 영업이익률이 1%도 안 되는 수준의 회사가 있고, 이게 고정비 부담 때문이라면 '양'의 변동 가능성을 더 주의 깊게 살펴봐야 합니다. 영업레버리지가 높아 매출액 증가에 따른 영업이익의 증가가 가파르게 나타날 수도 있기 때문입니다.

대표적으로 대규모 장치산업이 그렇습니다. 조선, 자동차, 반도체처럼 사업을 위해 대규모 시설투자가 필요한 산업이 장치산업인데요. 이런 사업은 초기 투자가 크고, 관련 비용이 감가상각비 형태로 발생합니다. 공장을 돌리기 위해 대규모 인력을 충원해야 하니 초기 감가상각비와 인건비 등 고정비 부담이 크죠.

다시 SK하이닉스의 예로 돌아가 보겠습니다. 2017년 4차 산업혁명 시대를 맞아 전 세계 수많은 기업이 앞다퉈 서버 투자를 늘렸고, 서버에 사용되는 DRAM 수요도 늘었습니다. 수요가 늘어나는데 공급은 부족하니 당연히 DRAM 가격은 상승했겠죠. SK하이닉스는 가동률 상승을 통한 '양'의 증가와 DRAM 가격 상승이라는 '갈'의 상승을 동시에 누린 겁니다. 이에 2017년 매출액은 전년 대비 75% 증가한 30조1,094억 원, 영업이익은 무려 318.7% 증가한 13조7,213억 원을 기록합니다. 영업이익률은 19.1%에서 45.6%까지 급상승했고요. 영업레버리지 효과가 크게 나타났던 겁니다.

📈 SK하이닉스 매출 (단위 : 억 원)

연간	2014	2015	2016	2017	2018
매출액	171,256	187,980	171,980	301,094	404,451
YoY	20.9%	9.8%	-8.5%	75.1%	34.3%
매출원가	94,617	105,154	107,871	127,018	151,808
매출총이익	76,638	82,826	64,108	174,076	252,642
YoY	44.6%	8.1%	-22.6%	171.5%	45.1%
판관비	25,544	29,465	31,341	36,863	44,205
영업이익	51,095	53,361	32,767	137,213	208,438
YoY	51.2%	4.4%	-38.6%	318.7%	51.9%
당기순이익	41,952	43,236	29,605	106,422	155,400
YoY	46.0%	3.1%	-31.5%	259.5%	46.0%
당기순이익(지배)	41,955	43,224	29,538	106,415	155,401
YoY	46.1%	3.0%	-31.7%	260.3%	46.0%
매출액 대비					
원가율	55.2%	55.9%	62.7%	42.2%	37.5%
GPM	44.8%	44.1%	37.3%	57.8%	62.5%
판관비율	14.9%	15.7%	18.2%	12.2%	10.9%
OPM	29.8%	28.4%	19.1%	45.6%	51.5%

SK하이닉스의 주가는 급격한 이익 성장에 힘입어 2016년 5월 26,000원 수준에서 2018년 5월 95,000원 수준까지 3.7배 상승합니다.

그런데 SK하이닉스 사례에는 좀 특이한 면이 있습니다. 일반적으로

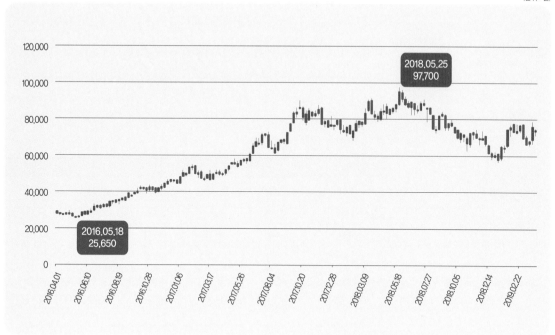

영업레버리지 효과는 고정비에 의해서 나타나는데요. 이렇게 판가가 급상승해 매출액이 급증하면 고정비율뿐만 아니라 변동비율도 낮아지는 효과가 나오게 됩니다. 공헌이익률이 더 상승하는 거죠. 판가가 상승한다고 해서 원가가 더 드는 것은 아니어서 벌어지는 현상입니다.

지금까지 매출액 증가에 따라 비용이 차지하는 비율의 변화를 다뤘다면, 이제는 비용 그 자체에 집중해서 살펴보겠습니다. 제조업의 경우는 보통 변동비인 제조원가 비중이 높습니다. 그런데 원재료비는 늘 일정하게 고정된 것이 아니다 보니 원재료비 변동에 따라 변동비율도 변할 수 있죠.

그러니 제조에 필요한 주 원재료가 무엇인지, 원재료 수급에 문제는 없는지, 원재료의 가격 동향은 어떤지를 점검할 필요가 있습니다. 원재료 가격이 급등하고 영업이익이 감소하면 주가에도 부정적인 영향을 끼칠 수 있기 때문입니다. 특히 원재료 수급 상황이 단기에 개선될 수 없으면 주가에 부정적인 영향이 더 커집니다. 아이러니한 게 반대로 원재료비가 하락하면서 영업이익이 일시적으로 개선될 땐 주가에 미치는 영향이 상대적으로 적습니다. 주가는 미래 이익성장률의 함수기에 결국 내려올 이익에는 큰 비중을 두지 않는다고 봐야겠죠.

화학, 철강 등 소재 기업들은 원가 상승이 판가 상승으로 이어지는 경우가 많습니다. 음식료 기업들도 밀가루 등 원재료 가격이 오르면 소비자에게 가격을 전가하죠. 원가 상승이 판가로 전가될 수 있는 기업들은 비용 증가에 대한 부담이 상대적으로 크지 않습니다. 오히려 원가 상승 이후 판가를 올리면서 매출과 이익이 더 증가하는 사이클이 오곤 하죠. 이런 기업들은 비용의 변화가 매출과 이익 그리고 주가에 긍정적인 영향을 줄 수 있으니 원재료의 가격 동향 점검이 필요합니다.

반대로 원가 변동을 판가에 전가할 수 없는 기업도 많습니다. 대표적으로 대기업에 부품, 소재 등을 납품하는 기업들이죠. 이들은 대기업 고객의 눈치를 보느라 원가가 올라도 판가 인상을 요구하기 어렵습니다. 판가를 올린다고 해도 원가 상승분을 다 보전받기 어려운 경우가 많고요. 그렇다고 대기업이 무조건 나쁘다고 할 수는 없습니다. 현대차를 예로 들어보면 원가가 올랐다고 해서 바로 소비자들에게 가격을 높일 수는 없잖아요. 결국은 부품·소재사와 같이 원가 상승의 고통을 분담한다고 봐야겠죠.

어쨌든 대기업에 부품, 소재를 납품하는 기업들은 원재료 비중이 높아 영업이익률이 낮은 경우가 많습니다. 이는 원가가 상승하면 영업이익이 급격하게 훼손될 수 있음을 뜻하죠. 영업이익률이 2%~3%p 움직이는 것은 다반사잖아요. 그런데 3%였던 영업이익률이 2%p만 하락한다고 해보세요. 영업이익률이 1%가 되면서 영업이익이 순식간에 1/3 토막이 나겠죠. 당연히 이익이 급감하면서 주가도 부진할 것이고요.

📈 에스엘 매출

(단위 : 억 원)

연간	2014	2015	2016	2017	2018
매출액	13,594	13,951	16,206	14,894	15,986
YoY	9.5%	2.6%	16.2%	-8.1%	7.3%
매출원가	12,095	12,191	14,038	13,214	14,655
매출총이익	1,498	1,760	2,168	1,680	1,331
YoY	22.5%	17.5%	23.2%	-22.5%	-20.8%
판관비	901	1,127	1,053	1,047	1,285
영업이익	597	633	1,115	634	46
YoY	69.2%	6.0%	76.2%	-43.2%	-92.8%
당기순이익	1,012	727	1,208	1,000	252
YoY	28.1%	-28.1%	66.1%	-17.2%	-74.8%
당기순이익(지배)	1,006	705	1,183	972	251
YoY	28.4%	-29.9%	67.7%	-17.8%	-74.1%
매출액 대비					
원가율	89.0%	87.4%	86.6%	88.7%	91.7%
GPM	11.0%	12.6%	13.4%	11.3%	8.3%
판관비율	6.6%	8.1%	6.5%	7.0%	8.0%
OPM	4.4%	4.5%	6.9%	4.3%	0.3%
NPM	7.4%	5.2%	7.5%	6.7%	1.6%

앞의 표는 에스엘의 사례인데요. 매출원가율이 2017년 88.7%에서 2018년 91.7%로 상승했습니다. 이에 영업이익률은 4.3%에서 0.3%로 4%p 하락했고요. 고작 4%p 하락인데도 영업이익은 무려 92.8%나 감소합니다. 제조업에서 매출원가율 변동을 유심히 봐야 하는 이유죠. 반

대로 이처럼 비용 이슈로 급격하게 영업이익률이 낮아지면서 주가가 무너진 기업은 잘 보고 있어야 합니다. 반대로 원재료비가 하락할 때는 무섭게 실적이 회복되면서 주가가 급등할 수도 있기 때문이죠.

수출기업들은 물류비용도 잘 봐야 합니다. 지정학적 리스크로 우리 나라에서 유럽으로 가는 길목인 홍해와 수에즈운하가 막히거나 갑자기 글로벌 물동량이 늘어 해상 운임이 상승하면 변동비율이 상승하면서 수익성이 나빠질 수 있기 때문입니다. 반대로 운임지수가 정점을 찍고 내려가는 것을 확인하면 향후 이익 개선을 기대하고 주식을 미리 매집할 기회를 잡을 수도 있겠죠.

변동비와 고정비를 이해해야
어떤 산업이 무슨 상황에
급격한 성장을 이루는지
파악할 수 있습니다!

'가': 기업가치를 평가한다

"늘 평가받으며 살아온 인생, 주식도 평가해볼까요?"

이제 판매량, 가격, 비용이라는 '양갈비'를 잘 구워서 실적이라는 덩어리가 나왔습니다. 그럼 이제 탄 부분을 도려내고 먹기 좋은 크기로 잘라서 맛있게 먹어야겠죠. 양갈비를 자르는 데 필요한 것이 가위잖아요. 실적의 양갈비도 '가위'로 잘라먹어야 합니다.

먼저 가위의 '가'는 가치평가입니다. 흔히 밸류에이션(Valuation)이라 부르는 것이지요. 실적이 잘 나오는 회사는 좋은 회사입니다. 그런데 실적이 좋으면 좋은 주식인가요? 그건 그때그때 다릅니다. 바로 '컨센서스(consensus)'라는 것 때문이죠.

"소문에 사서 뉴스에 판다."

유명한 증시 격언이죠. 이 소문이라는 것이 바로 시장에 형성된 컨센서스라고 보면 됩니다. 이 컨센서스가 예상대로 달성되면 주가는 이미 기대를 담아서 미리 올랐기에 이후 오히려 조정받는 경우가 많죠. '소문에 사서 뉴스에 판다'는 얘기가 나온 배경입니다.

컨센서스의 사전적 의미는 공동체 구성원들이 합의한 의견입니다. 주식에서 컨센서스는 보통 애널리스트들이 추정한 실적의 평균으로 구하죠.

다음 표를 보면 2021년 실적에 E가 붙어있죠. E는 Estimated의 약자로 애널리스트가 예상한 수치, 즉 컨센서스 데이터를 의미합니다. E 대신에 Forecasted의 약자인 F로 표기하기도 합니다. A가 붙기도 하는데 그건 Actual의 약자로 지난 실적의 확정치라는 것이고요.

📈 삼성전자 주요재무현황

(단위 : 억 원)

IFRS(연결)	2018/12	2019/12	2020/12	2021/12(E)
매출액	2,437,714	2,304,009	2,368,070	2,677,586
영업이익	588,867	277,685	359,939	499,088
영업이익(발표기준)	588,867	277,685	359,939	–
당기순이익	443,449	217,389	264,078	376,685
지배주주순이익	438,909	215,051	260,908	374,378

P라고 적히면 'Provision'이라고 해서 잠정실적을 의미합니다. 기업들이 감사를 거친 사업보고서를 발표하기 전에 먼저 실적을 발표하는 경우들이 있는데요. 전년 대비 실적 변동이 큰 경우입니다. 이때 회계 감사 전에 발표한 실적은 감사 이후에 변할 수 있으니 잠정적인 실적 P라고 표시해두는 겁니다.

📈 보고서상의 연도나 분기 실적 뒤에 붙은 알파벳

E: Estimated의 약자, 애널리스트의 컨센서스

F: Forecated, E와 혼용해서 사용

A: Actual, 지난 실적의 확정치

P: Provision, 잠정실적으로 감사 결과에 따라 변할 수 있음

여기서 문제를 하나 내겠습니다. 한 기업의 영업이익이 전년 동기 대비 100% 증가했다고 할게요. 실적 성장이 엄청난 것인데 이 경우 주가는 오를까요?

정답은 '오를 수도 있고, 내릴 수도 있다'입니다. 애널리스트들의 컨센서스가 50% 성장이었는데 100% 성장이 나왔다면 시장이 깜짝 놀라겠죠. 이것을 '어닝 서프라이즈'라고 합니다. 우리가 서프라이즈 파티를 접하면 놀라면서도 행복하죠. 마찬가지로 실적에 어닝 서프라이즈가 발생하면 투자자들이 놀라고 행복해서 주가가 급격하게 상승을 보이게 됩니다.

반대로 컨센서스가 200% 성장이었는데 100% 성장이 나오면 어떻게 될까요? 분명 100% 성장도 대단하지만, 시장의 눈높이를 만족시키지 못했으니 투자자들은 실망하게 되죠. 이것이 '어닝 쇼크'입니다. 실적이 역성장해서 쇼크가 아니라 기대보다 안 나와서 쇼크라는 것을 꼭 기억하세요. 쇼크라는 말은 충격이죠. 사람이 충격받으면 목뒤를 잡고 쓰러지잖아요. 주가도 어닝 쇼크가 발생하면 급락합니다.

다시 한번 강조하는데, '전년 대비 성장' 자체는 중요하지 않습니다. 이미 성장할 것이라 기대하고 주가를 다 올려놨기 때문이죠. 어설

프게 뉴스만 보고 접근하는 것이 위험한 이유입니다. 그러니 뉴스를 보면 뉴스가 발표되기 이전의 주가 흐름을 확인하는 습관이 필요합니다. 주가에 선반영된 것인지를 알아야 하니까요.

아까 컨센서스가 공동체 구성원들의 합의된 의견이라고 말씀드렸죠? 애널리스트들의 숫자가 아니더라도 우린 매일매일 의도적이지 않게 주가를 통해 합의를 도출합니다. 현 상황에서 기업 평가를 하는 수많은 이들의 생각이 모여서 형성된 것이 현재 주가이기 때문입니다. 회사의 가치를 높게 평가하는 이가 많으면 주가가 오르는 것이고 반대라면 내려가겠죠.

실적에 긍정적인 뉴스가 나오면 먼저 일봉 차트를 살펴보세요. 뉴스가 나오기 전에 주가가 이미 급등했다면 신규 매수를 자제해야 합니다. 그리고 새로운 뉴스의 파급력이 얼마나 큰 것인지 스스로 계산하고 주가라는 컨센서스에 녹아있는지를 판단해야 하죠.

나쁜 뉴스도 마찬가지입니다. 이미 주가가 선행해서 빠졌다면 나쁜 뉴스가 마지막 바닥을 만들고 반등하는 경우도 많으니까요. 실제로 어닝 쇼크가 나오자마자 주가가 오르거나 기업이 자금 조달을 공표하고 나면 주가가 오르는 경우들이 비일비재합니다.

애널리스트들의 추정치인 컨센서스도 100% 믿을 수 없습니다. 보고서에 나온 숫자와 그들이 내심 생각하는 숫자는 다를 수 있으니까요. 투자자들이 공유하는 나름의 컨센서스가 애널리스트의 컨센서스와 다른 경우도 많고요. 애널리스트가 커버하기 힘든 중·소형주 같은 경우는 더 그렇죠.

그러니 항상 투자하기 전에 시장이 생각하고 있는 컨센서스가 어느 정도인지 파악하려는 노력이 필요합니다. 뉴스에서 나오는 사상 최대 실적, 사상 최대 수주 같은 말에 현혹되지 말고 본인만의 기준을

PSR

PSR(Price Selling Ratio)은 시가총액을 매출액으로 나눈 비율입니다. 이는 기업의 매출액 대비 주가 수준을 평가하는 지표로 사용됩니다. PSR은 특히 이익이 나지 않는 초기 단계의 성장 기업을 평가하는 데 유용합니다. 다만 기업별로 이익률이 달라 매출액 규모만으로 비교 분석하는 것은 한계가 있으니 주의해야 합니다.

절대가치평가

절대가치평가는 기업의 내재가치를 평가하는 방법입니다. 주로 미래 현금흐름을 할인하여 현재가치를 계산하는 접근 방식을 활용합니다. 상대가치평가가 비슷한 기업군과 비교하여 기업가치를 평가한다면 절대가치평가는 회사의 정당한 가치를 직접 제시한다는 차이가 있습니다. 적정 주가를 직접 산출한다는 얘기죠. 다만 주요 가정들을 어떻게 하느냐에 따라 적정 주가가 크게 변동할 수 있다는 단점이 있습니다.

📈 컨센서스 정리

컨센서스: 시장 참여자들의 공식, 비공식적인 합의

• 주가에 컨센서스가 반영된 정도를 파악하는 것이 중요

• 좋은 뉴스가 100% 주가에 좋은 것은 아님

• 나쁜 뉴스가 100% 주가에 나쁜 것도 아님

만들어가는 게 필요하다는 얘기입니다.

그 기준을 어떻게 만들 수 있을까요? 이 주식이 싸냐 비싸냐에 대한 판단은 꾸준한 연습의 산물입니다. 전문가들이 정해 놓은 목표 주가가 정답이 아닙니다. 그 당시는 정답이라고 할지라도 상황에 따라 얼마든 변할 수 있죠. 상황의 변화를 읽고 이를 통해 목표 주가를 변경하려면 기업가치를 직접 평가할 수 있어야 합니다. 이것이 바로 가치평가 '가'를 알아야 하는 이유입니다.

가치평가는 PER, PBR, PSR과 같은 '상대가치평가'와 배당모형, DCF, RIM과 같은 '절대가치평가'로 크게 나뉘는데요. 가치평가의 전문가가 된다고 해서 주식을 잘하는 것은 절대 아니니 방법론에 깊게 매몰될 필요는 없습니다. 비교적 간단한 PER, PBR, PSR의 개념만 잡고 가도 흐름을 이해하는 데 크게 문제없으니까요. 이 책에서는 가치평가를 깊이 있게 다루지는 않고 PER과 PBR의 개념 정도만 파악하겠습니다.

가치평가의 방법론보다는 양갈비의 변화가 어떻게 되는지에 중점을 두는 편이 훨씬 낫습니다. 가치평가는 판단 기준 세우기 정도로 기초를 다져 두고 양갈비에 집중하다 보면 자연스럽게 성장성을 기준으

로 기업을 보는 눈이 생기게 되니까요.

1. 가장 직관적인 가치평가 도구 PER

📈 EPS란?

PER을 이해하기 위해서는 먼저 EPS(Earning Per Share, 주당순이익) 개념을 알아야 합니다. EPS는 어려운 개념이 아니니 차분하게 따라오세요.

주식투자의 기본 개념은 회사의 일부를 매수해 회사의 수익을 나누는 것이라고 말했습니다. 주식이 상장되면서 투자 성격이 변질하긴 했지만, 주식투자의 본질은 변함이 없습니다. 그렇다면 내가 이 회사에 투자해서 1년에 거둘 수 있는 수익이 얼마인지 아는 것이 중요하잖아요.

그러니까 수익을 배분받는 권리 증서 하나당, 즉 주식 1주당 얼마의 수익을 받는지 안다면 계산이 훨씬 수월해지겠네요. 이렇게 주식 1주를 샀을 때 받을 수 있는 내 몫의 1년 치 수익이 바로 EPS입니다.

EPS를 구하는 식은 간단합니다. 회사의 최종 결산 수익인 연간 당기순이익을 전체 주식 수로 나눠주면 됩니다.

$$EPS = \frac{당기순이익}{전체주식수}$$

이렇게 당기순이익을 주식 수로 나누면 한 주당 벌어들이는 연간 이익이 나옵니다. 예를 들어 EPS가 1,000원이라는 것은 이 주식 하나를 사면 1년에 1,000원을 번다는 얘기죠. 물론 이 수익이 모두 현금으로 내 지갑에 들어오는 건 아닙니다. 배당을 주긴 하지만 당기순이익 전부를 배당으로 주는 경우는 거의 없으니까요. 그래도 주주의 몫인 자본이 늘어나니까, 그 증가분에 내 지분율을 곱한 만큼 내 주식의 가치가 커졌다고 생각할 수 있습니다.

PER(Price-Earnings Ratio, 주가수익비율)의 P는 Price, 즉 주가인데요. 주가를 Earning(수익)으로 나눈 값이 PER입니다. 여기에서 수익은 앞에서 본 주당순이익 EPS를 뜻합니다. 식이 중요한 게 아니라 PER의 의미가 무엇인지, 어떻게 활용할 것인지가 더 중요하겠죠.

PER을 이해하기 위해 우리가 상가나 수익 자산에 직접 투자한다는 가정을 해보겠습니다. 여러분은 투자하면서 무엇을 중점적으로 보시나요? "투자를 하면 몇 년 안에 원금을 회수할 수 있을까?" 직관적으로 이렇게 생각하는 투자자들이 많습니다.

예를 들어 여러분이 10억 원을 들여 편의점을 인수한다고 하죠. 이 편의점의 연평균 수익이 1억 원이라면 원금 10억 원은 10년이면 회수할 수 있겠다는 생각을 떠올린다는 겁니다.

방금 우리는 머릿속에서 원금 회수 기간을 계산하기 위해 투자금 10억 원을 연평균 수익인 1억 원으로 나눴습니다. 무의식적으로 했던 계산을 식으로 정리해볼까요.

$$10년 = \frac{투자금\ 10억\ 원}{1년\ 수익\ 1억\ 원}$$

여기까지는 아주 쉽죠. 이번에는 PER을 식으로 표현해보겠습니다. PER은 주가(P)를 수익(EPS)으로 나눈 비율이라고 했죠.

$$PER = \frac{주가(P)}{수익(EPS)}$$

현재 주가는 우리의 투자원금이라고 할 수 있습니다. EPS는 1년에 투자를 통해서 벌어들이는 수익이고요. 어라? 이거 편의점 투자에서 원금 회수 기간을 구했던 식과 같네요. 투자원금을 1년 투자수익으로 나누면 투자원금 회수 기간이라고 했잖아요. 결국, PER이란 현재 EPS 가 꾸준히 유지된다고 가정할 때 몇 년 안에 원금 회수가 가능하냐는 개념임을 알 수 있습니다.

PER이 처음 보는 용어고 영어로 적어놨으니 낯설 뿐이지, 평소 투자할 때 직관적으로 접근하던 방식과 같습니다. 'PER이 10배라면 10년, PER이 100배라면 100년 이후에 투자원금을 회수할 수 있겠구나' 라고 생각하는 것이죠.

PER은 전체 시가총액을 당기순이익으로 나눠서도 구할 수 있습니다. EPS가 당기순이익을 전체 주식 수로 나눈 것이니, 바꾸어 말해서 시가총액을 당기순이익으로 나눈 값과 같다는 걸 알 수 있죠. 실제 PER을 계산할 때는 후자의 계산을 더 많이 사용합니다.

$$PER = \frac{주가}{수익} = \frac{주가}{\frac{당기순이익}{전체주식수}} = \frac{주가 \times 전체주식수}{당기순이익} = \frac{시가총액}{당기순이익}$$

EPS 성장률이 동일하다는 가정하에 PER이 10배인 회사와 100배인 회사는 어디가 더 좋은 것일까요? 10년 안에 원금을 회수할 수 있는 투자처와 100년 안에 회수할 수 있는 투자처를 비교하면 당연히 10년에 원금을 회수할 수 있는 PER 10배 회사가 더 좋은 투자처가 되겠죠. 그래서 일반적으로 PER이 낮으면 싸고, PER이 높으면 비싸다고 얘기하는 것입니다.

2) PER이 낮으면 무조건 좋은 것인가?

PER은 투자원금이 회수되는 기간이라고 했습니다. 그럼 PER이 낮은 게 무조건 좋다고 생각할 수도 있겠죠. 그런 분들에게 저는 프로크루스테스의 침대 얘기를 들려드립니다.

📈 프로크루스테스의 침대

프로크루스테스는 그리스 신화에 나오는 인물입니다. 그는 그리스 아티카의 강도로 아테네 교외의 언덕에 집을 짓고 살면서 강도질을 했습니다. 그의 집에는 쇠로 만든 침대가 있었는데 프로크루스테스는 행인을 붙잡아 자신의 침대에 누이고는, 그의 키가 침대보다 크면 그만큼 잘라내고 키가 침대보다 작으면 억지로 침대 길이에 맞추어 늘여서 죽였다고 전해집니다.

프로크루스테스처럼 마음속에 절대적인 적정 PER을 정해놓고 이를 기반으로 주식이 싸다, 비싸다를 논하면 절대 안 됩니다. 예컨대 '원금이 적어도 10년 안에는 회수돼야 좋은 투자'라고 생각하면서 '10배 이하면 좋은 주식, 10배 이상이면 나쁜 주식' 이렇게 재단하지 말라는 얘기죠. 왜 그러면 안 되는지 찬찬히 설명하겠습니다.

3) PER은 상대가치 비교법

PER 가치평가는 어떻게 활용할 수 있을까요? PER이 낮아서 싸다면 얼마나 오르는 게 정당한지, PER이 높다면 얼마나 내려와야 하는 건지, 단순히 한 기업의 PER만 봐서는 기업의 가치를 판단할 수가 없습니다.

PER은 결국 비교 대상이 필요한데요. PEER라는 비슷한 사업을 영위하는 동종업계 기업들과 비교하게 됩니다. 비슷한 사업을 하는 기업들은 비슷한 밸류를 받아야 한다는 가정을 하는 거죠. 이에 PEER

PEER

같은 산업 내에 있는 기업들을 의미합니다. 기본적으로 동종기업들은 전방산업의 흐름이 같고 이익 구조가 유사하기 때문에 기업 분석 방향도 비슷합니다. 상대가치평가는 PEER 기업들과의 비교를 통해 적정가치를 산출합니다.

그룹 대비 PER이 높다면 고평가, PEER 그룹 대비 PER이 낮다면 저평가라고 얘기합니다. 예를 들어 PEER 그룹이 PER 15배를 적용받는데 A 기업은 10배라면, PEER 그룹을 따라 주가가 50% 상승할 수 있다고 판단할 수 있다는 겁니다.

물론 PEER 그룹 내의 기업이라도 회사의 규모, 기술력, 경영진에 대한 평판, 재무구조, 경쟁 우위 등에 따라서 평가가 달라질 수 있으니 이에 따른 할증·할인의 과정은 필요합니다.

어쨌든 PEER 그룹에 따라서 적정 PER이 달라진다는 것이 보이죠. PEER 그룹은 5배인데 마음속의 적정 PER을 10배로 정해두고 싸다고 생각하면 비싼 값에 주식을 사게 되잖아요. 결국은 주식투자에서 손해 볼 가능성이 커질 것이고요.

4) 문제는 이익의 변동성

살짝 더 깊게 들어가 보겠습니다. 이번엔 여러분이 라면 장사를 고민한다고 해보죠. 마침 매물이 나와서 찾아가 보니 작년에 수익이 3억 원이나 났다고 하네요. 그런데 단돈 10억 원에 매각한다는 겁니다. 3.3년이면 원금을 회수할 수 있으니 PER 3.3배의 저평가된 투자처처럼 보입니다.

그런데 알고 보니 이 라면 프랜차이즈의 오너가 사회적 물의를 일으켜 강력한 불매운동이 일어난 겁니다. 작년엔 수익이 3억 원이었지만 올해는 고작 1,000만 원 정도밖에 기대할 수 없는 상황으로 바뀌었다고 해보죠. PER이 3.3배라서 싸다고 생각했는데 웬걸, 갑자기 PER이 100배(10억/1,000만)로 바뀐 겁니다. 3.3년이면 될 것 같던 원금 회수가 100년이나 걸리게 되었으니 긍정적으로 보였던 투자처가 순식간에 최악의 투자처로 변해버린 거죠.

우리에게 중요한 것은 과거가 아니라 미래의 수익입니다. 문제는 미래의 이익은 여러 가지 변수에 따라 끊임없이 변한다는 거죠. 과거의 수익은 미래수익을 추정하는 데 도움을 주긴 하지만 절대적인 것은 아닙니다. 그래서 양갈비를 잘 구워야 하는 겁니다. 미래수익이 정확하게 추정돼야 제대로 된 가치평가를 할 수 있으니까요.

5) PER은 한 가지가 아니다

PER 계산식을 다시 살펴봅시다. PER은 주가를 EPS로 나눈 값이죠. 주가는 PC나 모바일의 거래시스템에 명확하게 표시됩니다. 순간순간 변하기는 하지만 현재의 가격은 언제나 하나뿐입니다.

$$PER \ = \frac{주가(P)}{수익(EPS)}$$

EPS는 어떨까요? EPS는 주당순이익이죠. 그런데 이 순이익의 기준은 여러 가지입니다. 작년 실적을 기반으로 한 주당순이익도 있고 올해 추정 실적과 내년 추정 실적을 기반으로 한 것도 있습니다.

지금 시점을 기준으로 다음 4개 분기의 실적을 기반으로 한 EPS를 계산할 수도 있습니다. 이를 '4Q Forward'라고 하죠. 12개월 선행 주당순이익 '12MF(12 months forward)' 이익을 기준으로 하기도 하고요. 12MF는 향후 12개월의 실적을 뜻하는 개념이지만, 실제로 월별 실적을 다 추정해서 더하는 건 아닙니다. 기간에 따른 가중평균순이익을 구해서 EPS를 구하게 되죠. 예를 들어 올해 남은 날짜가 200일이라면 올해 순이익을 '200/365'만큼 반영하고, 내년 순이익을 '(365-200)/365'만큼 반영하여 더하는 식입니다.

어떤 EPS를 적용하냐에 따라서 PER의 이름도 달라집니다. 2023년, 2024년 EPS를 기반으로 구한 PER이면 각각 2023년 PER, 2024년 PER이 되죠. 12MF PER이면 12MF EPS, 4Q Forward PER이면 4Q Forward EPS를 기준으로 계산한 PER이라는 의미가 되고요.

그러니 누군가 'PER이 ○배다'라고 얘기하면 꼭 어떤 EPS를 적용한 결과인지 확인해야 합니다. 작년 이익으로 설명한다면 미래 이익이 증가하는지, 감소하는지 반드시 점검해봐야 합니다. 만약 미래 이익을 기준으로 한 PER이라면 그 이익의 가시성을 점검해야 하고요.

6) 결국 중요한 것은 성장

23년 PER이 똑같이 10배인 A, B 두 주식이 있습니다. 그런데 A는 2024년 EPS 추정치가 전년 대비 100% 증가하는데 B는 이익 성장이 없는 겁니다. 두 회사의 24년 PER을 구해보면 A는 5배, B는 2023년과 같은 10배가 됩니다.

PER은 낮은 게 좋은 것이라고 했는데 23년 PER을 봤을 때는 A, B가 모두 PER 10배이니 우월을 가릴 수가 없었죠. 그런데 EPS 성장률을 기반으로 24년 PER을 계산했더니 A는 5배, B는 10배로 달라져버렸습니다. 갑자기 A가 PER 5가 되면서 매력도가 높아진 겁니다. EPS 성장이 두 회사 매력도의 차이를 만든 셈이죠.

이번엔 23년 PER이 A는 10배, B는 5배라고 해보겠습니다. 그런데 A는 24년 EPS 추정치가 25% 증가, B는 50% 감소하는 상황이 됐다고 하죠. 그러면 24년 PER은 A가 8배, B는 10배로 바뀝니다. 2023년 실적만 봤을 때는 B가 매력적으로 보였는데 다음 해 실적 기준으로 보니 A가 훨씬 매력적으로 바뀐 것이죠.

결국, 눈에 보이는 과거 수익 기준의 PER로는 기업가치를 평가하는 데 한계가 있음을 알 수 있습니다. 드러나지 않은 미래수익을 추정해서 PER의 변화를 고민하고 PEER와 비교해야 하는 이유죠.

7) PER 프리미엄이 붙는 이유

시장보다 높은 PER을 적용받는 산업이 있고, 형편없이 낮은 PER을 적용받는 산업도 있습니다. 왜일까요? 저는 성장성과 안정성이란 두 가지 요인이 작용한다고 생각합니다.

앞에서도 살펴봤으니 '성장성'이 중요한 이유는 쉽게 아실 겁니다. EPS가 계속 커지면 미래의 PER이 점점 낮아지니까 성장성이 높은 회사는 높은 PER을 적용받을 수밖에 없죠. 확정된 실적 기준의 PER이 500배라고 해도 5년 뒤엔 5배가 될 만큼 가파른 실적 성장을 보인다면, PER 500도 충분히 정당화될 수 있는 겁니다. 그래서 당대의 성장 산업으로 평가받으면 높은 PER을 적용받게 되죠.

2023년 2차전지, 2024년 AI 반도체 기업들이 성장에 대한 기대감으로 고 PER을 적용받은 케이스입니다. 반대로 사양산업으로 평가받거나 성장의 한계가 명확하면 높은 PER을 적용받기 어렵죠. 대표적으로 인구 감소의 직격탄을 맞을까 우려되는 교육 관련주들은 현재 좋은 실적을 내고 있어도 PER은 낮습니다.

'안정성'이 PER 프리미엄에 주는 영향은 우리가 직접 사업체를 인수한다고 가정해보면 이해가 쉽습니다. 2023년 실적이 같은 두 회사가 있습니다. 한 회사는 과거 10년간 꾸준하게 5%씩 성장해 왔고 다른 한 회사는 실적이 들쭉날쭉한데 올해 유난히 실적이 좋았다고 가정해보죠.

여러분은 같은 값이라면 두 회사 중 어디를 사실 건가요? 아무래도 10년간 안정적으로 성장해온 회사를 선택하게 되겠죠. 그래서 실적이 안정적으로 성장하는 플랫폼 업체들의 PER은 상대적으로 높은 경향이 있습니다. 반대로 철강, 화학, 조선 같은 시클리컬 업종은 실적이 좋을 때 오히려 상대적으로 낮은 PER을 적용받고요.

8) PER을 뒤집으면 연평균 수익률

PER이 10배면 원금 회수 기간은 10년이라고 생각할 수 있다고 했죠. 물론 EPS가 변함없이 유지된다는 가정하에서요. 10년 안에 원금을 회수하면 연평균 수익률은 1/10, 10%가 됩니다. 원금 회수 기간이 12년이면 연평균 수익률은 1/12, 약 8% 수준이 되죠. 복리로 계산하면 원금 회수 기간 더 빠르겠지만 직관적으로 단리로만 생각합시다. 자, 우리가 연평균 수익률을 구할 때 어떻게 했죠? 원금을 1로 잡고 원금 회수 기간으로 나눴죠. 원금 회수 기간의 역수네요.

그런데 PER은 원금 회수 기간이라고 했잖아요. 그렇다면 PER의 역수가 바로 연평균 수익률이네요. 그러니 PER이 높아질수록 (원금 회수 기간이 길수록) 연평균 수익률은 낮아지는 거고, PER이 낮아질수록 (회수 기간이 짧을수록) 연평균 수익률은 높아집니다. PER 10배면 연평균 수익률은 10%, PER 20배면 연평균 수익률은 5%가 되죠. 당연히 연평균 수익률이 높은 투자처가 좋은 것이니 다시 한번 PER이 낮을수록 저평가라는 개념이 명확해지네요.

9) PER과 요구수익률

우리가 투자 건에 대해 '10년 만에 원금 회수 가능. 그럼 연평균 수익률 10%니까 이 정도면 할 만함'이라는 결정을 내렸다고 가정할게요. 이는 해당 투자 건에 대한 '요구수익률'이 10%라는 얘기입니다. 위험도, 투자 기간 등을 고려해 '10% 정도면 적당'하다고 판단한다는 거죠. 요구수익률은 개별 투자 건에 대해 투자자들이 기대하는 수익률이라고 생각하면 됩니다.

PER은 주가 변동에 따라 매일매일 변합니다. 주가가 올라가면 PER도 같이 올라가고, 주가가 내려가면 PER도 같이 내려가죠. 주가가 올라 PER이 높아지면 PER의 역수인 연평균 수익률은 낮아지죠. 즉, 주주의 요구수익률이 낮아졌다고 볼 수 있습니다. 반대로 주가가 내려가 PER이 낮아지면 주주의 요구수익률이 높아졌다고 할 수 있고요.

예를 들어볼게요. 투자하려는 회사의 현재 주가는 10,000원, EPS는 1,000원이라고 하겠습니다. 그러면 PER은 10배, 요구수익률은 1/10, 10%이지요. 만약 이 회사의 주가가 12,000원이 되고 EPS는 변함없이 1,000원이라면 PER은 12배(12,000/1,000)가 됩니다. 12,000원에 주식을 매수하는 사람은 요구수익률 8.3%에도 만족하고 산다는 얘기입니다.

반대로 이 회사의 주가가 5,000원으로 떨어진다고 하죠. 그러면 PER은 5배(5,000/1,000)로 떨어집니다. 요구수익률은 PER의 역수 1/5 = 20%가 됩니다. 이 회사에 뭔가 불안 요소가 있기에 요구수익률 20% 정도는 줘야 이 주식을 사겠다고 시장에서 합의를 이룬 겁니다.

이렇게 생각하면 쉽습니다. 은행에서 대출받을 때 신용도도 높고 직장도 안정적이면 대출 금리가 낮아지죠. 은행에서 요구하는 수익률이 낮아지는 겁니다. 반대로 신용도가 낮고 직장도 불안정하면 은행은 높은 금리를 요구합니다. 위험도가 높으니 더 높은 수익률을 원하는 겁니다. 그런데 높은 대출 금리를 적용받던 사람이 직장도 구하고 자산도 커졌다면 은행은 요구수익률을 낮추어 금리를 내려주겠죠.

주식도 그렇습니다. 회사가 안정적이고 성장할 것이라고 보면 현재 시점 기준 요구수익률이 낮아지죠. 주가가 상승하면서 PER도 높아진다는 얘기입니다. 반대로 회사가 불안정하고 향후 실적 악화가 예상되면 요구수익률은 높아져서 주가와 PER이 하락하고요.

10) PER과 금리

PER의 역수가 요구수익률이죠. 요구수익률을 판단할 수 있다면 반대로 적정 PER을 계산할 수 있다는 얘기가 됩니다. 그렇다면 요구수익률을 판단할 기준을 설정해야겠네요.

"그럴 거면 그냥 은행에 넣어놓고 말지, 뭐 하러 귀찮게 투자해?"

투자 얘기를 나눌 때 이런 얘기를 많이 합니다. 사람들은 본능적으로 은행에서 얻을 수 있는 무위험수익과 투자수익을 비교하는 겁니다. 투자에서 얻을 수익률이 낮다면 굳이 귀찮게 이것저것 알아보고 투자하기보다 은행에 넣어두는 게 훨씬 편하니까요. 우리는 이를 통해 수익률 평가의 기본 잣대가 '은행 금리'임을 알 수 있습니다.

은행 금리는 중앙은행의 기준금리가 기반이 되죠. 고로 우리는 이 기준금리 중심으로 생각해야 합니다. 기준금리는 '무위험수익률'이 되죠. 이를 달리 표현하면 위험이 있으면 요구수익률이 높아진다는 겁니다. 이를 '리스크 프리미엄'이 붙는다고 얘기하죠. 요구수익률은 보통 r이라고 표현하는데 간단하게 식으로 표현하면 다음과 같습니다.

요구수익률(r) = 금리 + 리스크프리미엄

특정 투자처에 대한 리스크 프리미엄이 고정돼 있다고 가정해보죠. 그때 금리가 올라가면 자연스럽게 요구수익률도 높아지고, 금리

무위험수익

무위험수익은 투자자가 아무런 위험을 감수하지 않고 얻을 수 있는 수익을 의미합니다. 보통 은행에 예금을 맡기면 예금의 원금에 문제가 생길 가능성을 걱정하지 않죠. 그래서 은행 예금을 무위험수익으로 볼 수 있습니다. 가장 대표적인 무위험수익은 미국 정부가 발행한 미국채입니다. 현 상황에서 미국 정부가 지급불능 사태가 될 일은 없기 때문입니다.

📊 요구수익률 판단하기

(단위 : %, 배)

변수	요구수익률	금리	리스크 프리미엄	PER	주가
마켓	8	3	5	12.5	0
금리상승	10	5	5	10.0	-20
금리하락	6	1	5	16.7	33

가 내려가면 요구수익률은 낮아집니다.

예를 들어 리스크 프리미엄이 5%인 산업이 있다면, 금리가 3%일 때 요구수익률이 3%+5%=8%입니다. PER의 역수는 요구수익률이라고 했으니, 요구수익률의 역수가 PER이라는 뜻입니다. 따라서 요구수익률이 8%면 PER은 12.5(100/8)라는 것을 알 수 있죠.

그런데 금리가 2%p 올라 5%가 되었다고 해보죠. 리스크 프리미엄은 같으니까 요구수익률도 8%에서 2%p 상승한 10%가 됩니다. PER='1/요구수익률'이니 10배(100/10)가 되네요.

EPS가 동일한데 PER이 12.5배에서 10배가 된다는 얘기는 무슨 뜻일까요? 주가가 20% 하락한다는 말이죠. 금리 상승이 왜 주식시장에 부담으로 작용하는지 이해하실 겁니다. 2022년 미 연준이 급격하게 기준금리를 올리면서 전 세계 주식시장이 폭락했던 이유도 아실 거고요. 그러니 기준금리 인상 기간에는 무리하게 투자할 필요가 없습니다.

반대로 금리가 2%p 하락해 기준금리가 3%에서 1%가 되면 요구수익률은 8%에서 6%로 하락합니다. PER은 12.5배에서 16.7배로 높아지고 주가는 33%가 상승하죠. 기준금리 인하에 대한 기대감이 붙으면 주식시장이 선제적으로 상승하는 배경입니다.

11) 성장주는 왜 금리 변동에 더 취약한가?

이번에는 금리가 똑같이 변동하는데 왜 어떤 산업 주식의 변동성은 크고 다른 산업 주식의 변동성은 작은지 알아보겠습니다.

성장주는 미래 성장성에 대한 가치를 높게 평가받는 주식입니다. 이에 현재 실적 기반의 PER이 상당히 높죠. PER이 높다는 것은 주주들의 요구수익률이 낮다는 얘기가 됩니다.

📈 성장주 변동 폭

(단위 : %, 배)

변수	요구수익률	금리	리스크 프리미엄	PER	주가
성장주	3.5	3	0.5	28.6	0
금리상승	5.5	5	0.5	18.2	-36
금리하락	1.5	1	0.5	66.7	133

요구수익률이 낮다는 건 리스크 프리미엄이 낮다는 것으로 이해할 수 있죠. 앞의 예에서는 성장주의 리스크 프리미엄 0.5%, 기준금리 3%, 요구수익률 3.5%를 가정했습니다. 이때 PER은 28.6배가 되죠.

그런데 기준금리가 2%p 상승한다면? 기준금리는 5%, 요구수익률은 5.5%가 되면서 PER은 18.2배로 낮아집니다. PER이 28.6에서 18.2로 낮아졌다는 것은 주가가 36% 하락했다는 얘기입니다. 반대로 기준금리가 2%p 하락한다면 기준금리는 1%, 요구수익률은 1.5%가 되면서 PER은 66.7배로 높아집니다. 주가는 133%가 상승하게 되고요.

앞서 리스크 프리미엄이 5%인 사례를 기억하시나요? 금리가 2%p 상승하면 주가가 20% 하락했고, 금리가 2%p 상승하면 주가가 33% 상승했었죠. 그런데 리스크 프리미엄이 낮은 성장주는 똑같은 금리 변동에 각각 −36%, 133% 움직였습니다. 결국, 리스크 프리미엄이 낮은 성장주는 금리 변동에 따른 주가 변동 폭이 훨씬 크다는 걸 알 수 있죠.

이번에는 가치주를 생각해보겠습니다. 가치주는 시장의 요구수익률이 높은 주식이죠. 이는 곧 리스크 프리미엄을 높게 적용받고 있다는 얘기입니다. 여기서는 리스크 프리미엄을 12%로 두겠습니다. 기준금리가 3%일 때 요구수익률은 15%, PER은 6.7배입니다

📊 가치주 변동 폭 (단위 : %, 배)

변수	요구수익률	금리	리스크 프리미엄	PER	주가
가치주	15	3	12	6.7	0
금리상승	17	5	12	6.9	-12
금리하락	13	1	12	7.7	15

이제 기준금리가 2%p 오르면 요구수익률은 17%, PER은 5.9배가 됩니다. PER이 낮아졌으니 주가는 12% 하락했다는 얘기가 됩니다. 기준금리가 2%p 하락하면 요구수익률은 13%로 낮아지고 PER은 7.7배로 높아집니다. 주가는 15% 상승했다는 얘기죠. 리스크 프리미엄이 12%인 가치주는 시장 평균 리스크 프리미엄 5%에 비해 주가 변동폭이 훨씬 작음을 알 수 있습니다.

시장 평균, 성장주, 가치주를 구분해 표를 만들어보면 다음과 같습니다. 기준금리 변동에 따른 주가 변동성은 성장주가 크고 가치주일수록 낮다는 걸 쉽게 파악할 수 있죠.

📊 기준금리가 변동할 때 주가의 변동 폭

기준금리	시장 평균 (5%)	성장주 (0.5%)	가치주 (12%)
1%	33%	133%	15%
2%	14%	40%	7%
3%	0%	0%	0%
4%	-11%	-22%	-6%
5%	-20%	-36%	-12%

※ ( )는 리스크 프리미엄

그러니 기준금리 인상기에는 가치주로 자금이 쏠리거나 주식투자 자체를 피하게 되고, 기준금리 인하기에는 성장주 쪽으로 자금이 몰리게 되는 것이죠. 기준금리 인하기에 실적이 탄탄한 가치주에 매몰되어 있으면 상대적 박탈감을 느끼는 것도 그 때문이고요.

2. 자본을 기반으로 평가하는 PBR

PBR(Price to Book Ratio, 주가순자산비율)은 주가(P)를 Book으로 나눈다는 개념입니다. 그렇다면 Book이 무엇인지 파악해야겠네요.

Book은 영어로 책이지만, 회계 장부라는 뜻도 됩니다. PBR에서 사용된 Book은 정확하게는 Book-value, 그러니까 장부에 적힌 주주의 가치인 자본을 의미하죠.

PER에서는 EPS(주당순이익)라는 개념을 배웠죠. 이번에는 주당순자산 BPS(Book-value Per Share) 개념을 이해할 때입니다. 순자산은 자산에서 부채를 뺀 개념으로 자본총계를 의미합니다. BPS는 이 자본총계를 전체 주식 수로 나눠서 한 주에 해당하는 자본을 계산하는 것이죠.

$$BPS = \frac{\text{자본총계}}{\text{전체주식수}}$$

이제 PBR로 돌아갑니다. PBR은 주가(P)를 주당순자산(BPS)으로 나눠서 계산합니다. 이는 시가총액을 자본총계로 나눈 값과 같죠. PER 계산에서 EPS를 BPS로, 당기순이익을 자본총계로 바꾸면 됩니다.

$$PBR = \frac{주가}{BPS} = \frac{시가총액}{자본총계}$$

중요한 것은 식이 아니라 PBR의 의미겠죠. 자본총계는 그 자체로 주주의 몫입니다. 그러니 주가가 장부상 주주의 몫인 자본(장부가치)보다 크냐 작으냐를 판단하는 것은 당연히 중요하겠죠. PBR은 바로 주가가 장부상 가치보다 크냐 작으냐를 판단하는 기준입니다. 만약 PBR이 1보다 작다면 주가가 장부가치만큼도 평가를 못 받고 있다는 뜻이고, PBR이 1보다 크다면 장부가치보다 높게 평가받고 있다는 의미죠. 결국, PBR도 PER처럼 높을수록 고평가, 낮을수록 저평가라고 볼 수 있는 겁니다.

상식적으로 PBR은 1배 수준에서 형성되어야 할 것 같지만, 실제로는 그렇지 않죠. 특히 자본보다 적은 PBR 1배보다도 낮은 것은 잘 이해가 되지 않는 부분입니다. 그렇다면 왜 PBR이 1에도 못 미치는 기업들이 생기는지 이유를 알아봐야겠죠.

1) 자본에 대한 신뢰 부족

자산에서 설비, 재고자산, 매출채권의 비중이 높은 회사가 있다고 가정하겠습니다. 그런데 사업 환경이 좋지 않아서 사업을 접는다고 생각해보죠. 그럴 때 이 설비, 재고자산, 매출채권을 매각해야 할 텐데 장부상 가치를 적용받기는 힘들 겁니다. 투자하려는 회사가 비상장회사에 투자한 경우 역시 비상장회사에 대한 가치평가를 신뢰하지 못할 수도 있고요. 연구개발비 투자나 M&A 과정에서 무형자산이 자산에 잡히기도 하는데, 무형자산도 자산의 가치로 인정받기 힘든 경우가 많죠.

회사의 경영진에 대한 신뢰도가 떨어지면 재무제표에 대한 신뢰도가 떨어지게 되고요. 이처럼 여러 가지 이유로 재무제표를 신뢰할 수 없다면 자본의 가치가 그만큼 할인되어 반영될 수밖에 없겠죠. PBR이 1 미만이 된다는 겁니다.

2) 실적 부진에 대한 우려

자본은 당기순이익에 따라서 증가하고 감소합니다. 당기순이익이 흑자를 기록하면 자본총계 내 이익잉여금이 쌓이게 되죠. 반대로 당기순손실이 발생하면 이익잉여금이 줄어들면서 자본총계가 감소하게 됩니다. 그러니 자본이 점차 감소할 것으로 우려된다면 PBR은 낮아질 수밖에 없습니다.

주가는 미래 이익성장률의 함수라고 했으니 기본적으로 가치평가는 PBR보다는 PER이 우선시됩니다. PBR이 4(장부가치의 4배)가 되더라도 PER이 3이라면 싸다고 평가한다는 얘기죠.

그런데 PER보다 PBR을 중심으로 평가하는 산업도 있습니다. 대표적인 것이 은행이죠. 은행은 국제결제은행(BIS)에서 권고하는 자기자본비율을 유지해야 합니다. 자기자본 대비 과도하게 위험자산을 늘려서 곤경에 빠지는 것을 막기 위한 규제입니다. 고로 은행은 자기자본 규모에 따라 사업 규모가 결정될 수밖에 없습니다.

하지만 똑같이 자기자본비율을 유지하면서 사업을 하더라도 수익을 창출하는 능력에서는 차이를 보일 수 있겠죠. 비용 관리에서 차이가 나거나 부실 대출 관리를 못 해 손실이 커지는 등 이익의 차이를 보일 요인이 있으니까요. 그러니 자본의 효율성 즉, 누가 같은 자본을 가지고 더 높은 이익을 내느냐에 따라 PBR 가치평가도 달라지게 됩니다.

여기에서 자본의 효율성을 나타내는 수치가 바로 ROE(Return on Equity, 자기자본이익률)입니다. ROE는 자기자본 대비 얼마나 많은 당기순이익을 내는지 보여주는 수치죠. 자본은 주주의 몫이라고 거듭 애기하는데, 주주의 몫인 자본으로 얼마나 많은 수익을 내는지를 보여주는 겁니다.

$$ROE = \frac{당기순이익}{자본총계}$$

하나의 산업군에서 ROE가 높은 기업이 보통 PBR도 더 높습니다. 당연하죠. 자본 활용도가 높은 기업의 자본 가치를 더 높게 평가해줘야 하니까요. 예를 들어 ROE가 10%인 은행의 PBR이 1배 수준이라면 ROE가 5%인 은행은 PBR이 1배보다 낮게 평가된다는 겁니다.

📈 한국 기업 ROE/PBR 차트

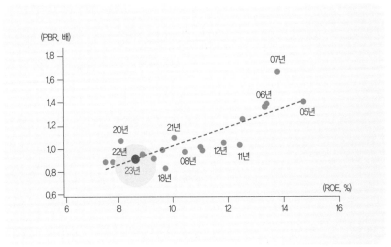

자료 : Refinitiv, 유진투자증권

그런데 기업들의 ROE와 PBR을 그래프로 비교해보면 일정한 경향을 보입니다. 이 경향성은 직선을 중심으로 점들이 크게 벗어나지 않고 찍혀 있음을 통해 확인할 수 있는데요. 우리가 학교에 다닐 때 직선의 기울기는 'y 나누기 x'라고 배웠죠. 그런데 x축은 ROE, y축은

PBR입니다. 이걸 식으로 정리해볼게요.

$$\text{직선의 기울기} = \frac{y}{x} = \frac{\text{PBR}}{\text{ROE}} = \frac{\dfrac{\text{시가총액}}{\text{자본총계}}}{\dfrac{\text{당기순이익}}{\text{자본총계}}} = \frac{\text{시가총액}}{\text{당기순이익}} = \text{PER}$$

PBR로 평가하더라도 ROE와의 비교가 필요하기에 궁극적으로는 PER 가치평가에 수렴하게 된다는 것을 알 수 있네요.

그렇다면 이렇게 물을 수 있죠. "PBR 가치평가는 무의미한가?" 아닙니다, PBR은 여전히 중요한 지표입니다. PER은 적자 기업에는 무의미한 가치평가이기 때문이죠. 당장 적자가 난다고 기업의 가치가 마이너스가 되는 것은 아니잖아요. PBR은 적자가 나거나 이익의 규모가 거의 손익분기점 수준으로 작아서 PER 가치평가가 되지 않을 때 유용합니다. 특히 기업가치의 바닥을 평가할 때 쓸모 있지요.

📈 삼성전자 PBR 밴드 (단위 : 원)

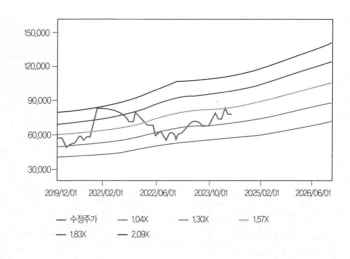

자료 : CompanyGuide

대표적인 것이 PBR 밴드를 활용하는 겁니다. PBR 밴드는 일정 기간 주가가 PBR 몇 배 내에서 움직이는지를 보여주는 차트입니다. 앞의 PBR 밴드는 4년~5년간 삼성전자의 주가 움직임을 보여주고 있는데요. PBR 상단이 2.09배, 하단이 1.04배로 그 사이에서 움직이고 있음을 알 수 있습니다. 만약 어떤 기업이 PBR 밴드의 하단에 가까워졌는데 업황이 최악이라고 한다면 오히려 바닥을 잡고 반등할 수 있다고 생각할 수 있죠.

가치평가는 하나의 수단일 뿐 맹신해서는 안 됩니다! 유용한 지표로 사용하되 반드시 면밀한 기업 분석을 토대로 투자해야하는 것을 명심합시다!

놉!

'위': 위험요인을 파악한다

"손해를 덜 보려면 어떻게 해야 할까요?"

가위의 '위'는 위험요인을 평가하는 겁니다. 양갈비를 통해서 실적을 전망하고 가치평가까지 끝냈는데 저평가된 기업 같아서 당장 주식을 사시겠다고요? 잠시만 기다려보세요.

지금까지 우린 너무 긍정적인 부분만 보고 결론을 내렸을 수 있습니다. 기업은 사업을 영위하면서 알 수 없는 변수들과 늘 맞닥뜨리게 됩니다. 갑자기 전염병이 돌면서 자동차 판매량이 급감할 수도 있고, 소송에 휘말려 제품 판매가 금지될 수도 있습니다. 경쟁사의 신제품이 인기를 끌면서 우리 점유율이 떨어질 수도 있고요.

물론 투자하기 이전에 이런 변수들을 다 예측하는 건 불가능합니다. 특히 코로나 같은 사태를 누가 예견할 수 있겠어요. 하지만 여러 가지 변수가 있을 수 있어 조심해야 한다는 마음가짐을 갖는 것만으로 우리는 많은 실수를 줄일 수 있습니다.

　우선 충분히 예측 가능한 위험요인들은 사전에 점검해볼 수 있겠죠. 가령 라면을 파는 업체는 웰빙 트렌드로 라면 매출이 감소하거나 경쟁사의 신제품이 잘 팔려서 우리 판매가 감소할 우려를 생각할 수 있죠. 게임사라면 정부 규제로 매출이 줄어들거나 심각한 에러가 생겨 매출에 차질이 생길 수도 있음을 예상할 수 있고요. 위험요인들을 점검할 때 위험 발생의 가능성이 크다면 가치평가를 할 때 할인 요인으로 두면 되죠.

　건설사들은 실적이 좋을 때 늘 실적에 견주어 싸다는 느낌을 갖게 하는데요. 문제는 건설사들이 PF 보증 등 재무제표에 드러나지 않는 부채가 많다는 겁니다. 기업회생을 신청한 태영건설만 봐도 2017년부터 2022년까지 수천억 원대의 영업이익을 기록했지만, 2023년 PF 부실로 순식간에 무너졌습니다. 표면적으로 실적이 좋고 재무구조가 우수하다고 해서 신뢰할 수 없는 이유죠.

📈 태영건설 주요재무현황

(단위 : 억 원, %)

IFRS(연결)	연간				
	2019/12	2020/12	2021/12	2022/12	2023/12
매출액	29,671	22,815	27,517	26,051	33,711
영업이익	2,764	2,509	1,745	1,063	-451
영업이익(발표기준)	2,764	2,509	1,745	1,063	-451
당기순이익	995	5,325	654	-52	-15,794
지배주주순이익	909	5,568	751	248	-15,633
비지배주주순이익	86	-243	-97	-300	-161
자산총계	59,161	37,983	37,348	46,519	52,812
부채총계	43,447	31,515	30,256	36,332	58,430
자본총계	15,714	6,468	7,092	10,187	-5,617

가격 상승을 투자 포인트로 삼았다면 반대로 가격이 꺾일 수 있는 요인은 무엇일지, 한 명의 기술자에게 의존하고 있다면 그 사람이 나가거나 변고가 생겼을 때 이 기업이 지속 가능할지, 특정 회사에 대한 매출 의존도가 높다면 문제가 되진 않을지 등 여러 가지 위험요인을 평가하고 할인율을 상정해봐야 합니다.

위험요인은 안 보고 눈앞의 수익만 보면서 불나방처럼 달려드는 경우가 의외로 많은데요. 그런 분들에게는 무엇보다도 이 위험도 평가 '위'가 가장 중요한 단계일 수 있습니다. '수익 내기'보다 '손실 안 보기'를 최우선으로 두면 결국은 꾸준한 성과를 낼 수 있습니다. 당장 타인의 수익에 배가 아플 수는 있지만 '잃지만 않으면 언제든 기회가 있다'는 사실을 명심하고 절대 무리하지 마십시오.

투자를 실패할 수 있습니다.
다만 실패를 하더라도
극복 가능한 수준까지 실패해야 합니다.
손절의 원칙을 세웠다면 반드시 지킵시다.

양: 수량, 매출 추정에 있어 가장 중요한 요인이다.

- 기업 분석은 향후 양이 증가할 것인가의 점검에서 시작된다.
- 양의 성장을 이해하려면 트렌드와 패션을 구분해야 한다.
- 트렌드는 지속적인 수요 증가를 동반하는 상황이다.
- 패션은 일시적인 수요 증가를 야기하는 상황이다.

갈: 가격, 매출은 수량과 가격의 곱이다.

- 철강, 화학, 반도체 등 다양한 산업에서 가격을 통해 수요의 변화를 점검할 수 있다.

비: 비용, 고정비와 변동비를 이해해야 한다.

- 고정비는 매출 증감에 직접 연동되지 않는 비용이다.
- 변동비는 매출원가 등 매출액의 증감에 연동된 비용이다.
- 영업레버리지 효과는 고정비 비중이 높을수록 커진다.

가: 가치평가

- 양이 성장하는 좋은 기업이라도 비싸면 의미가 없다.
- 가치평가를 통해 저평가 여부를 판단해야 한다.
- PER은 당기순이익 기반으로 가치를 평가한다.
- PER은 투자원금 회수 기간으로 이해할 수 있다.
- PBR은 자본총계를 기반으로 가치를 평가한다.
- PBR은 주가의 바닥을 판단할 때 유용하다.

위: 위험도 평가

- 버는 것보다 중요한 것은 손실을 줄이는 것이다.

CHAPTER 6

공시 읽기의 첫걸음:
분 · 반기 사업보고서

• 전체 매출액부터 확인

• 사업부별 매출액 확인

• '전년 동기'와의 매출액 비교

• 컨센서스와 실제 주가의 움직임

전체 매출액부터 확인

"사업보고서, 구체적으로 어떤 내용을 봐야 할까요?"

이제 동향을 파악할 준비가 됐으니 본격적으로 무엇을 어떻게 봐야 할지 살펴볼까요. 계속 강조하는데, 가장 중요한 것은 매출액의 성장입니다. 매출액은 분·반기보고서 및 사업보고서(이하 사업보고서로 통칭)의 'Ⅲ. 재무에 관한 사항'에서 확인할 수 있습니다.

우리나라 회계는 연결재무제표가 중심입니다. 그러니 실적 확인을 위해 살펴볼 것은 'Ⅲ. 재무에 관한 사항' 중 '2. 연결재무제표'이지요. 연결재무제표가 없다면, 이는 연결자회사가 없는 경우이므로 아래에 있는 '4. 재무제표'를 확인하면 됩니다.

다시 연결재무제표를 기준으로 보면 매출액은 '2-2. 연결 손익계산서'에 들어가면 가장 윗줄에 있습니다. 삼성전자 자료를 보면 도표 위에 '55기'라고 적혀 있죠. 이는 55번째 회계연도라는 뜻입니다. 55

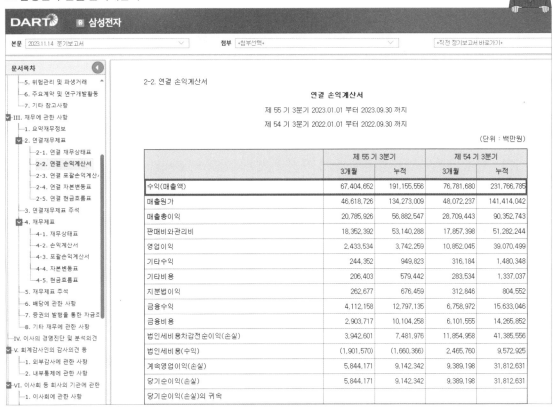

삼성전자 연결 손익계산서

2-2. 연결 손익계산서

연결 손익계산서

제 55 기 3분기 2023.01.01 부터 2023.09.30 까지
제 54 기 3분기 2022.01.01 부터 2022.09.30 까지

(단위 : 백만원)

	제 55 기 3분기		제 54 기 3분기	
	3개월	누적	3개월	누적
수익(매출액)	67,404,652	191,155,556	76,781,680	231,766,785
매출원가	46,618,726	134,273,009	48,072,237	141,414,042
매출총이익	20,785,926	56,882,547	28,709,443	90,352,743
판매비와관리비	18,352,392	53,140,288	17,857,398	51,282,244
영업이익	2,433,534	3,742,259	10,852,045	39,070,499
기타수익	244,352	949,823	316,184	1,480,348
기타비용	206,403	579,442	283,534	1,337,037
지분법이익	262,677	676,459	312,846	804,552
금융수익	4,112,158	12,797,135	6,758,972	15,633,046
금융비용	2,903,717	10,104,258	6,101,555	14,265,852
법인세비용차감전순이익(손실)	3,942,601	7,481,976	11,854,958	41,385,556
법인세비용(수익)	(1,901,570)	(1,660,366)	2,465,760	9,572,925
계속영업이익(손실)	5,844,171	9,142,342	9,389,198	31,812,631
당기순이익(손실)	5,844,171	9,142,342	9,389,198	31,812,631
당기순이익(손실)의 귀속				

기의 시작이 2023년 1월 1일이니까 12월 결산법인이라는 의미입니다. 회사마다 결산 월이 다른데 이렇게 기수가 새롭게 시작하는 날짜를 확인하면 결산 월이 언제인지 알 수 있습니다.

도표에서 '3개월'과 '누적'이라고 적힌 것이 보일 것입니다. 이 자료는 3분기 실적을 기준으로 한 것이니 3개월이라고 적힌 것은 3분기의 분기 실적을 뜻하고 누적이라고 적힌 것은 1분기~3분기 실적을 합한 것을 의미합니다. 전년 동기 실적과 비교할 수 있게 같이 실적 자료를 제공해주니 좌우를 비교하면서 데이터의 증감을 확인할 수 있습니다.

매출액은 당연히 흐름이 중요합니다. 우리는 당연히 매출액이 성장하는 흐름이 나오는 기업을 찾아야 하고요. 특히 분기 매출액이 3개 분기 이상 시장의 예상을 뛰어넘어 성장한다면 시장에서 주목할 가능성이 큽니다.

실리콘투는 화장품 유통 무역업체인데요. 국내 인디 화장품들을 전 세계에 소개하고 판매합니다. K-POP, K-드라마, K-영화 등 한국의 문화가 전 세계로 전파되면서 K-뷰티라고 일컫는 한국의 화장품도 인기를 끌게 되었는데요. 특히 그동안 주목받지 못했던 인디 화장품들의 수요가 크게 늘었죠. 실리콘투는 이런 인디 화장품 판매 증가 추세의 가장 큰 수혜주이고요. 실적과 함께 한번 확인해보시죠.

실리콘투는 2021년 코스닥에 신규 상장 후 2021년 3분기부터 2022년 2분기까지는 300억 원대의 고만고만한 매출을 기록했습니다. 그런데 2022년 3분기 매출 461억 원으로 400억 원을 돌파하더니, 2023년 1분기엔 500억 원마저 돌파해 2개 분기 만에 매출 580억 원을 기록합니다.

처음 분기 매출 400억 원을 넘겼던 2022년 3분기 보고서는 그해 11월 8일에 발표되었는데요. 그날 종가가 2,360원이었고 2023년 1분기 실적 발표 전날인 2023년 5월 8일의 종가는 3,050원이었으니, 좋은 실적을 보였음에도 6개월 동안 주가 상승 폭은 29%밖에 안 되었죠.

앞에서 3개 분기 이상 좋은 실적을 기록하면 본격적으로 시장이 반응한다고 했잖아요. 실리콘투도 그랬습니다. 2023년 1분기 매출이 500억 원을 돌파하는 좋은 실적을 보이자 주가가 본격적으로 오르기 시작한 거죠. 이후 주가는 2023년 10월 13일 10,240원까지 5개월여 만에 3배 이상 상승합니다.

그런데 이게 끝이 아니었습니다. 실리콘투의 분기별 매출액 성장률은 2023년 2분기 109.9%로 처음으로 전년 동기 대비 2배 이상 성장했습니다. 2023년 3분기에도 789억 원으로 전년 동기 대비 119.0% 증가했고요. 2023년 4분기에는 매출이 126.7% 증가하면서 처음으로 분기 매출 1,000억 원을 돌파합니다. 3개 분기 연속으로 매출이 2배 이상 증가하는 엄청난 실적 성장 흐름을 보여준 것이죠.

그리고 대망의 2024년 1분기, 마침내 전년 동기 대비 무려 158.4%의 증가율을 보이면서 1,499억 원의 매출을 기록합니다. 2022년 1분기 매출액이 353억 원이었으니 2년 만에 매출액이 4배 증가한 것입니다.

📈 실리콘투 분기별 매출액 추이

(단위 : 억 원)

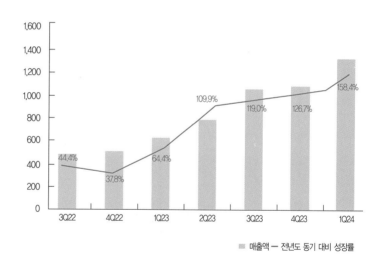

매출액 증가는 자연스럽게 영업레버리지 효과로 이어진다고 얘기했죠. 실리콘투의 영업이익은 2022년 2분기 25억 원에서 2023년 2분기 50억 원으로 크게 증가합니다. 이후 가파른 증가 추세가 이어지면서 2024년 1분기에는 영업이익이 294억 원까지 늘게 되죠. 매출액은

2년 만에 4배가 되었는데, 영업이익은 같은 기간 13배 가까이 증가한
겁니다.

📊 실리콘투 분기별 영업이익 추이

(단위 : 억 원)

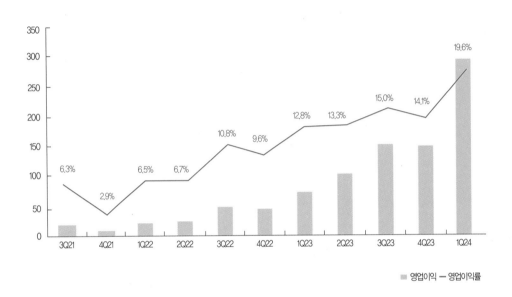

■ 영업이익 ─ 영업이익률

연간 영업이익은 2022년 142억 원, 2023년 478억 원이었는데요.
2024년 1분기에만 영업이익 294억 원을 기록했으니 1개 분기 만에
2023년 연간 매출의 61.5%를 달성해버린 겁니다.

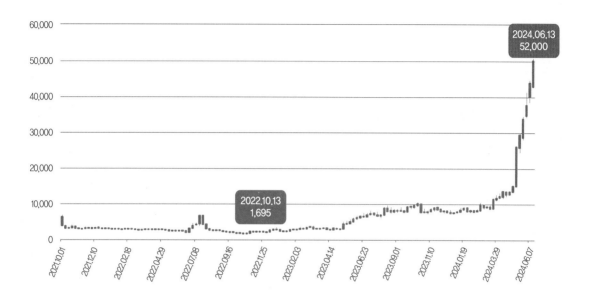

실리콘투 주봉 차트

(단위 : 원)

> 2024.06.13
> 52,000

> 2022.10.13
> 1,695

엄청난 실적 성장에 힘입어 실리콘투 주가는 2024년 6월 13일 52,000원까지 상승합니다. 2022년 11월 8일 2,350원에서 22배나 상승한 것이죠. 매출의 증가 흐름이 왜 중요한지 보여준 좋은 사례입니다. 매출이 증가하면서 미래 이익 성장이 이어질 때는 주가가 조금 올랐다고 해서 쉽사리 팔면 안 된다는 것을 보여준 것이기도 하고요.

사업부별 매출액 확인

"실적의 흐름은 어떻게 알까요?"

전체 매출액과 더불어 'Ⅱ. 사업의 내용'에 있는 '2. 주요 제품 및 서비스'를 보면 사업부별 분기 누적 실적이 나옵니다. 만약 회사에 IR 자료가 따로 없다면 공시에 나온 이 내용을 참고해야죠.

📊 삼성전자 주요 제품 및 서비스

(단위 : 억 원, %)

부문	주요 제품	매출액	비중
DX 부문	TV, 모니터, 냉장고, 세탁기, 에어컨, 스마트폰, 네트워크시스템, 컴퓨터 등	1,304,441	68.2%
DS 부문	DRAM, NAND Flash, 모바일AP 등	449,021	23.5%
SDC	스마트폰용 OLED패널 등	213,158	11.2%
Haman	디지털 콕핏, 카오디오, 포터블 스피커 등	104,641	5.5%
기타	부문 간 내부거래 제거 등	-159,705	-8.4%
총계			100.0%

※ 각 부문 매출액은 부문 등 간 내부거래를 포함하고 있습니다.
※ 세부 제품별 매출은 '4. 매출 및 수주 상황' 항목을 참고하기 바랍니다.

사업부별 실적은 분기별 실적을 따로 보여주지 않고 대개 지금까지 누적된 실적만 보여줍니다. 당연히 사업보고서상의 자료만으로는 분기 실적의 흐름을 살펴보기 어렵죠. 그래서 사업부별 실적을 엑셀로 옮겨 이를 분기별 실적으로 환산하는 작업이 필요합니다. 저는 사업부별 실적 옮기기를 할 때, 최소 직전 8분기 이상의 실적을 정리하곤 합니다.

사업부 실적을 정리하는 것은 각 사업보고서를 모두 열어 데이터를 확인하고 엑셀로 옮겨야 하므로 많은 시간과 노력이 필요한데요. 저나 여러분이나 귀찮아서 잘 하지 않으려는 작업이죠. 거꾸로 얘기해서 조금만 노력하면 남들이 보지 못하는 좋은 투자 기회를 찾아낼 수 있다는 말이기도 합니다.

단, 사업보고서를 정리하기 전에 기업 홈페이지에 한 번 들어가 보세요. 만약 IR 자료를 통해 분기 실적을 따로 정리해서 제공하고 있다면 헛수고를 하게 되니까 말이죠.

하지만 모든 기업을 이렇게 다 정리하는 것은 물리적으로 불가능합니다. 투자 가치가 크지 않은 기업의 데이터를 굳이 수고스럽게 정리할 필요도 없고요. 사업보고서를 살펴보다가 실적에서 두드러진 변화가 나타났거나 기존에 집중해서 살펴보던 기업들의 데이터를 업데이트하는 형태로만 정리하면 되죠.

DI동일은 옛 동일방직이 사명을 바꾼 회사입니다. 기본사업은 방직사업이었던 거죠. DI동일은 2021년 매출액이 8,131억 원으로 전년 대비 28% 증가했는데요. 사업부별로 나눠서 보면 코로나 이후 의류사업이 회복되면서 방직사업의 매출액이 3,496억 원으로 28% 증가했고 자회사인 동일알루미늄의 매출액도 2,019억 원으로 전년 대비 26% 증가했습니다.

📊 DI동일 연간 매출 데이터
(단위 : 억 원)

연도	2020	2021	2022
매출액	6797	8131	8299
방직	2,724	3,496	3,475
동일베트남	442	543	606
동일알루미늄	1,600	2,019	2,601
영업이익	264	486	448

📊 DI동일 연간 성장률 데이터
(단위 : %)

연도	2020	2021	2022
방직	-10	28	-1
동일베트남	-8	23	12
동일알루미늄	-16	26	29
영업이익	51	84	-8

분기 실적 흐름으로 보면 2020년 4분기부터 전체 사업이 턴어라운드 기미를 나타냅니다. 2020년 1, 2, 3분기만 해도 주요 사업의 매출이 전년 동기 대비 역성장했는데요. 2020년 4분기에 처음으로 분기 매출이 전년 동기보다 증가한 것입니다.

📊 DI동일 분기 매출 데이터
(단위 : 억 원)

분기	1Q20	2Q20	3Q20	4Q20	1Q21	2Q21	3Q21	4Q21
방직	686	617	682	740	782	835	854	1,025
동일베트남	105	104	110	124	121	144	112	166
동일알루미늄	382	382	417	419	464	483	512	561
영업이익	54	77	73	61	120	132	105	129

📊 DI동일 분기 성장률 데이터
(단위 : %)

분기	1Q20	2Q20	3Q20	4Q20	1Q21	2Q21	3Q21	4Q21
방직	-10	-24	-12	7	14	35	25	38
동일베트남	-13	-11	-15	7	15	39	2	35
동일알루미늄	-23	-31	-9	3	21	27	23	34

만약 방직사업만으로 분기 실적이 개선되었다면 시장에서 큰 관심을 못 받았을 가능성이 큽니다. 어차피 사양산업이라 실적이 반짝 좋아져도 결국은 꺾이리라고 보기 때문이죠. 그런데 자회사 동일알루미늄의 핵심사업은 알루미늄박입니다. 이 알루미늄박이 2차전지에 사용되면서 동일알루미늄의 실적이 크게 개선된 거죠. 당시는 2차전지에 대한 관심이 고조되는 구간이라 동일알루미늄 사업부의 실적 성장은 시장의 관심을 불러일으킬 수 있는 요인이 되었습니다.

 DI동일 주봉 차트

(단위 : 원)

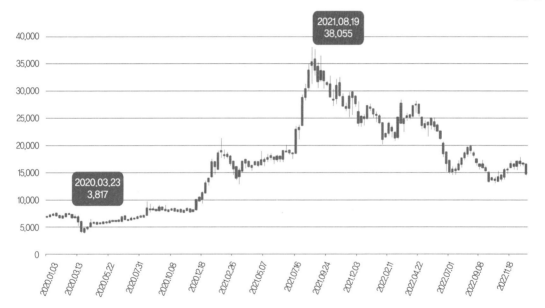

알루미늄박으로 관심받기 전 주가는 8,000원 초반이었는데요. 동일알루미늄의 실적 증가가 드러나면서 2021년 8월 20일 38,055원까지 4배 이상 상승하게 됩니다. 만약 사업부별 매출액의 동향을 살펴보지 않았다면 놓쳤을 수도 있는 투자 기회였습니다.

'전년 동기'와의 매출액 비교

"아이스크림 회사의 4분기 매출액이 3분기 대비 급감했다면
심각한 문제가 있는 걸까요?"

매출액은 흐름이 중요하다고 얘기했는데요. 흐름을 살필 때 중요
하게 생각할 것이 바로 계절성입니다. 예를 들어 아이스크림 회사는
당연히 무더운 여름에 매출액이 크고 추운 겨울에는 급감할 겁니다.
이 경우 여름이 포함된 3분기보다 4분기 매출이 급감했다고 해서 회
사에 큰 문제가 생겼다고 볼 수는 없겠죠. 그러니 직전 분기와 비교하
는 것이 아니라 '전년 동기'와 비교해봐야 실제로 매출액이 증가했는
지 또는 감소했는지 파악할 수 있게 됩니다.

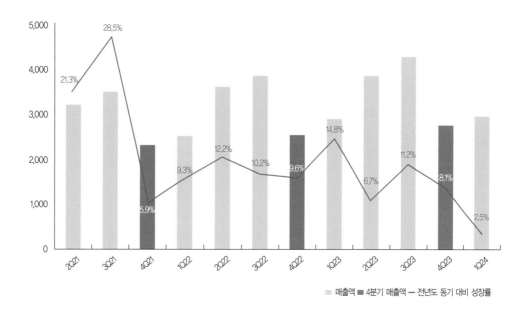

빙그레는 국내 빙과업체의 대표죠. 빙그레의 실적을 보면 계절성이 잘 드러나는데요. 차트에서 짙은 색깔로 표시한 것이 4분기 영업이익입니다. 다른 분기보다 확실히 감소하는 게 보이죠. 이럴 때 전 분기 대비 수치가 감소했다고 회사를 부정적으로 판단하면 안 된다는 얘기입니다.

실제로 빙그레의 전년 동기 대비 영업이익성장률은 2021년 4분기 5.9%, 2022년 4분기 9.6%, 2023년 4분기 8.1%로 오히려 꾸준히 성장하고 있음을 확인할 수 있죠.

더불어 이런 성장률이 분기마다 어떻게 변하고 있는지도 중요하게 봐야 합니다. 1분기에는 전년 동기 대비 성장률이 50%인데 2분기는 35%, 3분기는 15%라고 한다면 성장이 이어지고는 있어도 그 힘은 떨어지고 있잖아요. 이럴 때 시장의 평가는 오히려 부정적일 수도 있습니다.

다시 한번 정리해보면 첫째, 계절성이 없는 회사는 전 분기 대비 매출액 성장이 이어지는지가 중요합니다. 둘째, 계절성이 있다면 전년 동기 대비 매출액 성장이 나오는지가 중요하고요. 셋째, 두 경우 모두 매출액의 성장이 나오더라도 그 성장률이 꺾이지는 않는지 확인해야 합니다.

계절성은 기업의 주요 사업과 연관이 깊습니다. 사업보고서의 매출액을 살펴보기 전에 주요 사업의 특징을 꼭 확인하는 습관을 가집시다!

컨센서스와 실제 주가의 움직임

"실적이 좋은데 주가가 왜 하락하죠?"

　사업보고서의 매출액을 정리하고 그 추이를 지켜보면 이제 매출액의 변화 이유에 자연스럽게 의문이 생기게 될 겁니다. 아주 좋은 현상입니다. 자연스럽게 기업 분석의 길로 발을 들인 것이니까요.

　그런데 주의할 것은 이렇게 사업보고서를 통해서 확인하는 데이터는 후행적이라는 한계가 있다는 점입니다. 특히 증권사 애널리스트들이 주기적으로 보고서를 발간하는 대기업들은 사업보고서 발표 이전에 이미 실적 변화의 흐름이 시장에 알려지게 되죠. 실적이 좋을 것으로 예상되면 미리 주가가 오르고, 실적이 나쁠 것으로 예상되면 미리 주가가 하락한다는 의미입니다. 그러니 실적이 발표되었을 때 단순히 매출액의 성장 여부로 주식 매수나 매도를 판단할 수는 없습니다. 애널리스트들이 추정한 실적들을 모아 평균을 낸 '컨센서스 데이터'와 비교해서 실적이 더 좋았냐, 나빴냐가 판단의 기준이 되어야만 하죠.

만약 매출액 증가의 원인이 시장에서 인지하지 않고 있던 새로운 요인이라면, 달리 말해 애널리스트의 컨센서스에 포함되지 않았던 실적이라면, 주가가 크게 오를 수 있습니다. 특히 매출액 증가의 요인이 산업 환경의 구조적인 변화여서 꾸준한 실적 성장을 기대할 수 있다면 금상첨화가 될 것이고요.

삼성전자의 분기 매출액을 보면 2022년 1분기에 77.8조 원으로 코로나 이후 정점을 기록합니다. 영업이익은 그보다 앞선 2021년 3분기에 15.8조 원으로 정점을 찍었고요.

📈 삼성전자 실적 추이

(단위 : 억 원)

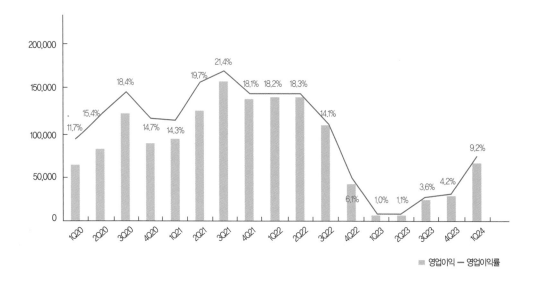

■ 영업이익 ─ 영업이익률

그렇다면 주가는 언제 최고를 기록했을까요? 실제 삼성전자의 주가 흐름을 보면 2021년 1월에 96,800원으로 정점을 찍은 후 내리막길을 걷습니다. 영업이익 정점을 기록하기 9개월~10개월 전에 주가가 꼭지를 찍은 거죠. 2021년 초에 이미 '앞으로 2, 3분기 후에는 실적이 정점을 기록하고 꺾일 것이다'라는 컨센서스가 형성된 것이라고 봐야겠죠.

📈 삼성전자 주봉 차트

(단위 : 원)

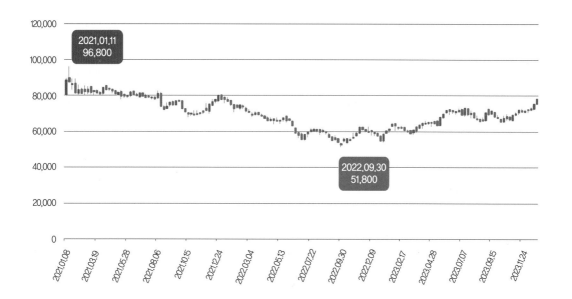

반대로 삼성전자 영업이익의 저점은 6,402억 원을 기록한 2023년 1분기입니다. 그런데 주가의 저점은 2022년 9월 30일 51,800원이었죠. 이번에도 주가가 실적을 6개월~7개월 정도 선행한 것입니다. 역시 실적이 바닥을 잡을 거라는 컨센서스가 사전에 형성되었다고 보면 되겠죠.

삼성전자를 통해 기업의 실적이 공개되었을 때 전년 동기 또는 전분기 대비 성장했는지와 함께 컨센서스 대비 실적이 더 좋았나 나빴나를 계속 비교해보는 습관이 꼭 필요하다는 걸 알 수 있습니다.

중소기업 특히 애널리스트들의 보고서가 거의 없는 회사들은 개인 투자자들에게 큰 기회를 주기도 합니다. 컨센서스가 없다는 것은 시장의 기대치가 없다는 얘기죠. 그러니 전년 동기 대비 실적이 잘 나온다면 그 사실 자체만으로도 주가가 반응할 수 있습니다. 만약 시장이 크게 관심을 두지 않아서 주가가 빠르게 반응하지 않는다면 그 또한 기회가 될 수 있고요. 남들이 애써 찾아보지 않았던 실적 증대의 이유를 먼저 파악하고 주식을 매집할 수 있기 때문입니다. 특히 실적 증대의 이유가 산업의 구조적인 변화 때문이고 앞으로도 계속 성장 흐름이 이어진다면 큰 수익을 낼 가능성이 높습니다.

개인적인 경험에 비춰봤을 때 어닝 서프라이즈에 대한 반응은 1 〉 4 〉 2 〉 3분기 순인 것 같습니다. 연초에 좋은 실적을 내면 연간 실적과 다음 해 실적에 대한 시장의 컨센서스가 상향 조정되면서 주가가 크게 오르는 경우가 많았습니다.

3분기 실적은 상대적으로 시장의 관심이 많이 떨어졌는데요. 3분기 실적은 대부분 11월에 공개되죠. 11월, 12월은 증권사들의 연간 전망과 함께 다음 해를 전망하는 시기여서 반짝 실적이 나와도 크게 반응하지 않았던 것 같습니다. 특히 연초에 좋은 실적을 낸 기업들은 눈높이가 이미 높아져 있어 분기가 지날수록 어닝 서프라이즈보다는 어닝 쇼크에 대한 부담이 더 커졌고요. 그래서 투자자들이 늘 새로운 것을 찾아다니는지도 모르겠습니다.

실적 공시는 이미 확정된 실적을 사후적으로 확인하는 것입니다. 시장이 많이 주목하는 기업들은 컨센서스를 통해 이미 실적의 흐름을 예상한다고 했죠. 그래서 실적 발표로 투자 기회를 찾기란 쉽지 않습니다. 웬만해선 기대치 이상의 실적이 나오지 않기 때문입니다.

이는 실적이 기대치보다 잘 나오는 상황이 되는지를 한발 앞서 점검하는 노력이 필요하다는 얘기입니다. 후행적으로 나온 사업보고서와 달리 실적의 방향성을 미리 예단해볼 수 있는 공시들이 있는데요. 앞으로 살펴볼 수주, 신규 시설투자, 타법인 취득 공시 등이 바로 그런 공시들입니다.

📈 요약

- 가치투자자는 '기업의 가치 〉 주가'인 기업을 찾는다.

- 첫 번째는 기업가치가 시장의 기대치 이상으로 성장하는 기업을 찾는 것이다.

- 분 · 반기보고서, 사업보고서를 통해 어떤 회사인지 알아야 한다.

- 사업보고서를 통해 매출액과 영업이익의 전년동기 대비 성장성과 성장성의 추이를 살펴보자.

- 실적 발표는 대기업보다 중소기업의 영향이 더 클 수 있다.

- 실적에 대한 반응은 1 〉 4 〉 2 〉 3분기 순이니 실적은 상반기에 조금 더 집중해서 보자.

CHAPTER 7

성장 확인 공시 1:
수주 공시

핵심은 수주의 의외성

"늘 하던 사업과 연관된 공시인가요?"

수주 공시는 '단일판매·공급계약체결'이라는 이름으로 나옵니다. 이 공시에서 수주 내용, 금액, 계약 상대, 납품 기간을 확인할 수 있습니다.

📊 수주 공시 예시

17:21	코 중앙첨단소재	단일판매·공급계약체결	중앙첨단소재	2024.03.05	코
14:02	코 코미팜	단일판매·공급계약체결	코미팜	2024.03.05	코
10:52	코 비에이치아이	단일판매·공급계약체결	비에이치아이	2024.03.05	코
10:49	코 비에이치아이	단일판매·공급계약체결	비에이치아이	2024.03.05	코
10:47	코 비에이치아이	단일판매·공급계약체결	비에이치아이	2024.03.05	코

수주 공시는 코스피의 경우 전년도 매출액의 5% 이상, 코스닥은 10% 이상의 계약을 체결하면 체결 다음 날까지 의무적으로 공시해야 합니다.

때로 '(자율공시)'가 뒤에 붙는 경우들이 있는데요. 이는 의무공시 대상은 아니어도 회사가 내부적으로 의미 있는 공시라고 판단할 때 제출하는 것입니다 '(자율공시)'가 붙어있으면 수주 규모가 그렇게 큰 것은 아니구나, 예상할 수 있겠죠.

📈 수주 공시(자율공시)

번호	공시대상회사	보고서명	제출인	접수일자	비고
1	코 우원개발	[기재정정]단일판매·공급계약체결(자율공시)	우원개발	2024.06.04	코
2	코 씨유박스	단일판매·공급계약체결(자율공시)	씨유박스	2024.06.04	코
3	코 다원시스	[기재정정]단일판매·공급계약체결(자율공시)	다원시스	2024.06.03	코
4	코 예스트래픽	[기재정정]단일판매·공급계약체결(자율공시)	예스트래픽	2024.06.03	코
5	코 예스티	단일판매·공급계약체결(자율공시)	예스티	2024.06.03	코
6	코 디에이테크놀로지 IR	[기재정정]단일판매·공급계약체결(자율공시)	디에이테크놀로...	2024.05.31	코
7	유 동아지질	[기재정정]단일판매·공급계약체결(자율공시)	동아지질	2024.05.31	유
8	코 제노코	단일판매·공급계약체결(자율공시)	제노코	2024.05.31	코

수주 공시에서 가장 주목할 것은 의외성입니다. 첫째, 기존에 영위하던 사업이 아니라 새로운 사업에서 수주가 나온다면 의외의 수주라고 할 수 있겠죠. 둘째, 지난해 연간 매출 대비해서 규모가 월등히 크다면 역시 의외성이 높다고 할 수 있습니다. 기존 사업의 환경에 변화가 있다고 볼 수 있으니까요. 셋째, 기존에 없던 새로운 고객을 대상으로 한 수주도 의외성이 있다고 볼 수 있습니다.

저는 건설사들의 주택사업 수주는 눈여겨보지 않는데요. 사업 자체가 늘 수주 공시를 동반하기에 주가에 큰 영향을 주는 경우가 드물기 때문입니다. 연말에 쏟아지는 공공부문의 발주도 주가에 큰 영향을 주지 않는 경우가 대부분이고요.

늘 하던 사업이 아니고 새로운 프로젝트에서 대규모 수주를 받았다면 시장이 크게 주목할 수 있으니 반드시 내용을 살펴보는 게 좋습니다. 규모가 크지 않더라도 신규 수주를 통해 성장성 높은 산업으로 새롭게 진출한다면 역시 주목해야 합니다. 새롭게 레퍼런스를 구축하면서 빠르게 성장할 가능성이 있으니까요.

수주 규모는 클수록 좋다

"수주 규모가 크다의 기준은 무엇일까요?"

크다는 것은 상대적이죠. 지난해 매출이 1조 원인데 수주가 2조 원이라면 규모가 크다고 볼 수 있잖아요. 그런데 더 중요한 것은 수주 금액을 연 매출로 환산해서 계산하는 것입니다. 단 계약 기간이 1년 이내라면 굳이 연 매출로 환산해서 부풀릴 필요는 없겠죠.

신규 수주가 2조 원이라고 해도 납품을 10년에 걸쳐서 하게 된다면 연평균 매출은 2,000억 원 정도에 불과합니다. 지난해 매출의 20% 수준이니 생각보다 크게 느껴지지 않습니다. 그마저도 신규 사업에서 수주한 게 아니라 기존 사업에서 추가로 수주한 거라면, 더더욱 큰 의미를 부여하기 어렵습니다.

그런데 만약 이 2조 원의 수주가 기존에 없던 새로운 제품을 1년 내 납품하는 건이라면 어떨까요? 지난해 매출이 1조 원인데 신규 수주를 통해 1년 내 추가 매출이 2조 원이니 매출이 순식간에 2배가 넘게 됩니다. 만약 기존 사업이 안정적으로 유지되는 가운데 신규 수주가 더해진 것이라면 매출액은 200% 증가한 3조 원을 넘어서게 되죠.

앞에서 영업레버리지 효과를 봤죠. 매출액이 200% 증가하게 되면 영업이익은 그 이상 증가할 가능성이 큽니다. 물론 신규 프로젝트의 수익성이 좋다는 전제가 있어야겠지만요. 간혹 기업들이 매출이 큰 프로젝트를 수주하는데 외형을 무리하게 키우기 위해 돈이 안 되는 사업을 수주하기도 하니까요.

무리하게 외형을 늘리려는 경우만 아니라면 대규모 수주는 주가에 큰 영향을 줍니다. 그러니 수주 총액을 연 매출로 환산했을 때 기존 매출 대비해서 큰지를 확인하는 연습이 필요합니다. 실제 수주 사례들을 통해서 같이 공부해볼까요.

사례 1. 우신시스템: 기대하지 않았던 수주

2023년 7월 27일 우신시스템이 전년도 매출의 102%에 달하는 2,591억 원 규모의 수주 공시를 발표했습니다. 계약 기간이 2023년 7월 26일에서 2024년 8월 15일까지로 약 1년 동안 납품하는 건임을 알 수 있습니다. 이제 살펴볼 것은 첫째 이 수주가 원래 영위하던 사업의 연장선에 있는지, 둘째 사업 환경의 변화로 수주가 증가한 것인지, 셋째 새로운 산업으로 진출하면서 받은 것인지 여부겠네요.

우신시스템은 자동차 공장의 자동화 설비와 부품을 납품하던 회사였습니다. 그런데 신규 수주는 2차전지 조립라인 설비네요. 일찍이 없던 새로운 제품의 수주인 거죠. 약 1년 정도 만에 납품하는 금액이 전년도 매출액의 100%가 넘는데, 기존 사업과 다른 신규 사업입니다.

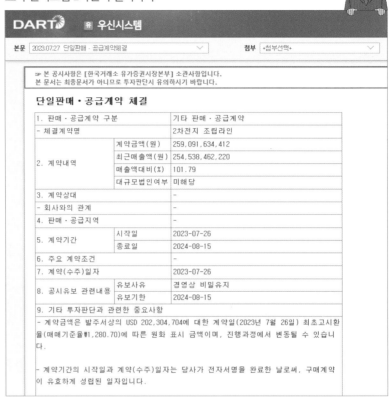

우신시스템 2차전지 설비 수주

DART 🅷 우신시스템

| 본문 | 2023.07.27 단일판매 · 공급계약체결 | ∨ | 첨부 | +첨부선택+ | ∨ |

☞ 본 공시사항은 [한국거래소 유가증권시장본부] 소관사항입니다.
본 문서는 최종문서가 아니므로 투자판단시 유의하시기 바랍니다.

단일판매 · 공급계약 체결

1. 판매 · 공급계약 구분		기타 판매 · 공급계약
- 체결계약명		2차전지 조립라인
2. 계약내역	계약금액(원)	259,091,634,412
	최근매출액(원)	254,538,462,220
	매출액대비(%)	101.79
	대규모법인여부	미해당
3. 계약상대		-
- 회사와의 관계		-
4. 판매 · 공급지역		-
5. 계약기간	시작일	2023-07-26
	종료일	2024-08-15
6. 주요 계약조건		-
7. 계약(수주)일자		2023-07-26
8. 공시유보 관련내용	유보사유	경영상 비밀유지
	유보기한	2024-08-15
9. 기타 투자판단과 관련한 중요사항		

- 계약금액은 발주서상의 USD 202,304,704에 대한 계약일(2023년 7월 26일) 최초고시환율(매매기준율₩1,280.70)에 따른 원화 표시 금액이며, 진행과정에서 변동될 수 있습니다.

- 계약기간의 시작일과 계약(수주)일자는 당사가 전자서명을 완료한 날로써, 구매계약이 유효하게 성립된 일자입니다.

만약 기존 사업에서 큰 변화가 없다면 매출이 2배 이상 증가할 수 있다는 뜻입니다.

기존에 없던 2차전지 수주가 이제 막 시작되었다고 보면 앞으로 2차전지 설비 수주가 계속될 가능성도 큽니다. 고객사는 기존에 장비 납품과 가동의 이력이 있는 업체를 선호하기 마련인데요. 우신시스템은 이번 2차전지 수주 설비를 통해 이력을 구축했다고 볼 수 있기 때문입니다.

📈 우신시스템 2차전지 추가 수주

(단위 : 억 원)

공시일	계약규모	시작일	종료일
2024.03.18	441	24.03.15	24.06.26
2024.03.27	148	24.03.27	25.03.01
2024.05.10	551	24.05.09	27.02.01

실제로 우신시스템은 첫 수주 후에도 2차전지 설비 수주가 이어집니다. 2024년 3월 18일 441억 원, 2024년 3월 27일 148억 원, 2024년 5월 10일 551억 원 규모의 수주 공시가 연이어 나왔죠. 2차전지 업황이 좋지 않은데도 연이어 수주가 나왔기에 향후 업황이 회복되면 더 큰 수주가 나올 가능성을 염두에 둬야 할 겁니다.

우신시스템은 첫째 예상하지 못했던 의외의 사업에서, 둘째 전년도 매출을 넘어서는 대규모 수주가 나오면서 공시 다음 날 바로 상한가를 기록했습니다. 공시 직전과 비교하면 2023년 7월 26일 종가

📈 우신시스템 주봉 차트

(단위 : 원)

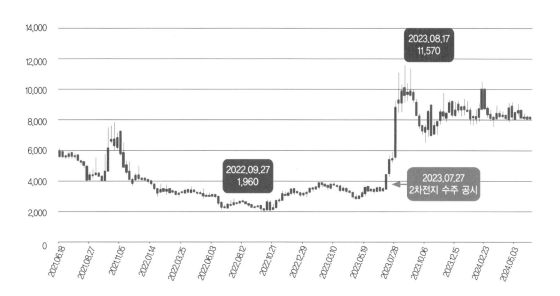

5,500원에서 8월 1일 10,670원까지 단숨에 주가가 2배 가까이 올랐고요. 의외성 높은 대규모 수주가 단기간에 주가 급등을 이끈 대표적인 사례라고 볼 수 있습니다.

사례 2. 대동: 왜 유럽 시장이 중요한가?

📈 대동 튀르키예향 수주 공시

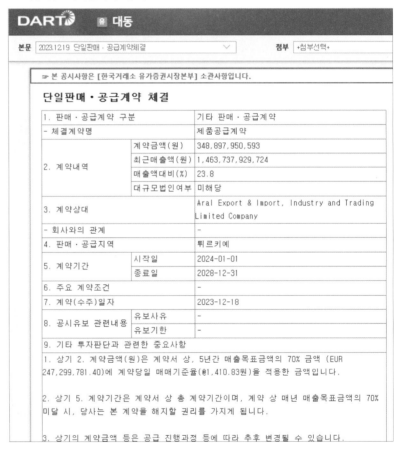

대동은 농기계를 만드는 회사입니다. 1947년 설립되었으니 업력 77년의 아주 오래된 회사입니다. 주력 판매 제품은 트랙터인데 콤바

인과 이앙기도 제조합니다. 국내 시장에선 농기계 시장점유율 1위입니다. 참고로 2022년 시장점유율 2위는 LS엠트론, 3위는 TYM입니다.

2023년 12월 19일 대동의 수주 공시가 하나 있었는데요. 튀르키예의 아랄그룹에 2024년 1월부터 2028년 12월까지 5년간 약 3,500억 원 규모의 트랙터를 공급하기로 한 계약입니다. 2022년 매출액의 23.8% 수준이고 그마저 2024년 1월 1일부터 5년에 걸쳐서 공급하는 것이니 연 환산하면 700억 원에 불과합니다. 수주 규모로는 크게 의미가 있는 건 아니죠.

하지만 개인적으로는 의미가 있는 공시라고 봤는데요. 왜 그렇게 봤는지 말씀드리죠. 우선 이 계약을 파악하기 위해서는 트랙터 시장에 대한 구분이 필요할 것 같습니다.

트랙터란 강력한 견인력을 바탕으로 다양한 작업을 할 수 있는 작업용 자동차입니다. 견인력은 물건을 끄는 힘을 뜻하죠. 견인력은 마력이라는 단위로 표현이 되고요.

📊 대동 국가별 트랙터 수출 현황 (단위 : 억 원)

구분		3Q22	비중	3Q23	비중
북미	중소형	3,036	92.4%	3,504	89.9%
	중대형	248	7.6%	394	10.1%
유럽	중소형	253	87.8%	339	78.1%
	중대형	35	12.2%	95	21.9%
호주	중소형	136	48.7%	131	39.3%
	중대형	143	51.3%	202	60.7%
기타	중소형	100	55.9%	85	39.9%
	중대형	79	44.1%	128	60.1%
합계	중소형	3,525	87.5%	4,059	83.2%
	중대형	505	12.5%	819	16.8%

※ 60마력 이하 트랙터는 중소형, 61마력~140마력 트랙터는 중대형으로 분류

대동은 20마력~140마력의 트랙터를 제조합니다. 내부적으로는 20마력~60마력을 소형, 60마력~100마력을 중형, 100마력~140마력을 대형으로 분류합니다. 승용차도 제네시스 같은 대형 고급차의 수익성이 좋듯이, 트랙터도 마력이 높은 대형 제품 수익성이 더 좋습니다.

앞의 표는 대동의 별도 기준 3분기 누적 지역별 트랙터 수출 현황입니다. 북미가 3,898억 원이고 유럽은 434억 원에 불과합니다. 유럽 매출이 미국의 10% 정도밖에 안 되죠. 그런데 대동의 타깃하는 시장의 규모를 보면 미국이 연 30만 대, 유럽이 연 18만 대여서 유럽이 미국의 60%에 달합니다.

게다가 미국은 40마력 이상 제품 시장이 2022년 기준 9.4만 대 수준인데, 유럽은 60마력 이상 시장이 13.5만 대입니다. 대동의 타깃 중에서 수익성 좋은 중대형 트랙터 시장은 미국보다 오히려 유럽이 크다는 얘깁니다.

📈 미국의 중소형 트렉터(HS 8701.92) 수입 동향

(단위 : 천 달러, %)

| 순위 | 수입대상국 | 2020년 | 2021년 | 2022년 | 점유율 | | 증감률 (2022/2021) |
					2021년	2022년	
–	전 세계	607,076	1,024,751	1,326,543	–	–	29.5
1	대한민국	269,617	509,912	632,862	49.76	47.71	24.1
2	일본	234,889	348,599	413,076	34.02	31.14	18.5
3	인도	30,974	74,498	157,158	7.27	11.85	111.0
4	인도네시아	58,026	72,563	89,228	7.08	6.73	23.0
5	태국	11,245	16,356	29,785	1.60	2.25	82.1
6	베트남	1,148	1,563	1,839	0.15	0.14	17.7
7	싱가포르	–	–	1,091	–	0.08	–
8	독일	429	447	881	0.04	0.07	97.2
9	이탈리아	165	186	178	0.02	0.01	-4.3
10	캐나다	59	286	167	0.03	0.01	-41.6

자료 : U.S Department of Commerce, Bureau of Census

하비파머

기업형 영농이 아니라 취미로 작게 농사를 짓는 사람을 말합니다.

그동안 대동은 미국을 주 타깃으로 설정해 영업을 전개했습니다. 코로나 이후 미국의 '하비 파머'가 늘면서 중소형 트랙터 수요가 급증했기 때문입니다. 앞의 표에서 미국의 중소형 트랙터 수입 동향을 보면 2020년 이후 한국이 수출 1위를 기록하고 있는 걸 볼 수 있습니다. 특히 2021년에 한국의 수출 실적이 굉장히 가파르게 성장했고요.

대동도 북미향 수출이 급증하면서 별도 기준 연간 매출액이 2020년 6,375억 원에서 2021년 8,661억 원, 2022년 1조204억 원으로 가파르게 증가했습니다. 2022년에는 원화 약세까지 더해지면서 영업이익률이 2%에서 6% 수준으로 상승했고 영업이익은 2020년 181억 원에서 2022년 630억 원으로 3배 이상 증가했죠.

북미 수출 확대로 대동의 북미 시장점유율(대동의 제품군 기준)은 거의 10%까지 높아져 미국 시장 3위까지 올라섰습니다.

📊 대동 주요재무현황

(단위 : 억 원, %)

IFRS(연결)	연간				
	2018/12	2019/12	2020/12	2021/12	2022/12
매출액	4,759	6,219	6,375	8,861	10,204
영업이익	-8	175	181	160	630
영업이익(발표기준)	-8	175	181	160	630
당기순이익	-37	-86	134	161	112

문제는 코로나가 끝나면서 하비 파머의 수요가 감소했다는 거죠. 경쟁사인 TYM의 북미 매출이 2023년 5,400억 원으로 2022년 7,308억 원 대비 26% 감소했고, 대동도 TYM만큼은 아니지만 2023년 연간 북미 매출이 7,763억 원으로 전년 대비 7% 감소했고요. 대동의 2023년 상반기 북미 매출은 5,050억 원으로 전년 동기 대비 14% 증가했는데 연간으로 7% 감소했으니 하반기부터 큰 역성장이 나타난 겁니다.

북미 시장의 성장에 차질이 생기면서 대동은 유럽으로 눈을 돌리는 전략을 폅니다. 2022년 기준 유럽 트랙터 시장점유율이 1.4%에 불과했는데 유럽에 영업력을 집중하면서 이 시장을 본격적으로 키우기로 한 것입니다. 그리고 이번에 튀르키예 공급계약이 나온 것이죠.

튀르키예의 농업은 GDP에서 차지하는 비중이 34%, 수출에서 차지하는 비중은 83%에 달할 정도로 높습니다. 경지 면적도 국토의 50% 수준이고요. 트랙터 단일 시장으로 전 세계 4위의 큰 시장입니다. 특히 60마력이 넘는 중대형 트랙터 비중이 70%에 달해 대동에는 굉장히 매력적인 시장입니다. 튀르키예 시장 규모를 보면 5년간 3,500억 원 규모의 공급계약이 나올만하다는 생각이 듭니다.

대동의 2022년 유럽 수출액은 630억 원, 2023년은 832억 원이었습니다. 그런데 튀르키예 신규 공급만 연평균 700억 원 수준입니다. 대동은 튀르키예 외 다른 지역도 영업력을 집중해서 점유율을 끌어올린다는 계획을 세우고 있죠. 2028년까지 유럽 법인 매출을 5,000억 원 수준으로 높인다는 목표입니다.

앞서 얘기했듯이 중대형 트랙터가 소형보다 마진이 더 좋습니다. 미국은 중소형 트랙터가 90%지만 유럽은 중대형의 비중이 현재 20% 수준이며 향후 50% 수준까지 높일 계획입니다. 유럽 매출이 늘어나면 수익성은 더 개선될 수 있다는 뜻입니다. 튀르키예 수주가 당장 전체 실적 대비 의미 있는 규모는 아니지만 향후 성장성을 기대하게 하는 이유입니다.

공시 이후 대동 주가가 상승하지는 않았습니다. 오히려 북미 시장 부진으로 주가가 하락했죠. 그런데도 대동을 사례로 넣은 것은 기업분석의 방향을 알려주는 좋은 케이스이기 때문입니다. 이렇게 기업분석을 해놓으면 앞으로 대동의 유럽 추가 수주나 유럽에서의 급격한 점유율 상승 소식 때 누구보다 발 빠르게 대응할 수 있게 됩니다.

또 한 가지 기억해야 할 점은 새로운 것도 좋지만 기존의 것을 지키는 것이 더욱 중요하다는 사실입니다. 대동의 경우만 보더라도 미국 수출이 부진하니 유럽 신규 수주에도 주가가 무너졌죠. 생각보다 이런 경우가 많습니다. 신규 사업을 기반으로 미래의 장밋빛 전망을 그리지만, 정작 본업이 무너지면서 실적이 역성장하고 주가가 하락하는 경우들 말이죠. 그러니 신규 사업을 통한 성장 가능성을 살피되 현재 사업 현황에 대해서도 늘 냉정하고 객관적으로 판단할 필요가 있습니다.

CHAPTER 7 _ 성장 확인 공시 1: 수주 공시 **253**

새 시장, 새 고객이 좋다

"내수시장이 작다면 '양'을 늘릴 수 있는 핵심 동력은 무엇일까요?"

기존에 유지하던 사업에서 큰 변화가 나오는 경우는 상당히 드물죠. 새로운 도약에는 새로운 계기가 필요합니다. 뭔가 새로운 변화의 조짐을 확인할 수 있는 공시가 또 수주 공시입니다.

사례 1. 한화에어로스페이스: 늘어나는 방산 수출

국내 방산업은 내수용으로만 취급됐었죠. 싼 맛에 가끔 수출이 이뤄지긴 했지만, 실적에 큰 영향을 줄 정도는 아니었습니다. 그런데 2022년 2월 24일 러시아가 우크라이나를 침공하면서 상황이 급변합니다. 유럽 국가들은 자기네 앞마당과 같은 우크라이나에서 전쟁이 발발하자 상당한 충격을 받게 되죠. 이에 유럽을 중심으로 무기 수요가 상당히 커집니다. 당장 전쟁이 벌어진 우크라이나에서는 이를 충당할 무기 수요가 상당했죠. 동시에 러시아의 우크라이나 침략에 두려움을 느낀 유럽 국가들 또한 무장을 강화하면서 무기 수요가 늘어난 겁니다.

문제는 러시아의 침공 이전만 해도 전 세계적으로 군축 움직임이 강했다는 겁니다. 당연히 무기를 생산할 수 있는 시설은 많이 축소되었을 테니 유럽에서 필요한 무기를 제때 공급해줄 업체가 거의 없었죠.

그런데 우리나라만은 북한과 대치하고 있는 특수한 상황 때문에 꾸준히 방산에 대한 투자가 이뤄져왔던 겁니다. 자연스럽게 러시아-우크라이나 전쟁은 빠르게 무기를 공급할 수 있는 우리 방산 업체들에 새로운 기회가 되었죠. 전 세계 누구도 따라오지 못하는 생산 능력과 가성비로 폴란드를 비롯해 세계 각국으로 무기 수출이 이뤄지기 시작한 겁니다.

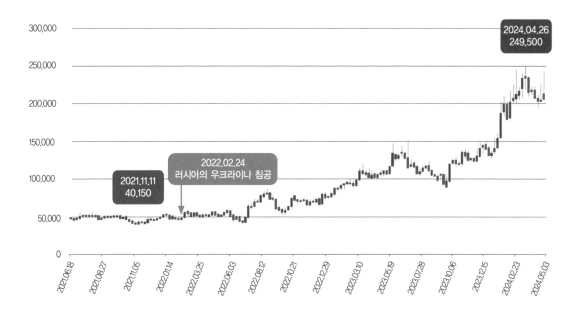

📈 한화에어로스페이스 주봉 차트

(단위 : 원)

K9 자주포를 중심으로 방산 수출이 늘어난 한화에어로스페이스는 러시아의 침공 이후 2년여 동안 주가가 4배 이상 올랐습니다.

천궁을 비롯한 미사일을 수출한 LIG넥스원의 주가도 러시아의 침공일 이후 2년여 동안 1.6배가 넘는 상승을 기록했고요. 러시아-우크라이나 전쟁 개전 초기에는 단순한 테마로 방산업체들의 주가가 올랐는데요. 상황이 점점 우리 방산업체에게 우호적으로 돌아가고 실제 수주까지 이어지면서 주가는 더 탄력을 받았던 사례라고 볼 수 있습니다. 패션인줄 알았는데 실적으로 이어지는 트렌드가 된 거죠.

📈 LIG넥스원 주봉 차트

(단위 : 원)

사례 2. 제룡전기: 쏟아지는 변압기 주문

2022년 초 제가 주목했던 기업 제룡전기도 마찬가지입니다. 저는 매일매일 대부분의 공시를 살펴보는데요. 제룡전기가 2021년 말부터 꾸준히 미국 변압기 수주를 발표하는 겁니다. 처음에는 그렇게 큰 규모도 아니고 변압기 사업이 원래 영위하던 사업이어서 큰 관심을 두지 않았는데요. 2021년 말부터 2022년 4월까지 7건의 미국 수주가 연달아 나오는 것을 보고 궁금증이 생겼습니다.

📈 제룡전기 수주 내역

(단위 : 억 원)

수주 일시	내용	금액	대상	기간	
				시작일	종료일
2021-12-23	단상 PAD 변압기 8종	76.3	American Electric Power	2021-12-22	2022-07-29
2022-01-26	단상 PAD 변압기 8종	73.7	American Electric Power	2022-01-25	2022-09-30
2022-03-02	단상 PAD 변압기 1종	64.0	Choctaw-Kaul Distribution Company (DTE)	2022-02-25	2022-12-31
2022-03-16	단상 PAD 변압기 3종	83.6	Public Service Electric and Gas Company	2022-03-15	2023-02-28
2022-04-01	단상 주상 변압기 12종	217.3	Public Service Electric and Gas Company	2022-03-31	2023-03-31
2022-04-06	단상 PAD 변압기	52.0	Oklahoma Gas And Electric	2022-06-06	2023-10-01
2022-04-11	단상 및 3상 PAD 변압기	97.0	Long Island Electricutility Servco LLC	2022-04-08	2023-09-30

먼저 제룡전기의 과거 수주를 살펴봤습니다. 과거에도 이렇게 수주가 있었다면 신규 수주도 그저 그 연장선에서 볼 수 있으니까요. 그런데 막상 살펴보니 직전 10년간 대규모 수주 공시가 고작 3건밖에 없는 겁니다. 최근 5개월 사이에만 7건의 수주가 있었다는 것은 뭔가 업황에 큰 변화가 있음을 얘기해주는 것이었죠.

내용을 살펴봤더니 이유가 있었습니다. 미국은 바이든 대통령이 집권하면서 신재생에너지에 대한 투자가 늘었는데, 신재생에너지는 기존의 발전보다 전력기기와 전선의 수요가 훨씬 많습니다. 이에 변압기 수요도 크게 늘어난 거죠. 전 세계적으로 고전압 변압기를 공급할 수 있는 업체가 많지 않고, 기존 업체들이 추가 투자를 꺼리는 상황이라 한국의 변압기 업체로 많은 발주가 나온 겁니다.

HD현대일렉트릭이나 효성중공업 등 변압기 업체들이 시장에서 본격적으로 회자된 것이 2023년이었는데요. 제룡전기의 공시를 통해 2022년에 변압기 시장의 변화를 먼저 잡아낼 수 있었던 겁니다. 물론 수주를 보면서 미리 투자했다면 오랫동안 기다림을 감수해야 했겠지만요.

만약 제룡전기 수주를 보면서 변압기 산업 동향을 점검하고 투자 아이디어를 HD현대일렉트릭이나 효성중공업까지 확대했다면 어땠을까요? 그리고 이 회사들의 실제 실적으로 연결될 때까지 기다렸다면 어떻게 됐을까요? 무엇을 확인해야 하는지 정확히 알고 있으니 변압기 수주와 실적이라는 포인트만 계속 업데이트하면서 투자의 시기를 조율할 수 있었겠죠. 대동의 사례에서 앞으로 유럽 수주 동향을 지켜봐야 한다고 했던 것처럼 말입니다.

처음 제룡전기의 수주를 기반으로 '전자공시생' 블로그에 글을 남겼던 게 2022년 5월 3일입니다. 당시만 해도 주가가 5,000원대 초반에 불과했죠. 그랬던 것이 딱 2년 만인 2024년 5월 10일 74,900원으로 바닥에서 14배 가까이 상승했습니다. 2023년 하반기 살짝 주춤했던 주가는 AI 데이터센터발 인프라 투자 기대감까지 더해지면서 더 탄력을 받았습니다. AI 데이터센터는 엄청난 전력이 필요한데 전력설비 부족이 심각하다는 전망 때문이었죠. 변압기가 AI 테마로도 엮인 것입니다.

제룡전기를 비롯한 변압기 산업은 제룡전기의 북미 수주 공시를 통해 산업 동향을 파악하고 선제적으로 대응할 상당히 좋은 기회였습

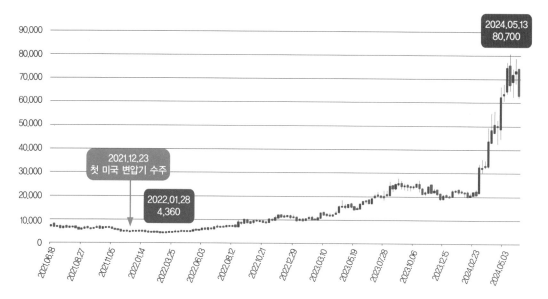

📈 제룡전기 주봉 차트

(단위 : 원)

2024.05.13
80,700

2021.12.23
첫 미국 변압기 수주

2022.01.28
4,360

니다. 1년에 한두 번 있을 이런 기회를 잡는 것만으로도 공시를 꾸준히 볼 필요성이 입증된다고 하겠죠.

제룡전기의 수주 공시를 다시 한번 정리해보면 하나하나의 공시는 규모가 크지 않아 큰 의미가 없었습니다. 당시 수주 공시가 계속 나왔음에도 주가는 요지부동이었고요. 그런데 하나하나의 수주는 의미가 없어 보였어도 누적되는 수주에는 의미가 있었던 사례인 거죠. 오히려 남들이 크게 관심 갖지 않는 상황에서 나만의 투자 포인트를 찾아낼 수 있었던 좋은 기회였던 겁니다.

그렇기에 매일 공시 동향을 파악하고 그 정보가 산업 점검까지 이어지는 것이 중요합니다. 그래야 남들이 미처 보지 못한 나만의 투자 기회를 만들 수 있으니까요.

사례 3. 가온칩스: 설계 개발 수주의 의미

가온칩스는 삼성전자 파운드리의 디자인 솔루션 파트너입니다. 반도체는 크게 메모리와 비메모리로 구분되죠. 메모리는 말 그대로 기억을 담당하는 장치를 뜻합니다. 삼성전자와 SK하이닉스가 시장을 장악하고 있는 DRAM이나 낸드플래시가 대표적인 메모리 반도체입니다.

📈 가온칩스 주문형 반도체 ASIC 설계 개발 수주

DART	코 가온칩스	
본문	2023.12.21 단일판매 · 공급계약체결 ∨	첨부 +첨부선택+

☞ 본 공시사항은 [한국거래소 코스닥시장본부] 소관사항입니다.

단일판매 · 공급계약체결

1. 판매 · 공급계약 내용		주문형 반도체 ASIC 설계 개발
2. 계약내역	조건부 계약여부	미해당
	확정 계약금액	24,528,360,000
	조건부 계약금액	-
	계약금액 총액 (원)	24,528,360,000
	최근 매출액(원)	43,320,504,880
	매출액 대비(%)	56.62
3. 계약상대방		-
-최근 매출액(원)		-
-주요사업		-
-회사와의 관계		-
-회사와 최근 3년간 동종계약 이행여부		미해당
4. 판매 · 공급지역		-
5. 계약기간	시작일	2023-12-20
	종료일	2025-10-15
6. 주요 계약조건		-
7. 판매 · 공급방식	자체생산	해당
	외주생산	해당
	기타	-
8. 계약(수주)일자		2023-12-20
9. 공시유보 관련내용	유보기한	2025-10-15
	유보사유	계약상대방의 영업비밀 요청
10. 기타 투자판단에 참고할 사항		
- 상기 계약내역의 최근 매출액은 2022년 연결재무제표 기준입니다.		
- 상기 계약금액은 $ 18,800,000으로 계약시작일의 날짜 기준 최초고시환율(1,304.70원)이 적용되었습니다.		

비메모리 칩은 CPU, GPU 등 연산을 담당하는 칩이나 이미지를 인식하는 CMOS, 발광소자 등 메모리 외의 다양한 역할을 담당하는 칩을 의미합니다. 이런 비메모리는 역할이 굉장히 다양해 다품종소량생산이 많지요.

그런데 칩을 만들고자 하는 회사들이 전부 반도체 공장을 지어서 투자할 수는 없는 노릇입니다. 의류도 보면 나이키나 아디다스 같은 브랜드 업체들이 소비자들에게 제품을 판매하기는 하지만 제품을 모두 직접 생산하지는 않잖아요. 영원무역이나 한세실업처럼 생산만 전문적으로 해주는 OEM/ODM 업체를 따로 두고 있죠.

비메모리 반도체도 이처럼 생산만 전문적으로 해주는 업체가 있어, 이를 파운드리라고 합니다. 다만 의류의 OEM과 다르게 파운드리는 엄청난 기술력이 필요하므로, '발주하는 갑'과 '수주받는 을'의 일반적인 관계는 아닙니다.

삼성전자는 메모리 사업과 더불어 비메모리 파운드리 사업도 하고 있습니다. 그런데 칩을 만들고자 하는 고객사(팹리스)가 설계도와 함께 무턱대고 삼성전자를 찾아가 설계도대로 칩을 만들어달라고 한들 삼성전자에서는 만들어줄 수가 없습니다. 삼성전자는 자신만의 공정이 있고 거기에 맞춰 설계해야 하기 때문이죠.

그렇다고 삼성전자가 수많은 팹리스 업체를 모두 상대하여 그들에게 맞춤 솔루션을 제공하기도 어려운 노릇입니다. 이에 삼성전자는 DSP라는 디자인 솔루션 파트너를 두고 고객사로부터의 비메모리 수주부터 설계, 디자인, 생산까지 DSP와 협업하여 진행하게 됩니다. 가온칩스는 삼성전자의 핵심 DSP 중 하나이고요.

DSP의 매출은 크게 두 가지입니다. 하나는 칩을 개발할 때 받는 개발비용이고 다른 하나는 칩이 양산될 때 고객사 매출의 일정 부분

OEM/ODM

OEM(Original Equipment Manufacturer)은 '주문자 상표 부착 생산'을 의미합니다. OEM 방식에서는 주문자가 설계·디자인한 제품을 제조업체가 생산만 담당합니다. 생산된 제품은 설계사의 브랜드로 판매됩니다.

ODM(Original Design Manufacturer)은 '제조업자 개발 생산'을 의미합니다. ODM 방식에서는 제조업체가 제품을 설계하고 생산합니다. 이후 주문자가 이 제품에 자신의 브랜드를 붙여 판매합니다.

공통점은 둘다 자체 브랜드 없이 제품을 제조하여 납품한다는 겁니다. 차이는 OEM은 생산만 담당한다는 것이고, ODM은 제조사가 제품을 직접 개발까지 해서 납품한다는 차이가 있습니다.

을 나누어 받는 로열티입니다.

가온칩스는 2023년 12월 21일 주문형 반도체 ASCI의 설계 개발을 한다고 공시했습니다. 앞서 매출이 크게 두 가지로 나뉜다고 했죠. 이번에 받은 수주 규모가 245억 원인데 우리는 이 수주를 보고 '아, 이게 끝이 아니구나'라는 것을 알아야 합니다.

공시를 보면 2025년 말까지 개발을 진행한다고 나오잖아요. 일단 2025년 말까지 순차적으로 개발비 매출이 발생한다는 얘기입니다. 이후 칩 개발이 성공적으로 마무리되어 양산까지 이뤄지면 가온칩스는 고객사 매출의 일부분을 나눠 받을 수 있죠. 다시 한번 강조하건대, 개발 수주를 받는다는 것은 미래의 먹거리들을 차곡차곡 쌓아간다는 의미입니다.

가온칩스는 이 공시 이전까지 텔레칩스, 넥스트칩 등 자동차용 칩을 개발하는 업체들을 주요 고객사로 하여 차량용 반도체 시장이 활짝 꽃피기를 기대하고 있었습니다.

이번 수주는 고객사를 밝히지 않으면서 ASIC 설계 개발이라고 했죠. 그 이전에 있었던 수주를 살펴보면 2022년 8월 텔레칩스와 72.5억 원, 2023년 5월 117억 원 규모의 ASIC 개발 수주가 있었는데요. 이번에 또 ASIC 관련 245억 원 수주가 나온 겁니다.

ASIC은 팹리스들이 독자적으로 주문형 반도체를 제조한다는 것인데요. 요즘 AI 시장이 각광 받으면서 빅테크들을 비롯해 많은 사업자가 저마다 자기만의 AI칩을 개발하고 있죠. 아마 가온칩스의 ASIC 수주도 AI 관련 칩을 수주한 것이 아닌가 싶습니다. 가온칩스의 사업 영역이 차량용 반도체 부문에서 AI로 확장되고 있다고 볼 수 있는 것이죠.

가온칩스는 2024년 2월 13일 557억 원 규모로 전년 11월 수주보다 2배 이상 큰 'AI 반도체 ASIC 설계 개발' 수주를 또 공시합니다. 뉴스엔

📈 가온칩스 AI 반도체 ASIC 설계 개발 수주

DART코 가온칩스		
본문 2024.02.13 단일판매·공급계약체결 ▽	첨부	+첨부선택+

☞ 본 공시사항은 [한국거래소 코스닥시장본부] 소관사항입니다.

단일판매·공급계약체결

1. 판매·공급계약 내용		AI 반도체 ASIC 설계 개발
2. 계약내역	조건부 계약여부	미해당
	확정 계약금액	55,662,600,000
	조건부 계약금액	-
	계약금액 총액 (원)	55,662,600,000
	최근 매출액(원)	43,320,504,880
	매출액 대비(%)	128.49
3. 계약상대방		GAONCHIPS JAPAN Co., Ltd
-최근 매출액(원)		-
-주요사업		주문형 반도체 ASIC 설계 개발
-회사와의 관계		종속회사
-회사와 최근 3년간 동종계약 이행여부		미해당
4. 판매·공급지역		일본
5. 계약기간	시작일	2024-02-08
	종료일	2025-12-31
6. 주요 계약조건		-
7. 판매·공급방식	자체생산	해당
	외주생산	해당
	기타	-
8. 계약(수주)일자		2024-02-08
9. 공시유보 관련내용	유보기한	-
	유보사유	-
10. 기타 투자판단에 참고할 사항		
- 상기 계약내역의 최근 매출액은 2022년 연결재무제표 기준입니다.		

일본의 AI 반도체 업체 PFN이 삼성전자의 2나노 파운드리를 이용하면서 가온칩스를 디자인하우스로 선정한 것이라고 보도됐습니다.

개발 수주가 크다는 것은 그만큼 앞으로 그 칩이 노리는 시장도 크다는 것으로 이해할 수 있습니다. 칩이 타깃 삼는 시장 규모가 크지 않는데 개발비로 큰돈을 들일 사업자는 없을 거잖아요.

또 수주 추이를 보면 ASIC 업체들에 대한 수주 규모가 117억 원,

📈 가온칩스 주봉 차트

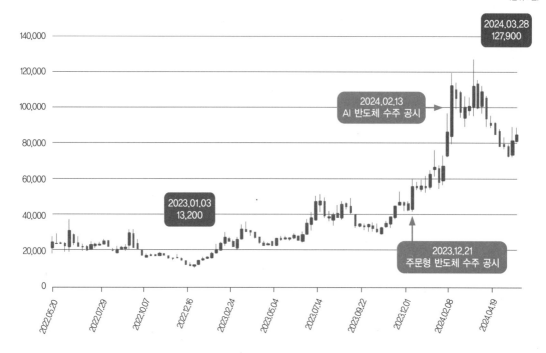

245억 원, 557억 원으로 커지고 있죠. 특히 가장 최근에 수주한 557억 원은 기존 주요 고객사 텔레칩스의 75억 원 발주의 8배에 달하잖아요. 이는 가온칩스의 미래 먹거리가 쌓여가고 있고, 목표로 삼은 시장도 점점 커지고 있음을 보여줍니다.

2023년 12월과 2024년 2월 두 차례 수주 공시를 발표하면서 4만 원대의 가온칩스 주가는 2024년 4월 123,000원까지 상승했습니다. 불과 4개월여 만에 3배 가까이 오른 겁니다. 마침 AI에 대한 관심이 커지는 상황에서 AI 관련 반도체를 수주한 것이 주효했다고 볼 수 있습니다.

제룡전기가 시장의 관심이 없던 변압기 영역에서 수주를 쏟아내며 관심을 이끌어낸 케이스라면, 가온칩스는 반대로 시장에서 굉장히 핫한 AI와 엮인 수주를 받으면서 더 주목받은 케이스입니다.

가온칩스 사례를 보면 주목받고 있는 산업에서 새롭게 수주가 나오면 시장 반응이 상당히 빠르다는 것을 알 수 있습니다. 대신 차분하게 공부하면서 매집하기는 쉽지 않죠. 제룡전기와 가온칩스의 수주는 둘 다 나름의 매력이 있는 수주 공시라는 얘기입니다.

가온칩스 수주에서 하나 더 주목할 것은 앞으로 가온칩스와 관련해 업데이트할 사항을 확인하는 것입니다. 바로 칩 개발이 끝난 후 양산까지 이어지는지, 양산으로 간다면 얼마나 매출을 기대할 수 있는지, 봐야 한다는 거죠.

새로운 사업이면 좋다

"새로움을 추구하는 것은 인간의 본능 아닐까요?"

앞에서는 기존에 영위하던 사업에서 대규모 수주가 나오면서 발생한 투자 기회를 살펴봤죠. 이번에는 수주를 통해 새로운 사업이 구체화하는 경우를 살펴보겠습니다. 신사업은 수주 규모가 크지 않더라도 첫 진입 자체가 의미를 갖기도 합니다. 특히 기술적으로 난도가 높은 제품을 수주하는 경우, 더 그렇고요. 전 세계적으로 유의미한 고객사를 확보한다면 금상첨화입니다.

신규 프로젝트 수주는 기업의 가치평가를 높일 수 있습니다. 똑같은 실적이라도 미래 성장성을 고려해서 더 높은 가치를 매길 수 있다는 얘기죠.

사례. 디아이티: 나도 HBM 수혜주

디아이티가 2023년 9월 18일 SK하이닉스로부터 레이저 어닐링 장비를 수주했다는 공시가 나왔습니다. 디아이티의 기존 사업은 AOI 등 반도체와 디스플레이를 카메라 비전으로 검사하는 장비 제조였습니다.

📊 디아이티 신규 장비 수주

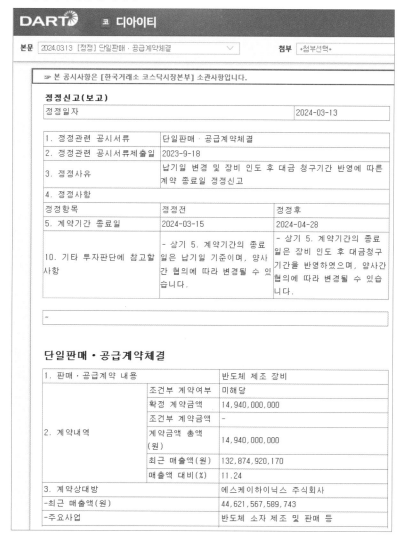

DART	코 디아이티

본문	2024.03.13 [정정] 단일판매 · 공급계약체결 ▽	첨부	+첨부선택+

☞ 본 공시사항은 [한국거래소 코스닥시장본부] 소관사항입니다.

정정신고(보고)

정정일자		2024-03-13
1. 정정관련 공시서류	단일판매 · 공급계약체결	
2. 정정관련 공시서류제출일	2023-9-18	
3. 정정사유	납기일 변경 및 장비 인도 후 대금 청구기간 반영에 따른 계약 종료일 정정신고	
4. 정정사항		

정정항목	정정전	정정후
5. 계약기간 종료일	2024-03-15	2024-04-28
10. 기타 투자판단에 참고할 사항	- 상기 5. 계약기간의 종료일은 납기일 기준이며, 양사간 협의에 따라 변경될 수 있습니다.	- 상기 5. 계약기간의 종료일은 장비 인도 후 대금청구기간을 반영하였으며, 양사간 협의에 따라 변경될 수 있습니다.

-	

단일판매 · 공급계약체결

1. 판매 · 공급계약 내용		반도체 제조 장비
2. 계약내역	조건부 계약여부	미해당
	확정 계약금액	14,940,000,000
	조건부 계약금액	-
	계약금액 총액 (원)	14,940,000,000
	최근 매출액(원)	132,874,920,170
	매출액 대비(%)	11.24
3. 계약상대방		에스케이하이닉스 주식회사
-최근 매출액(원)		44,621,567,589,743
-주요사업		반도체 소자 제조 및 판매 등

그런데 새롭게 수주가 나온 것은 어닐링이죠. 어닐링(annealing)은 영어로 열처리를 의미하는데요. 디아이티의 어닐링 장비는 반도체 전공정에서 웨이퍼에 이온을 주입한 후 열처리를 통해 주입된 불순물이 실리콘웨이퍼에 잘 결합하도록 하는 장비입니다.

기존에 사용하던 어닐링 장비는 할로겐램프를 이용한 급속 어닐링이 주를 이뤘습니다. 그런데 고온 방식을 적용하면 웨이퍼의 중앙과 가장자리의 가열 온도가 달라 웨이퍼가 뒤틀리거나 단층이 발생하는 등의 문제가 생겼고 이를 해결하기 위해 레이저 어닐링 방식이 대두되었죠.

삼성전자의 레이저 어닐링 장비는 이오테크닉스가 독점 납품하고 있고 SK하이닉스는 아직 사용하지 않고 있었었는데요. 2023년 8월 초 SK하이닉스에서 디아이티의 어닐링 장비 퀄이 통과했다는 기사가 나왔습니다. 그리고 2023년 9월에 디아이티가 SK하이닉스로부터 어닐링 장비를 수주했다는 공시가 나온 거죠.

디아이티로서는 기존에 없던 새로운 장비 매출이 시작된 것입니다. 높은 기술력이 필요한 장비인 데다 글로벌 반도체 업체인 SK하이닉스에 공급한다는 점에서 더 의미가 있었고요. 마침 이 장비가 SK하이닉스의 HBM3E 공정에 적용되면서 HBM 관련 수혜주로 부상하는 효과도 있었습니다.

SK하이닉스가 반도체 CAPA 10K(웨이퍼 1만 장) 설비를 증설할 때마다 어닐링 장비가 1대씩 필요한데 SK하이닉스는 2024년에 60K~100K 규모의 CAPA 증설을 계획하고 있습니다. 디아이티 장비 6대~10대가 필요한 셈입니다.

이번 수주가 149억 원이었으니 그리 큰 규모는 아닙니다. 2022년 매출의 11%에 불과했고, 한 대에 50억~70억 원 정도라고 하니 2대

HBM3E

HBM(High Bandwidth Memory)은 고성능 컴퓨팅 및 그래픽 애플리케이션을 위해 설계된 고대역폭 메모리를 의미합니다. HBM3E는 5세대 HBM으로 최근 AI 발전과 함께 주목받고 있는 반도체 메모리죠. 왜 5세대냐고요? HBM, HBM2, HBM2E, HBM3, HBM3E의 순서로 발전됐기 때문입니다. E는 'Extended'의 약자로 HBM3E는 HBM3의 개선된 버전이라는 의미입니다.

~3대 정도의 수주입니다. 하지만 HBM 공정에 들어간다는 사실이 굉장히 중요했습니다. 향후 추가적인 수주와 성장을 기대할 수 있기 때문이죠.

 디아이티 주봉 차트

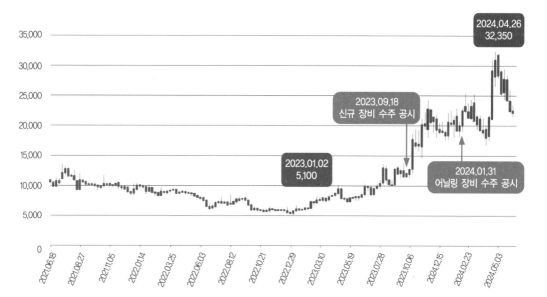

(단위 : 원)

실제 디아이티는 2024년 1월 말 SK하이닉스의 어닐링 장비 추가 주문을 받습니다. 처음 어닐링 장비 수주가 일회성으로 그치지 않고 지속적인 수주와 실적 성장으로 이어졌음을 보여준 것이죠.

어닐링 장비 수주를 통해 HBM 관련주로 뜨면서 2023년 9월 첫 공시가 나왔을 때 12,980원이던 디아이티 주가는 2024년 4월 29일 31,250원으로 7개월여 만에 141% 상승합니다. 연구개발을 통해 신규 사업에 진출하여 성과를 냈을 때 단기간에 주가가 크게 오를 수 있음을 보여준 좋은 사례입니다.

수주잔고가 쌓이면 좋다

"수주잔고가 쌓인다는 것의 의미가 무엇일까요?"

　수주 공시는 없지만 분·반기보고서나 사업보고서를 통해서 수주잔고를 확인해 사업이 잘되고 있다는 것을 점검할 수도 있습니다. 매출의 5% 또는 10%가 넘는 대규모 수주는 아니라서 수주 공시는 없었지만 작은 수주들이 쌓이면서 잔고가 늘어나는 케이스라고 볼 수 있죠.

　수주잔고를 밝히는 회사도 있고 안 밝히는 회사도 있으니, 공시를 잘 살펴봐야 합니다. 매출액, 영업이익과 달리 수주잔고는 데이터를 요약, 정리해서 보여주는 곳이 없는데요. 수주잔고도 증감 흐름이 중요한 것이라, 과거 데이터부터 직접 정리해서 볼 수밖에 없습니다. 반대로 생각하면 남들이 쉽게 접근하지 않는 귀찮은 일이어서 오히려 투자 기회가 있다고 볼 수 있습니다.

사례. 일진전기: 급팽창하는 해외 수주

📊 일진전기 2023년 말 기준 수주 잔고

(단위 : 천 달러)

품목	구분	수주일자	납기	수주총액	기납품액	수주잔고
전력선 등	국내	2022년~2023년	–	351,789	193,776	158,013
	해외	2022년~2023년	–	496,029	96,689	399,340
	계			847,818	290,464	557,354
변압기, 중전기 등	국내	2022년~2023년	–	236,196	114,769	121,426
	해외	2022년~2023년	–	710,558	91,563	618,995
				946,754	206,333	740,421
합계	국내	2022년~2023년	–	587,985	308,545	279,440
	해외	2022년~2023년	–	1,206,587	188,252	1,018,335
	계			1,794,572	496,797	1,297,775

일진전기는 첫째로 저압부터 초고압까지 다양한 전압의 전선, 둘째로 변전소 필수 설비인 변압기 · 차단기 등의 중전기기, 셋째로 그 외 전력 시스템을 구성하는 전력기기를 생산하는 종합 중전기 기업입니다. 전 세계적으로 전선과 변압기 등 전력기기사업을 동시에 하는 회사는 일진전기밖에 없다고 합니다.

근데 일진전기의 2023년 말 사업보고서에 있는 수주잔고 동향에서 특이한 점이 발견됩니다. 그해 매출에서 수출이 차지하는 비중은 25.6%로 높지 않지만, 해외 수주잔고는 연말 기준 1조 원 정도로 전체 수주잔고 1.3조 원의 77%에 달합니다.

또 2023년 기준 매출액 중 전선 관련 사업이 76.3%로, 23.4%에 불과한 중전기기의 3배에 달하는데요. 수주잔고는 중전기기가 7,404억 원으로 5,574억 원의 전선보다 더 큽니다. 물론 국내 전선 제품은 수주 형태로 판매하는 게 아니니까 수주잔고만으로 중전기 사업이 더 커진다고 볼 수는 없습니다.

하지만 해외 전력선사업은 케이블 제조부터 설치까지 담당하는 수주 형태의 사업이 많은데요. 해외 사업만 봐도 중전기 부문의 해외 수주잔고가 6,190억 원으로 3,993억 원인 전력선의 1.5배에 달합니다. 분명 중전기 부문의 수주에서 변화의 조짐이 나타난 겁니다.

앞에서 제룡전기를 다루면서 얘기했지만, 전력기기 관련 시장은 글로벌 인프라 투자 확대로 분위기가 워낙 좋습니다. 일진전기는 상대적으로 전선 부문의 실적이 좋고 변압기 실적은 부진했는데, 수주잔고를 보면 그 흐름이 바뀌는 것 같습니다.

📈 일진전기 지역별 매출 현황

(단위: 백만 원)

지역	제16기	제15기	제14기
국내	927,094	826,466	704,036
미주	89,378	98,852	93,973
유럽	27,973	81,754	67,262
아시아.호주	201,923	157,574	65,921
기타	364	60	1,171
합계	1,246,732	1,164,706	932,363

일진전기는 전선 제조부터 설치까지 지원하는 토털 설루션을 제공할 수 있다는 점을 내세워 이머징 마켓을 공략하고 있는데요. 제룡전기나 변압기 업체들이 북미에서 성과를 내는 것과 달리 아시아, 호주 지역 매출이 빠르게 증가하고 있습니다.

2024년 3월엔 쿠웨이트 수전력청으로부터 1,282억 원 규모의 300kV 초고압 케이블 납품·설치 수주가 있었고 2023년 10월엔 바레인에서 400kV 초고압 케이블을 납품 설치하는 1,685억 원짜리 공사를 또 따냈습니다.

📈 일진전기 미주 지역 대규모 변압기 공급계약

DART 🅙 일진전기

본문 | 2023.11.27 단일판매·공급계약체결 ⌄ | 첨부 | +첨부선택+ ⌄

☞ 본 공시사항은 [한국거래소 유가증권시장본부] 소관사항입니다.

단일판매·공급계약 체결

1. 판매·공급계약 구분		상품공급
- 체결계약명		변압기 장기공급계약
2. 계약내역	계약금액(원)	431,785,282,500
	최근매출액(원)	1,164,706,090,212
	매출액대비(%)	37.07
	대규모법인여부	미해당
3. 계약상대		ILJIN Electric USA
- 회사와의 관계		자회사
4. 판매·공급지역		미주지역
5. 계약기간	시작일	2023-11-24
	종료일	2028-12-31
6. 주요 계약조건		납품, 설치
7. 계약(수주)일자		2023-11-24
8. 공시유보 관련내용	유보사유	-
	유보기한	-
9. 기타 투자판단과 관련한 중요사항		
- 상기 계약은 당사의 미국 판매법인(ILJIN Electric USA)이 미국 동부지역 대형전력청 (*1)과 장기공급계약을 체결한 후, 당사로 재 발주한 공급계약임.		

여기에 일진전기는 2023년 11월 미주 지역 대규모 변압기 공급계약을 체결하면서 북미 시장의 성장까지 기대되는 상황입니다. 이 물량은 2026년부터 2030년까지 공급될 예정이죠. 2024년 초에도 일진전기의 북미 사업 확장을 예상케 하는 기사가 있었죠. 미국에는 한국전력 규모의 전력청이 50여 개 있는데 일진전기가 다양한 미국 업체들과 2027년에 공급하기 위한 제품을 논의 중에 있다는 내용이었습니다. 이는 2026년까지 일진전기가 공급할 수 있는 물량 주문이 끝났다는 얘기라고 볼 수 있습니다. 그만큼 업황이 좋다는 얘기겠죠. 미국 업체들과의 얘기가 마무리되면 추가 수주가 나올 수 있다는 기대감을

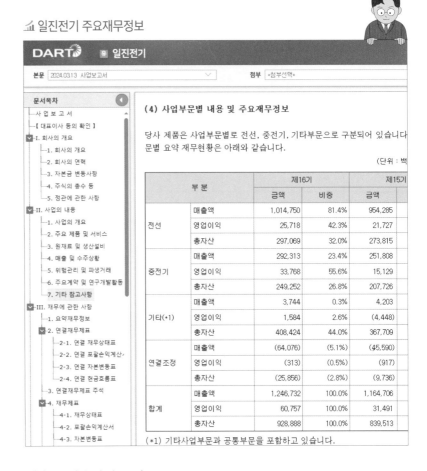

DART 유 일진전기

본문 2024.03.13 사업보고서 ∨   첨부 •첨부선택•

(4) 사업부문별 내용 및 주요재무정보

당사 제품은 사업부문별로 전선, 중전기, 기타부문으로 구분되어 있습니다
문별 요약 재무현황은 아래와 같습니다.

(단위 : 백

부분		제16기		제15기
		금액	비중	금액
전선	매출액	1,014,750	81.4%	954,285
	영업이익	25,718	42.3%	21,727
	총자산	297,069	32.0%	273,815
중전기	매출액	292,313	23.4%	251,808
	영업이익	33,768	55.6%	15,129
	총자산	249,252	26.8%	207,726
기타(*1)	매출액	3,744	0.3%	4,203
	영업이익	1,584	2.6%	(4,448)
	총자산	408,424	44.0%	367,709
연결조정	매출액	(64,076)	(5.1%)	(45,590)
	영업이익	(313)	(0.5%)	(917)
	총자산	(25,856)	(2.8%)	(9,736)
합계	매출액	1,246,732	100.0%	1,164,706
	영업이익	60,757	100.0%	31,491
	총자산	928,888	100.0%	839,513

(*1) 기타사업부문과 공통부문을 포함하고 있습니다.

키우는 내용이기도 하고요

일진전기는 2023년 11월 주주배정 유상증자를 발표했습니다. 약 1,000억 원을 조달해 홍성의 변압기 공장에 682억 원, 화성의 전선 공장에 350억 원을 투자하여 공장을 증설한다고 합니다. 홍성 공장은 2024년 4분기에 공장이 완공되어 2025년 1분기부터 본격적으로 실적에 기여할 것으로 기대합니다.

일진전기 내부 목표는 2025년 매출 1.5조 원, 영업이익 1,000억 원 이상이라고 하는데요. 수주잔고 상황을 보면 충분히 가능할 것 같습니다.

그래서 주가는 어떻게 됐냐고요? 2023년 사업보고서가 나온 2024

년 3월 13일, 13,520원에서 2024년 5월 29일 30,250원까지 2개월 만에 123% 상승했습니다.

📈 일진전기 주봉 차트

(단위 : 원)

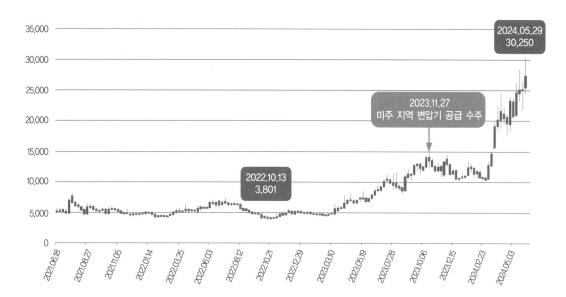

📈 요약

- 수주 규모가 크면 좋다: 수주를 연 환산한 규모가 지난해 매출과 비교했을 때 커야 한다.
- 새로운 고객과 새로운 시장을 확보하면 좋다: 새로운 사업이 기존 사업보다 월등히 큰 기회인지 확인한다.
- 새로운 사업에서 의미 있는 수주가 나오면 좋다: 기존에 없던 새로운 아이템이 성공하는지, 그 시장이 큰지 확인한다.
- 수주 공시는 없더라도 사업보고서상 수주잔고 흐름을 확인해 수주가 빠르게 증가하는 기업을 주목한다.

CHAPTER 8

성장 확인 공시 2:
시설투자

시설투자는 곧 비즈니스 확장

"기업이 시설투자를 단행하는 것의 의미가 뭘까요?"

경영진은 향후 사업 환경을 우호적으로 전망할 때 확장을 검토합니다. 사업 확장의 대표적인 방법이 바로 시설투자고요. 상식적으로 시장 환경이 좋지 않은데 많은 돈을 들여 투자하는 멍청한 경영진은 없을 테니, 시설투자는 사업 전망 시 긍정적인 요인으로 볼 수 있습니다.

물론 경영진이 미래 수요 전망을 지나치게 낙관적으로 보고 설비를 필요 이상으로 늘리기도 하죠. 그럴 때 신규 설비가 가동되면 공급과잉이 되면서 산업 전반이 굉장히 어려워지는 경우가 비일비재하고요.

하지만 적어도 시설투자를 하는 시점에서는 미래 장밋빛 전망이 넘치는 환경이라, 단기적으로나마 투자 기회를 주는 경우가 많습니다. 역설적으로 그럴 땐 무리하게 산업 전반의 시설투자가 이뤄지는 경우조차 오히려 긍정적으로 받아들여지기도 하죠.

다트에서 '신규 시설투자 등'이라고 검색하면 기업들의 최근 신규 시설투자 동향을 확인할 수 있습니다. 매일매일 신규 시설투자가 나오는 기업을 확인해 투자 아이디어를 얻을 수 있겠죠.

또 특정 기업의 시설투자 이력을 확인할 수도 있습니다. 계속해서 시설투자를 이어오고 있는지, 지난 시설투자와 비교했을 때 규모가 큰 투자인지 등을 점검할 수 있죠.

앞서 얘기했듯 기업들은 미래의 성장을 기대할 때 시설투자를 합니다. 만약 특정 산업군의 기업들이 동시다발적으로 시설투자에 나선다면 업황 전망이 상당히 좋다고 해석할 수 있을 겁니다.

2022년 8월 22일 엘앤에프는 2차전지 양극재에 6,500억 원을 투자한다고 발표합니다. 직전 투자가 2021년 5월의 880억 원이었으니,

양극재

2차전지의 주요 구성 요소는 양극재, 음극재, 전해질, 분리막입니다. 양극재는 양극활물질이라고도 하며 이름 그대로 +극을 이루는 소재입니다. 양극재는 배터리 원가의 40% 이상을 차지하며 배터리의 성능, 수명, 안정성을 좌우합니다.

이번 투자가 엄청난 규모였음을 알 수 있습니다. 역시 양극재사업을 하는 에코프로비엠은 2023년 5월 23일 4,730억 원 규모의 대규모 시설투자를 발표했고, 포스코퓨처엠도 2021년~2023년에 걸쳐 대규모 양극재 시설투자 공시를 냈죠.

📈 주요 기업 2차전지 양극재 대규모 투자 공시

(단위 : 억 원)

기업	공시일	투자 규모
엘앤에프	21.05.14	880
	22.08.22	6,500
에코프로비엠	21.05.25	1,340
	23.05.23	4,732
포스코퓨처엠	21.12.13	2,991
	22.05.27	3,512
	23.03.20	3,920
	23.04.24	6,148
	23.07.24	6,834

흥미로운 건 양극재 업체들의 주가 정점이 시설투자의 막바지에 나타났다는 점입니다. 양극재 업체들의 마지막 시설투자 공시는 2023년 7월 24일 포스코퓨처엠의 투자입니다. 그리고 엘앤에프는 2023년 4월 3일, 에코프로비엠과 포스코퓨처엠은 2023년 7월 26일이 주가의 정점을 기록했죠. 엘앤에프는 마지막 시설투자가 2022년 8월로 먼저 마무리됐고 주가도 먼저 주저앉았네요.

2차전지 양극재 업체들의 초기 시설투자가 본격화되는 시점에 공시를 보고 산업 동향을 파악했다면 성장을 예단하고 투자에 나설 수 있었을 겁니다.

다만 시설투자는 공시 이전에도 기업들이 IR이나 기사 등을 통해 시장에 미리 얘기하는 경우가 많죠. 초반과 달리 막바지에 나오는 막대한 시설투자 공시가 오히려 빠져나와야 하는 시점이었던 이유입니다.

그러니 시설투자에도 의외성이 필요합니다. 시장이 예상하지 못했던 투자를 통해서 기대치 이상의 미래 실적을 기대하게 만들어야 한다는 얘기입니다. 산업에 대한 장밋빛 전망이 이미 넘쳐나는 시점이 아니라 기대가 전혀 없는 시점일수록 시설투자 공시가 뜻깊을 확률이 높고요.

📈 엘앤에프 주봉 차트

(단위 : 원)

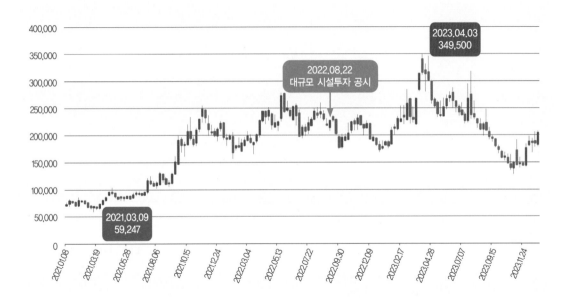

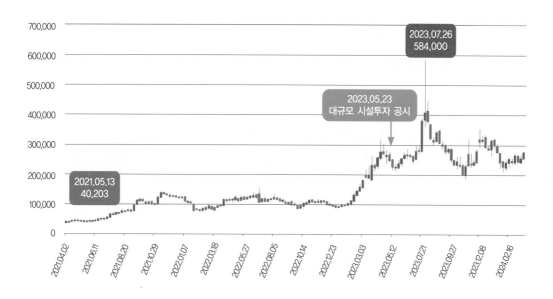

📈 에코프로비엠 주봉 차트

(단위 : 원)

2023.07.26
584,000

2023.05.23
대규모 시설투자 공시

2021.05.13
40,203

📈 포스코퓨처엠 주봉 차트

(단위 : 원)

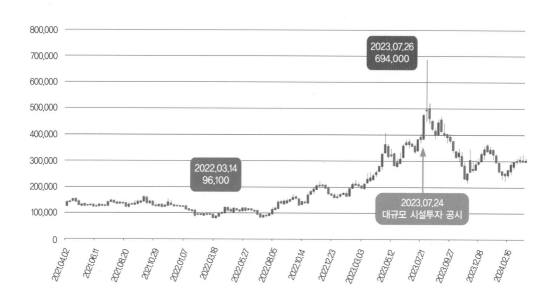

2023.07.26
694,000

2022.03.14
96,100

2023.07.24
대규모 시설투자 공시

OLED 식각

스마트폰, 태블릿PC, 노트북 등 IT 기기는 점차 얇고, 가벼워지는 추세입니다. 이에 맞게 디스플레이에 사용되는 유리 기판의 두께도 더 얇아지고 있습니다. 켐트로닉스가 하는 사업이 바로 이 유리기판을 얇게 가공하는 식각입니다. 'Thin Glass'라고도 하죠. 스마트폰 등에 사용하는 유리는 유리 원장을 잘라서 사용하는데요. 유리 원장이 커지면 쉽게 깨질 수 있기 때문에 기판을 보호하고, 두께를 줄일 수 있는 기술력이 중요합니다. 켐트로닉스는 전세계에서 유일하게 8.5세대 대면적 OLED 유리기판 원장을 식각할 수 있는 업체입니다. 이에 시장에는 켐트로닉스의 대면적 OLED 식각 사업에 대한 기대감이 있었습니다.

사례 1. 켐트로닉스: 예상치 못한 시설투자

켐트로닉스는 2023년 11월에 2개의 공시를 합니다. 하나는 2023년 11월 7일의 반도체 관련 시설투자, 다른 하나는 2023년 11월 16일 발표한 대면적 OLED 식각 시설투자 공시였습니다

📈 켐트로닉스 시설투자 공시

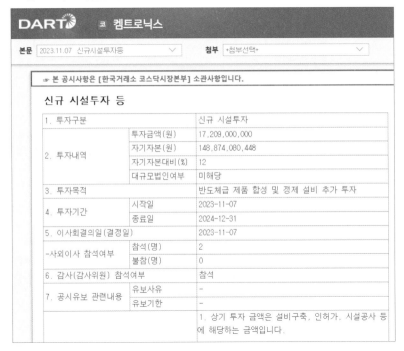

켐트로닉스의 주가는 반도체 관련 시설투자 공시 전날부터 올랐는데요. 당시 켐트로닉스가 EUV PR의 원재료인 PGMEA의 퀄을 받고 양산을 시작한다는 뉴스 때문이었습니다.

EUV는 ASML이 생산하는 최첨단 반도체 노광장비입니다. 삼성전자는 반도체 미세공정을 위해 EUV 장비를 도입했는데 EUV에 사용되는 감광액 포토 리지스트(PR)의 국산화 과정에서 켐트로닉스가 생산

PGMEA

PGMEA(프로필렌, 글리콜, 메틸, 에테르, 아세트산)는 극자외선(EUV) 노광 공정에 사용되는 포토레지스트(감광액)의 주요 원재료입니다. 이 원재료가 포토레지스트 원가의 70~80%를 차지합니다.

하는 원료 PGMEA가 채택된 것입니다.

켐트로닉스의 화학사업부는 그동안 해외 화학 제품을 수입해서 국내에 유통하는 사업에 그치고 있었습니다. 그런데 이번에는 반도체 첨단 공정에 사용되는 제품을 직접 생산하여 납품한다는 점에서 그동안의 사업과는 전혀 다른 모습을 보인 것이죠.

뉴스가 발표된 데 이어 2023년 11월 7일 시설투자 공시까지 나오자 시장은 새롭게 시작되는 사업에 큰 점수를 준 듯합니다. 주가가 급등했으니까요. 이전까지 대면적 OLED 식각 사업에 대한 기대감은 있었지만, 반도체에 대한 기대는 크지 않았기에 의외성이 발현된 것이죠.

그런데 막상 기대가 컸던 대면적 OLED 식각 투자가 발표된 2023년 11월 16일 이후에는 주가가 조정받습니다. 시장이 이미 기대하고 있던 것은 발표가 되었을 때 오히려 주가 조정의 빌미가 된다는 것을

📈 켐트로닉스 시설투자 공시2

DART	코 켐트로닉스		
본문	2023.11.16 신규시설투자등 ∨	첨부	+첨부선택+ ∨

☞ 본 공시사항은 [한국거래소 코스닥시장본부] 소관사항입니다.

신규 시설투자 등

1. 투자구분		신규 시설투자(건축, 설비)
2. 투자내역	투자금액(원)	57,645,000,000
	자기자본(원)	148,874,080,448
	자기자본대비(%)	38.7
	대규모법인여부	미해당
3. 투자목적		대형식각 관련 신규시설(건축, 설비) 추가 투자
4. 투자기간	시작일	2023-11-16
	종료일	2025-02-28
5. 이사회결의일(결정일)		2023-11-16
-사외이사 참석여부	참석(명)	2
	불참(명)	0
6. 감사(감사위원) 참석여부		참석
7. 공시유보 관련내용	유보사유	-
	유보기한	-
		1. 상기 투자 시작일은 이사회 결의일 기준이며 투자 종료일은 신규시설 관련 건축 및 설비 투자 종료일자입니다.

(단위 : 원)

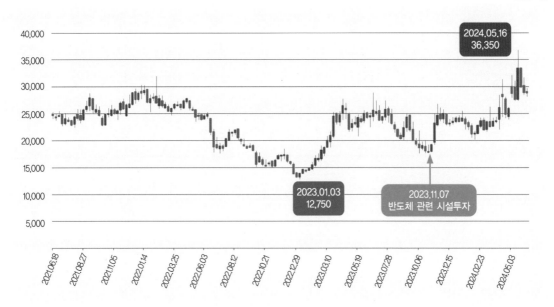

알 수 있는데요. 공시가 물론 중요하기는 하지만 사전에 그 공시가 주가에 반영됐는지 여부를 파악하는 것도 상당히 중요하다는 것을 보여준 사례라고 하겠습니다.

사례 2. 옵투스제약: 시가총액과 맞먹는 시설투자

옵투스제약은 지분 39.36%를 보유한 삼천당제약이 최대주주입니다. 옛 이름이 디에이치피코리아였던 회사로, 일회용 점안제 시장 국내 1위고요. 2023년 들어 옵투스제약은 매출액 724억 원으로 사상 최대를 기록했습니다. 영업이익도 2020년 155억 원을 기록한 이후 2021년 105억 원, 2022년 53억 원으로 감소했던 것이 82억 원으로 턴어라운드하는 모습이 나왔고요.

옵투스제약 신설 및 시설투자

옵투스제약은 실적이 좋아지는 국면에서 2024년 2월 28일 대규모 시설투자 공시를 발표합니다. 투자 규모가 880억 원인데 당시 옵투스 제약의 시가총액이 851억 원이었으니 시가총액보다도 큰 규모의 시설투자를 발표한 겁니다. 과거 공시를 찾아보면 2020년 10월 12일에 221억 원의 시설투자가 있었으니 확실히 큰 규모의 투자라고 할 수 있고요.

옵투스제약은 장 마감 후 공시를 발표하여 시간 외 주가가 상한가를 기록했습니다. 2022년 2월 28일 종가가 5,270원이었는데 공시 발표 후 2022년 3월 25일 최고 9,550원까지 올라 1달 만에 주가가 81%

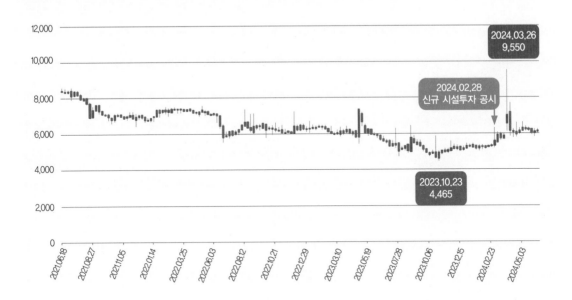

옵투스제약 주봉 차트

(단위 : 원)

상승했습니다. 시장이 예상하지 못했던 대규모 시설투자였기에 투자 기반 성장을 기대할 수 있었던 공시라 하겠죠.

2022년 2월 28일 발표한 대규모 시설투자의 종료 시점이 2026년 9월 30일인데요. 아마 2026년 초·중순부터는 다시 옵투스제약이 시장에서 회자될 가능성이 큽니다. 신규 시설투자의 성과를 점차 기대하는 심리가 커질 수 있기 때문이죠.

시설투자 공시를 매일 살펴보기는 하지만, 개인적으로 중요도를 썩 높게 평가하진 않습니다. 첫째 개별 기업의 시설투자 공시가 주가에 큰 영향을 주는 경우가 별로 없고, 둘째 의미가 있더라도 시장에서 이미 알고 있어 주가가 미리 오른 경우가 많죠. 마지막으로 시설투자는 그 성과가 실적으로 연결되기까지 오랜 시간이 필요하기 때문입니다.

이에 시설투자 공시 자체보다는 투자현금흐름에서 나타나는 유형자산 투자 내용을 살펴보면서 실적으로 연결되는 시점을 발견하는 것이 더 유의미할 수 있습니다.

📊 요약

- 시설투자도 의외성이 중요하다.
- 시설투자 공시 자체보다는 전체 유형자산 투자의 추이와 실적으로 연결되는 시점을 찾는 것이 더 중요할 수 있다.

CHAPTER 9

성장 확인 공시 3:
M&A

기존 사업 경쟁력 높이기

"기업은 왜 다른 회사를 인수하려고 할까요?"

앞에서 기업이 사업 확장을 도모할 때 시설투자를 한다고 했는데요. 이번에는 사업 확장을 도모하는 또 다른 전략, 바로 다른 회사를 인수하는 M&A(Merger and Acquisition, 인수합병)입니다. 공시에는 '타법인 주식 및 출자증권 양수 결정'이라는 이름으로 나옵니다.

기업이 인수하려는 회사를 살펴보면 나아가고자 하는 방향을 읽을 수 있습니다. 만약 동일한 사업을 영위하는 경쟁 기업을 인수한다면 산업 내 경쟁력을 확보하려는 노력으로 볼 수 있습니다.

동일 산업 내 M&A는 보통 산업 내 후발주자들이 몸집을 키우고 점유율을 높이려는 경우가 많습니다. 최근 반도체 낸드플래시 산업 2위인 일본의 키옥시아가 4위인 미국의 웨스턴디지털과 합병을 추진하고 있는데요. 합병을 통해 몸집을 키우고 경쟁력을 높여 1위 업체

낸드플래시

낸드플래시(NAND Flash)는 비휘발성 메모리 반도체로, 전원이 꺼져도 데이터를 유지합니다. 주로 데이터 저장 장치에 사용되죠. 우리가 흔히 사용하는 USB나 하드디스크를 대체하는 SSD에 사용되는 반도체가 바로 낸드플래시입니다.

인 삼성전자를 견제하려는 시도라고 볼 수 있습니다.

빙그레는 2020년 해태아이스크림을 인수하면서 단숨에 롯데제과를 제치고 빙과시장 1위로 도약했습니다. 인수 직전 빙과시장에서 1위는 점유율 30%의 롯데제과였고 빙그레의 점유율은 27%로 2위, 해태제과는 14%로 3위였습니다. 빙그레는 해태아이스크림 사업부와 합병하면서 1위로 도약하고, 처음으로 매출 1조 원을 돌파하는 성과를 이룹니다.

다만 동일 산업 내 M&A는 독과점 규제 등 제약이 있어서 각국 정부로부터 승인을 얻어야 해서, 인수 발표를 인수 확정으로 보면 안 됩니다. 글로벌 의료기기 업체 보스턴 사이언티픽은 엠아이텍 인수를 결정했으나 유럽에서 기업결합심사 승인을 받지 못했죠. 끝내 M&A가 무산되면서 피인수 기대감으로 올랐던 주가는 급락해버렸습니다. 요

독과점 규제

독과점 규제는 시장 경쟁을 촉진하여 소비자를 보호하기 위한 정부의 법적, 행정적 조치를 뜻합니다. 예를 들어 특정 기업이 우리나라 계란 공급을 독점한다면 그 기업은 우리나라 계란 가격을 좌지우지할 수 있게 됩니다. 아무래도 제대로 된 시장가가 나오지 않을 가능성이 높겠죠. 정부는 이런 사태를 미연에 방지하기 위해 독과점을 규제하고 있습니다. 그래서 특정 기업이 M&A로 새로운 독과점 업체가 될 가능성이 있어 보이면 정부에서 M&A를 승인하지 않게 되는 거죠.

기 베라의 말이 생각나는 사례입니다.

"끝날 때까지 끝난 게 아니다."

또 M&A 직후에는 회사 통합 과정에서 구조조정을 위한 비용이 많이 들어갑니다. 조정 과정에서 영업활동도 차질이 빚어지게 되니 실적이 부진한 경우가 많고요. 그래서 부진한 실적에 주가는 오히려 하락할 수도 있는데요. 그러니 M&A 공시를 보면서 급하게 투자 결정을 내리기보다는 산업 내 경쟁 구도 등을 잘 살펴보면서 투자 기회를 엿보는 것이 좋습니다.

M&A에도 정말 다양한 경우가 있습니다.
기업마다 경우도 천차만별입니다.
다음 사례들은 여러 M&A 중에서도
주목할 만한 사례들을 정리했습니다.
함께 살펴봅시다!

새로운 사업으로 확장하기

"기업이 부족함을 채우는 가장 쉬운 방법은 뭘까요?"

기존 사업과 완전히 같지는 않지만 같은 산업군 내에서 사업을 확장하는 케이스도 있습니다. 기존에 도전하지 않았던 새로운 산업에 진출하기 위한 M&A도 있고요.

사례. 사조대림: 전분당 사업으로 확장

사조대림은 동일 산업군 내에서 사업 확장을 위해 M&A를 추진한 케이스입니다. 2023년 11월 10일 사조대림은 전분을 만드는 인그리디언코리아의 지분 100%를 인수한다고 발표했는데요. 사조대림은 어묵, 맛살 등 식품을 주로 다루는 기업인지라, 전분 회사 인수는 동일 산업은 아니지만 같은 음식료업 내 사업 확장의 결정이었다고 볼 수

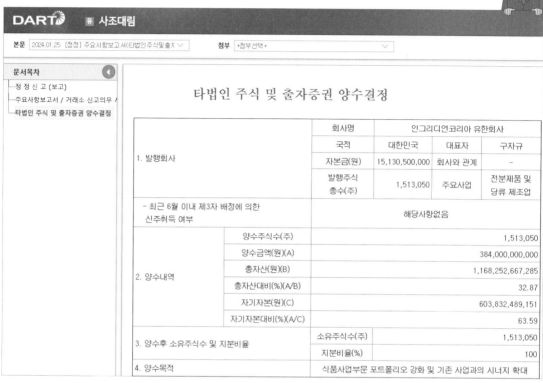

문서목차 ◀
정정신고 (보고)
주요사항보고서 / 거래소 신고의무 ᄉ
타법인 주식 및 출자증권 양수결정

타법인 주식 및 출자증권 양수결정

		회사명	인그리디언코리아 유한회사		
1. 발행회사		국적	대한민국	대표자	구자규
		자본금(원)	15,130,500,000	회사와 관계	–
		발행주식 총수(주)	1,513,050	주요사업	전분제품 및 당류 제조업
- 최근 6월 이내 제3자 배정에 의한 신주취득 여부		해당사항없음			
2. 양수내역	양수주식수(주)				1,513,050
	양수금액(원)(A)				384,000,000,000
	총자산(원)(B)				1,168,252,667,285
	총자산대비(%)(A/B)				32.87
	자기자본(원)(C)				603,832,489,151
	자기자본대비(%)(A/C)				63.59
3. 양수후 소유주식수 및 지분비율	소유주식수(주)				1,513,050
	지분비율(%)				100
4. 양수목적	식품사업부문 포트폴리오 강화 및 기존 사업과의 시너지 확대				

있습니다.

인수 발표 당시 사조대림의 시가총액이 2,740억 원이었는데 인그리디언코리아 지분 인수 금액이 3,840억 원이었습니다. 말하자면 자사보다 규모가 더 큰 회사를 인수한 셈입니다.

인그리디언코리아는 전분과 전분당을 만드는 회사입니다. 전분은 옥수수, 타피오카, 감자 등을 원재료로 해서 만드는 하얀 가루로 녹말이라고도 부릅니다. 전분을 가공해 만드는 물엿 등이 전분당이고요.

인그리디언코리아의 매출은 코로나 시기였던 2020년 3,168억 원으로 주춤했다가 2021년 3,729억 원, 2022년 4,612억 원으로 회복했는데요. 순이익은 반대로 2020년 82억 원, 2021년 37억 원에서 2022

년 '-91억 원'(적자)으로 점점 악화했습니다. 음식료 사업의 특성상 원재료비 비중이 큰데 코로나 이후 옥수수 등의 식품 원재료 가격이 급등하면서 수익성이 나빠져서입니다.

📊 인그리디언코리아 실적 추이 (단위 : 백만 원)

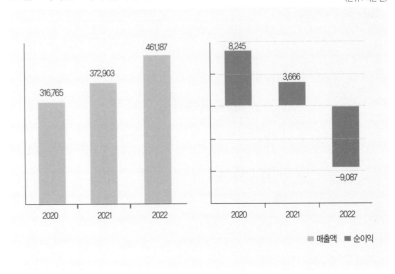

수익성만 보면 인그리디언코리아를 3,840억 원이나 주고 매입하는 게 와닿지 않습니다. 인그리디언의 자본총계를 살펴봐도 2022년 말 기준 1,647억 원이니 인수 가격을 설명하기엔 부족하고요.

부평과 이천 생산 공장의 장부가가 339억 원으로 공시지가인 930억 원에도 훨씬 미치지 못했기에 이를 고려한다면 실질 자본총계는 2,200억~2,600억 원 정도로 볼 수 있지만 그렇다고 해도 인수 가격이 쉽사리 설명되지는 않습니다.

수익성도 좋지 않고 자산가치가 높은 것도 아니라면 사조대림이 인그리디언코리아를 비싸게(?) 인수한 이유가 무얼까요.

공시를 보면 첨부 내용 중에 '외부평가기관의 평가의견서'라는 게

📊 인그리디언코리아 부지 공시지가

(단위 : 원)

과목	종류(면적)	장부금액		공시지가	
		제24(당) 기	제23(전) 기	제24(당) 기	제23(전) 기
토지	이천공장부지(119,182㎡)	21,049,135,347	21,049,135,347	43,577,663,900	40,692,015,100
	부평공장부지(27,993.9㎡)	12,884,066,400	12,884,066,400	49,381,239,600	44,818,233,900
합계		33,933,201,747	33,933,201,747	92,958,903,500	85,510,249,000

있습니다. 다음 그림에서 첨부라는 박스를 클릭하면 첨부 문서들을 볼
수 있습니다. 외부에 쉽게 드러나지 않는 자료다 보니 놓치는 경우가
많은데요. 이런 평가 자료들도 꼼꼼하게 살펴보면 도움이 많이 됩니다.

📊 사조대림 외부평가기관의평가의견서

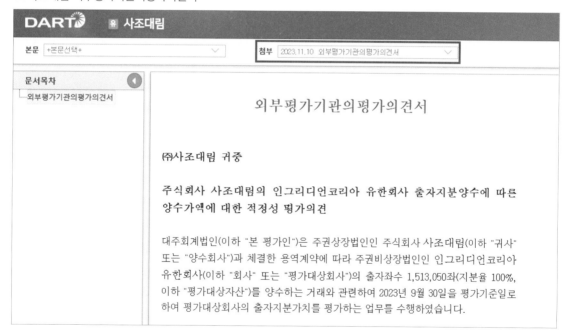

이 자료에서 나온 실적을 보면 2022년 영업손실이 125억 원이었
습니다. 2021년 대비 매출액은 23.6% 증가했는데 영업이익은 오히려
손실입니다. 원재료비가 올라가 그 비중이 2021년 71.9%에서 2022년

75.9%로 높아지면서 매출액이 늘었음에도 영업이익은 감소한 것이죠.

📊 인그리디언코리아 실적 추이
(단위 : 백만 원)

구분	2021년	2022년	2023년 1월~9월
매출액	372,903	461,187	322,581
매출원가	316,855	411,691	270,218
매출총이익	56,048	49,496	52,363
판매비와 관리비	52,279	61,968	42,470
세전영업이익	3,770	-12,472	9,893

그런데 2023년 실적을 보면 3분기 누적으로 세전영업이익이 99억 원 흑자입니다. 원재료비 비중이 2022년 75.9%에서 70.0%로 내려왔기 때문입니다. 원재료 가격 하락 효과가 숫자로 확인된 겁니다. 우리나라의 다른 음식료 업체들도 같은 기간 원재료 가격 하락으로 수익성이 개선되었으니 충분히 납득되는 수치입니다. 인그리디언이 기업 매각을 위해 억지로 수익성을 개선한 건 아니라는 뜻입니다. 장기적으로 봐도 재료비 비중은 큰 이슈가 없는 한 2021년 수준인 70% 초반대에서 안정될 가능성이 커 보입니다

📊 인그리디언코리아 제품매출원가
(단위 : 백만 원)

구분	2021년	2022년	2023년 1월~9월
재료비	213,127	296,294	177,588
비율	71.9%	75.9%	70.0%

음식료 업체들은 원재료비 비중이 높고 영업이익률은 낮습니다. 그러니 원재료비에 따라 영업이익이 크게 변동할 수 있죠. 그런데 하락한 원재료비를 고려해도 2023년 영업이익 추정치는 150억 원을 조

금 넘는 정도입니다. 아직도 인수 가치인 3,840억 원을 설명하기에는 부족한 거죠.

📊 인그리디언코리아 실적 전망

(단위 : 백만 원)

구분	실적			추정					
	2021년	2022년	2023년 1월~9월	2023년 10월~12월	2024년	2025년	2026년	2027년	2028년
매출액	372,903	461,187	322,581	109,507	450,823	469,209	491,688	506,978	524,278
매출원가	316,855	411,691	270,218	89,329	360,727	375,851	394,302	407,366	420,421
매출총이익	56,048	49,496	52,363	20,178	90,096	93,358	97,386	99,612	103,857
판매비와 관리비	52,279	61,968	42,470	14,283	30,350	31,425	32,696	33,639	34,699
세전영업이익	3,770	-12,472	9,893	5,895	59,746	61,933	64,690	65,973	69,158

이번에는 회계법인이 인그리디언코리아의 실적을 전망한 표를 살펴보죠. 회계법인은 회사의 영업이익이 2024년 597억 원으로 급증해서 향후 600억 원 이상을 기록할 것으로 전망했습니다. 영업이익이 이렇게 나온다면 인수 가격이 충분히 설명되기는 하는데 갑자기 영업이익이 이렇게 증가하는 배경이 뭘까요.

영업이익 계산식은 '매출액 – 매출원가 – 판매관리비'였죠. 앞에서는 재료비가 중심인 매출원가를 살펴봤으니 이제는 판매비와 관리비를 살펴볼 차례입니다.

인그리디언코리아의 2022년 판관비는 약 620억 원이었습니다. 그런데 2024년 추정치에선 304억 원으로 급감합니다. 여러분이 회사를 인수하는 인수자라면 당연히 어떻게든 회사 가치를 낮춰서 싸게 사고 싶겠죠. 달리 얘기하면 인그리디언코리아의 판관비가 감소하는 이유가 명확하고 '지속가능'하지 않다면 사조대림에서 받아들일 리가 없다는 말과 같습니다. 사조대림에서도 동의할 수밖에 없는 판관비 하락 요인을 찾아봐야겠네요.

📊 인그리디언코리아 판매비와 관리비 내역

(단위 : 백만 원)

구분	실적				추정				
	2021년	2022년	2023년 1월~9월	2023년 10월~12월	2024년	2025년	2026년	2027년	2028년
인건비(주1)	8,611	7,873	6,100	1,754	7,232	7,508	7,808	8,082	8,389
여비교통비	323	385	324	108	382	388	396	402	409
세금과공과	258	231	249	83	273	278	283	287	292
지급임차료	406	366	316	105	403	409	417	423	431
감가상각비(주2)	120	110	98	34	128	128	131	128	119
사무실관리비	349	327	335	112	374	381	388	394	400
접대비	494	552	539	180	587	597	608	617	628
운반보관비	13,186	14,879	9,213	3,529	14,529	15,122	15,846	16,339	16,897
지급수수료	11,182	16,248	10,770	3,617	3,657	3,771	3,907	4,004	4,113
로열티	14,819	18,400	12,896	4,366	451	469	492	507	524
용역비	1,629	1,660	443	148	1,382	1,405	1,432	1,453	1,478

다시 회계법인의 판관비 추정을 보면 다른 수치들은 크게 변하지 않았는데 지급수수료와 로열티 부문이 크게 감소한 것을 확인할 수 있습니다.

로열티는 인그리디언코리아가 인그리디언이라는 이름을 사용하면서 본사에 브랜드 대가를 지급한 것입니다. 약 4%를 로열티 명목으로 지급했는데 대주주가 변경된 이후에는 브랜드 사용료 명목의 수수료가 0.1%로 감소한다고 합니다. 영업이익률이 3.9%p 개선되는 것입니다.

지급수수료는 특수관계자에게 IT 서비스 등 명목으로 수수료를 지급하던 것인데요. 이 역시 대주주가 변경된 이후 수수료를 지급하지 않으면서 관련 비용이 급감한다고 봤죠.

정리하자면 첫째, 2023년 원재료비 하락을 통한 매출총이익률 개선을 확인했죠. 여기에 둘째, 인그리디언 본사에서 수취하던 6%~7%

수준의 로열티와 수수료가 사라지게 된 겁니다. 당연히 사조대림 인수 이후 인그리디언코리아의 수익성은 개선될 수밖에 없는 상황이죠. 이에 사조대림은 3,840억 원이라는 금액으로 인그리디언코리아를 인수했다고 볼 수 있습니다.

중요한 것은 이번 인수가 사조대림의 주가에 긍정적인 영향을 줄 것인가의 여부겠죠. 사조대림의 인수 자금 조달 계획을 보면 증자는 계획에 없습니다. 주식의 추가 발행이 없다는 말이니, 주주 가치의 희석은 없다는 거죠. 차입으로 자금을 조달하지만 1,900억 원 규모의 차입은 미래 영업이익을 기반으로 금방 갚아나갈 수 있는 수준입니다. 주주가치 희석이 없고 차입금 부담도 크지 않다면 실적만 집중해서 살펴보면 되겠네요.

📈 사조대림 주요재무현황

(단위 : 억 원, %)

IFRS(연결)	2020/12	2021/12	2022/12
매출액	17,181	18,137	20,188
영업이익	494	1,023	977
영업이익(발표기준)	494	1,023	977
당기순이익	362	666	738
지배주주순이익	338	627	712
비지배주주순이익	23	39	26
자산총계	11,241	11,357	11,683
부채총계	6,725	6,167	5,644
자본총계	4,516	5,190	6,038

사조대림은 2022년 매출 2조188억 원, 영업이익 977억 원을 기록했습니다. 2023년엔 매출 2조631억 원, 영업이익 1,286억 원이었고요. 역시 원재료비가 줄면서 영업이익률이 4.8%에서 6.2%로 개선된 것이 눈에 들어옵니다.

사조대림의 실적에 앞으로 100% 자회사인 인그리디언코리아의 실적이 더해지는 거죠. 인수한 것이 2024년 2월 1일이니 2024년 1분기부터 실적에 더해지기 시작합니다. 1분기에는 아직 3개월 중 2개월만 더해진 것인데도 확실히 효과가 드러납니다. 2024년 1분기 매출 5,946억 원, 영업이익 441억 원으로 각각 전년 동기 대비 17.3%, 41.0% 증가한 겁니다.

📊 사조대림 실적 추이

(단위 : 억 원)

분기	1Q23	2Q23	3Q23	4Q23	1Q24
매출액	5,071	5,037	5,465	5,057	5,946
YoY	4.2%	2.5%	2.3%	-0.1%	17.3%
매출원가	4,350	4,297	4,673	4,337	5,019
매출총이익	721	741	792	720	928
YoY	16.9%	-1.5%	6.7%	45.9%	28.6%
판관비	409	408	440	431	487
영업이익	313	333	352	289	441
YoY	37.5%	-3.2%	4.7%	319.2%	41.0%
당기순이익	204	348	286	233	341
YoY	102.2%	34.7%	69.4%	11.2%	67.4%
당기순이익(지배)	170	294	256	193	306
YoY	32.6%	34.5%	53.5%	-2.8%	79.7%

인그리디언코리아는 사조대림에 인수된 후 사명이 사조씨피케이로 변경되었는데요. 1분기 사조대림의 연결 실적으로 들어온 사조씨피케이의 매출은 662억 원, 영업이익은 92억 원입니다. 2개월만 반영된 수치이니 이를 분기로 환산하면 대략 매출액은 1,000억 원, 영업이익은 140억 원 정도가 나오게 됩니다. 회계법인에서 추정한 2024년 매출액이 4,500억 원, 영업이익이 600억 원 수준이었는데 1분기 실적

을 보면 얼추 달성 가능할 것 같습니다.

인그리디언코리아 인수 공시를 낸 2023년 11월 10일 사조대림 주가는 29,750원이었는데, 이후 M&A 효과를 실적으로 증명하면서 2024년 5월 17일 47,800원까지 6개월 만에 주가가 60.7% 상승합니다.

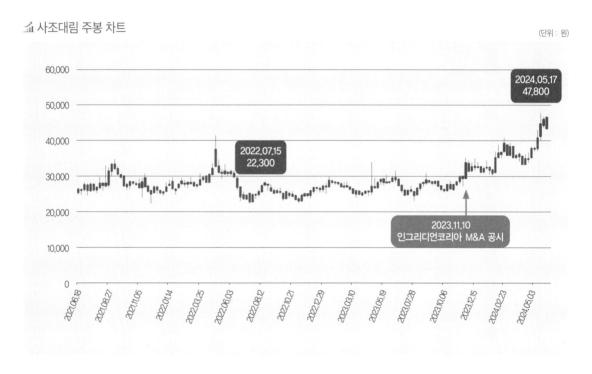

📈 사조대림 주봉 차트

(단위 : 원)

사조대림은 M&A를 통한 실적 성장을 충분히 예상할 수 있었고 기업가치 대비 저평가 국면이 확실했기에 기업을 분석하고 기다리기만 하면 충분히 수익을 낼 좋은 기회였습니다. 단기에 고수익을 추구하는 성향이 아니라면 느긋하게 기다리면서 수익을 낼 수 있다는 것을 보여준 대표적인 사례라고 할 수 있겠네요.

누가 인수하느냐에 따라 다르다

"대기업에 다니면 결혼하기 쉬운 이유는 뭘까요?"

앞의 사례는 기업이 다른 회사를 인수하면서 사업 확장을 도모한 것이죠. 이번에는 반대로 기업이 다른 회사에 피인수되는 경우입니다. 보통 '최대주주 변경을 수반하는 양수도계약 체결' 공시라는 이름으로 나오죠. 기업의 최대주주가 기업을 인수하고자 하는 이에게 지분을 매각하면서 양수도 계약을 체결하기에 저런 공시가 나온다고 보면 됩니다.

물론 인수자가 3자배정 유상증자나 CB, BW 발행을 통해 최대주주가 되기도 합니다. 기존의 최대주주 지분와 새로운 인수자가 공존하는 경우죠. 또 기존 최대주주의 지분 매각과 새로운 인수자의 유상증자가 동시에 나오기도 하고요.

📈 회사 매각 관련 공시

| 공시서류검색 | 공시통합검색 | | | | | | | 🏠 공시서류검색 › 공시통합검색 |

이렇게 기업이 매각될 때는 대상 기업을 인수하는 곳이 글로벌 사업을 영위하는 큰 회사일수록 주가에 큰 영향을 미칩니다. 글로벌로 사업을 영위하고 있는 대기업은 이미 세계적으로 영업망을 잘 구축하고 있죠. 이에 인수되는 기업의 재화와 서비스가 인수 기업의 영업망을 통해 판매되면서 사업이 확장될 기회가 커질 수 있기 때문입니다.

인수자가 상장사를 인수한 다음 이 회사를 셸(Shell) 컴퍼니로 활용해 다른 회사를 우회상장 시키려는 케이스도 많습니다. '셸'은 조개껍데기를 의미하는데요. 말 그대로 상장을 위한 껍데기 역할을 한다는 뜻입니다. 여기에 붙이는 실체 있는 회사는 조개의 진주라고 해서 펄(Pearl)이라고 얘기하죠.

인수자가 상장사를 인수한 후 별도의 다른 회사를 상장사와 합병하면서 신규 사업에 진출한다고 하는 경우들이 있는데요. 우회상장으로 '작전'을 하는 경우가 많으니 주의해야 합니다. 이러면 단기에 주가가 급등하기도 하지만 주가 변동성이 커서 손실 위험도 그만큼 큽니다. 잘 생각해보면 정말 좋은 회사는 직상장을 추진하면 되지, 굳이 자금 조달도 안 되는 우회상장을 택할 필요가 없잖아요.

사례 1. 레인보우로보틱스: 삼성이 산다고?

레인보우로보틱스는 2023년 1월 3일 제3자배정 유상증자를 발표하는데요. 대상은 무려(!) 삼성전자였습니다. 삼성전자는 590억 원을 투자하여 레인보우로보틱스의 주식 194만 주를 취득하여 지분 10.22%를 확보합니다. 신주발행가액은 30,400원으로 기준주가 33,758원 대비 10% 정도 할인되었고요.

📊 레인보우로보틱스 유상증자 결정

1. 신주의 종류와 수	보통주식 (주)	1,940,200
	기타주식 (주)	-
2. 1주당 액면가액 (원)		500
3. 증자전 발행주식총수 (주)	보통주식 (주)	16,841,219
	기타주식 (주)	-
4. 자금조달의 목적	시설자금 (원)	28,982,080,000
	영업양수자금 (원)	-
	운영자금 (원)	30,000,000,000
	채무상환자금 (원)	-
	타법인 증권 취득자금 (원)	-
	기타자금 (원)	-
5. 증자방식		제3자배정증자

이후 2023년 3월 15일 레인보우로보틱스 경영진이 삼성전자에 지분을 장외매도했다는 공시가 떴습니다. 임원들의 지분 913,936주를 삼성전자가 30,400원에 인수한 건데요. 2023년 1월 발표한 제3자배정 유상증자 발행가와 같습니다.

같은 날 레인보우로보틱스는 '투자판단 관련 주요경영사항(최대주주 변경을 수반하는 콜옵션 조건이 포함된 주주 간 계약 체결)'이라는 아주 긴 이름의 공시를 발표합니다. 공시에 '최대주주 변경'이라는 표현이 있으니 '레인보우로보틱스 최대주주가 회사를 매각하려는 거구나'라고 예상할 수 있습니다.

📈 레인보우로보틱스 회사 매각 관련 공시

32	코	레인보우로보틱스	[기재정정]투자판단관련주요경영사항 (최대주주 변경을 수반하는 콜옵션 조건이 포함된 주주간계약의 체결)	레인보우로보틱...	2023.03.15	코

공시 내용을 보면 삼성전자가 기존 경영진과 최대주주 변경을 수반하는 콜옵션 계약을 체결하여 레인보우로보틱스의 실질 최대주주가 되었다는 것을 알 수 있습니다.

콜옵션은 특정 가격에 주식을 살 수 있는 권리입니다. 콜옵션 의무자는 콜옵션 보유자가 옵션을 행사하면 자신들이 보유한 주식을 행사자에게 매도해야 합니다. 이 경우는 삼성전자가 콜옵션 행사자고 레인보우로보틱스의 임원들이 콜옵션 의무자입니다. 이 말은 삼성전자가 특정 가격에 콜옵션을 행사하여 지분을 취득할 수 있다는 얘기입니다.

반대로 풋옵션은 풋옵션 행사자가 보유한 주식을 풋옵션 의무자들에게 특정 가격에 매도할 수 있는 권리입니다. 앞의 계약 '다. 기타사항'에 보면 "삼성전자가 보유하는 발행회사 주식의 매수를 청구하거나 최대주주 등이 보유한 주식 전부를 삼성전자에게 매도할 것을

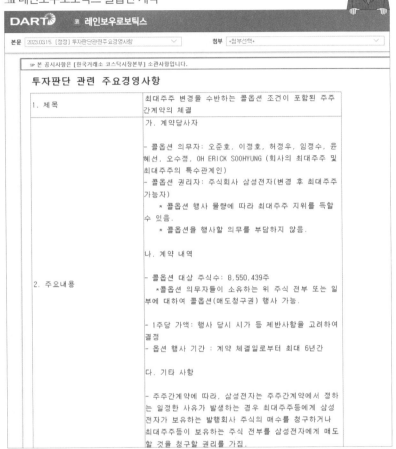

레인보우로보틱스 콜옵션 계약

DART ™ 레인보우로보틱스

본문 2023.03.15 [정정] 투자판단관련주요경영사항   첨부 ·첨부선택·

☞ 본 공시사항은 [한국거래소 코스닥시장본부] 소관사항입니다.

투자판단 관련 주요경영사항

1. 제목	최대주주 변경을 수반하는 콜옵션 조건이 포함된 주주 간계약의 체결
2. 주요내용	**가. 계약당사자** - 콜옵션 의무자: 오준호, 이정호, 허정우, 임정수, 윤혜선, 오수정, OH ERICK SOOHYUNG (회사의 최대주주 및 최대주주의 특수관계인) - 콜옵션 권리자: 주식회사 삼성전자(변경 후 최대주주 가능자) * 콜옵션 행사 물량에 따라 최대주주 지위를 득할 수 있음. * 콜옵션을 행사할 의무를 부담하지 않음. **나. 계약 내역** - 콜옵션 대상 주식수: 8,550,439주 *콜옵션 의무자들이 소유하는 위 주식 전부 또는 일부에 대하여 콜옵션(매도청구권) 행사 가능. - 1주당 가액: 행사 당시 시가 등 제반사항을 고려하여 결정 - 옵션 행사 기간 : 계약 체결일로부터 최대 6년간 **다. 기타 사항** - 주주간계약에 따라, 삼성전자는 주주간계약에서 정하는 일정한 사유가 발생하는 경우 최대주주등에게 삼성전자가 보유하는 발행회사 주식의 매수를 청구하거나 최대주주등이 보유하는 주식 전부를 삼성전자에게 매도할 것을 청구할 권리를 가짐.

청구할 권리를 가짐"이라고 나오죠. 이 매수청구권이 바로 풋옵션입니다. 상대방에게 내 주식을 사라고 요청하는 권리라는 것이죠. 반대로 콜옵션은 매도청구권이 되겠고요.

삼성전자가 콜옵션을 행사하게 되면 레인보우로보틱스 지분 8,550,439주를 추가로 확보해 총 11,404,575주, 지분 59.94%를 보유한 최대주주가 됩니다. 행사가격이 계약 체결 시점에서 정해지는 것이 아니라 행사 시점에 결정한다는 것이 특이하네요.

삼성전자가 제3자배정 유상증자 참여와 최대주주변경을 수반하는 콜옵션 계약을 체결하면서 레인보우로보틱스의 주가는 2023년 1월 3일 37,600원에서 2023년 9월 11일 242,000원까지 8개월 만에 543% 상승을 보였습니다. 삼성이라는 글로벌 대기업의 인수가 기업 가치에 어떤 영향을 주게 되는지 보여준 대표적인 사례입니다.

📈 레인보우로보틱스 주봉 차트

(단위 : 원)

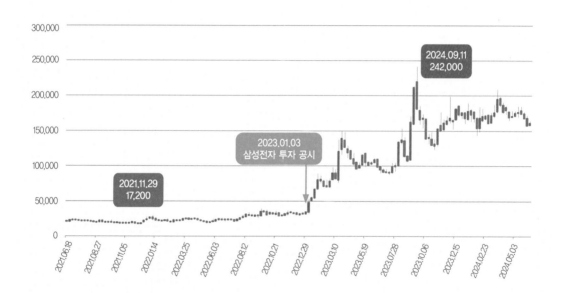

엠로도 비슷한 공시를 냈습니다. 2023년 3월 15일 삼성SDS에서 엠로의 최대주주 지분 33.4%를 1,118억 원에 인수한다고 발표한 겁니다. 더불어 삼성SDS는 전환사채 70억 원, 신주인수권부사채 95억 원을 합하여 총 1,285억 원을 엠로 인수에 투자했습니다. 삼성SDS가 전환사채와 신주인수권부사채를 행사하면 지분 37%를 확보하게 됩니다.

엠로는 AI 기반 공급망관리 소프트웨어를 개발하는 회사인데요. 삼성SDS는 삼성그룹의 SI 업체로서 엠로와의 시너지를 충분히 기대할 수 있죠. 반대로 얘기하면 삼성SDS를 등에 업고 엠로의 사업이 확장될 가능성이 크다는 얘기입니다.

엠로의 주가는 인수 직전 2023년 3월 14일 23,250원에서 인수 이후 7월 20일 97,800원까지 치솟았습니다. 불과 4개월 만에 4배 이상 상승한 겁니다.

엠로는 삼성이 워낙 글로벌 기업이라, 삼성그룹 내 회사가 최대주주가 되니 주가가 급등한 사례라고 볼 수 있겠죠. 기억해야 할 것은 아무리 글로벌 기업이라도 단순히 지분에 참여하는 것과 아예 최대주주로 등극하는 것은 영향력에서 큰 차이를 보인다는 점입니다. 실제로 과거 삼성전자는 공급망 안정을 위해 소부장 업체들에 지분투자를 했지만, 레인보우로보틱스나 엠로처럼 주가가 강하게 오르지는 못했었죠.

📈 엠로 주봉 차트
(단위 : 원)

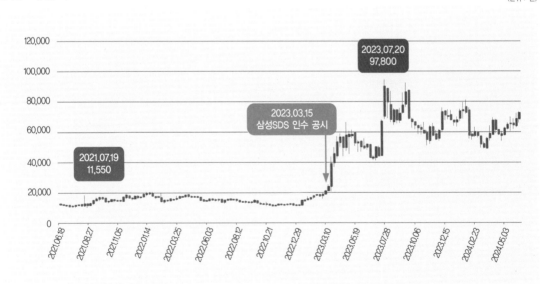

사례 2. 디엔에프: 매각으로 영업력 확충

디엔에프는 2023년 10월 30일 솔브레인이 최대주주의 지분을 인수한다는 공시를 냈습니다. 디엔에프는 반도체 소자 형성용 박막 재료를 생산하는 반도체 소재 기업입니다. 2023년에는 반도체 업체들의 감산으로 소재 수요도 줄면서 실적이 부진했지만, 이전까지는 꾸준한 실적 성장을 보였던 기업이고요.

디엔에프를 인수한 솔브레인 역시도 반도체용 소재를 제조하는 회사죠. 2022년 기준 솔브레인의 매출은 1조909억 원, 디엔에프는 1,352억 원으로 솔브레인의 회사 규모가 월등히 큽니다. 그만큼 솔브

📈 디엔에프 매각 관련 공시

레인의 영업력이 좋다는 것으로 해석할 수 있습니다. 이는 디엔에프가 솔브레인으로 인수되었을 때 판로가 확대되거나 새로운 제품이 솔브레인의 영업망을 통해서 판매될 수 있음을 의미하죠. 그간 디엔에프는 회사의 기술력에 비해 성장이 더디다는 평가를 받아왔는데요. 솔브레인에 인수되면서 더딘 성장의 한계를 벗어날 수 있다는 기대가 붙을 수 있게 된 거죠.

디엔에프는 솔브레인의 인수일인 2023년 10월 30일 주가가 18,760원으로 7.9% 올랐고, 다음날에도 19% 오르면서 급등을 보였는데요. 이틀 뒤인 11월 1일에는 다시 19% 하락하면서 인수 당일 종가보다도 낮은 18,100원으로 마감했습니다. 하지만 결국은 M&A에 대한 기대감으로 11월 21일 24,200원까지 다시 주가가 상승합니다. 인수 당일 종가와 비교하면 20여 일 만에 29%의 수익을 낸 것입니다.

📈 디엔에프 주봉 차트 (단위 : 원)

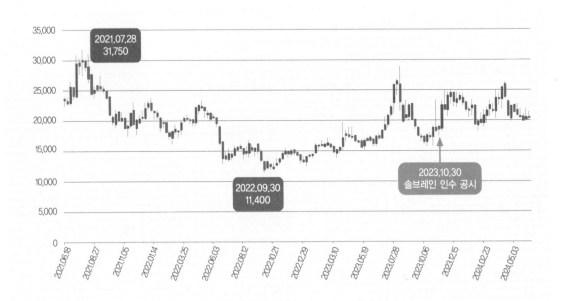

아무래도 인수자가 삼성 같은 대기업은 아니다 보니 주가의 변동성이 크고 상대적으로 상승 폭은 크지 않았다고 봐야겠죠. 인수하는 회사의 규모가 중요함을 다시 보여줍니다.

다만 이런 경우, 인수 이후 영업력이 확충되면서 점진적으로 실적이 향상되고 주가도 같이 상승할 가능성이 있습니다. 특히 반도체 경기가 회복되는 시기에 성과가 좋을 수 있으니 관심을 갖고 봐야겠죠.

📊 요약

- 자회사나 해외 법인 설립은 시설투자 공시와 비슷하다. 주가에 큰 영향을 주는 경우는 드물다.
- 실적의 증가가 기대되는 M&A는 실적이 가시화되면서 주가에 점차 반영할 수 있다.
- 글로벌 기업이나 대기업에 인수되는 경우 성장에 대한 기대감으로 주가가 급등할 수 있다.

CHAPTER 10

저평가 확인 공시 1:
장내매수

공시에 숨은 보물, 저평가 시그널

"공시로 숨어있는 저평가 기업을 찾을 수 있을까요?"

앞의 내용을 간략히 상기해보겠습니다. 우리는 주식을 살 때 주가가 오르기를 바라면서 매수합니다. 주가가 오르기 위해서는 투자처가 매력이 있어야 하고요. 그중에서 우린 가치투자자가 느끼는 매력에 주목했습니다. 바로 기업의 가치가 주가보다 더 커야 한다는 것이었죠. 이를 위해서는 다음 두 가지 중 하나에 해당해야 합니다.

① 회사의 미래가치 〉 회사의 주가: 키워드는 성장
② 회사의 현재가치 〉 회사의 주가: 키워드는 저평가

앞의 챕터에서 살펴본 것이 기업의 미래 성장성을 볼 수 있는 공시들이었죠. 사업보고서, 수주, 시설투자를 통해 기업의 실적 성장성을 점검할 수 있다고 말했습니다. 이를 통해 기업의 미래가치가 회사의 주가보다 높다는 것을 확인한다면 좋은 성과를 낼 수 있다는 것을 확인했고요. 중요한 키워드는 성장인데 이 성장이 시장의 기대치보다 높아야 한다는 게 핵심이었죠.

미래 성장성을 엿볼 수 있는 공시들을 잘 활용하면 당연히 좋은 성과를 낼 수 있습니다. 하지만 기업의 공시를 통해 성장 가능성을 바로바로 점검할 수 있기에 주가가 단기에 급등해버릴 수 있다고 했죠. 그 말은 충분히 기업을 공부하고 준비할 시간이 부족할 수 있다는 뜻입니다.

기업을 공부하지 못했는데 주가가 급등하는 사례를 몇 번 경험하면 마음이 급해지기 쉽죠. 그래서 해당 이슈가 실적에 미치는 영향을 제대로 살펴보지 않고 급하게 매수 버튼을 누르는 경우가 많아지게 되는데요. 문제는 공시의 내용이 주가에 미리 반영된 경우가 많다는 겁니다. 정작 공시가 나오면 주가가 하락할 수 있다는 거죠. 지속적으로 주식시장을 살필 수 없는 일반 투자자들에게 미래 성장성을 직접 보여주는 공시가 그림의 떡인 경우가 많은 이유입니다.

그런 의미에서 저평가된 흙 속의 진주를 발견할 수 있는 공시들이 일반 투자자에게는 훨씬 중요할 수 있습니다. 대표적인 것이 내부자들의 장내매수, 기관이나 제3자의 5% 이상 지분 취득 공시, 내부자들의 증여, 자사주 매입 등입니다. 이런 공시들이 나왔다고 주가가 단기 급등하는 것은 아니기에 중요도가 낮다고 생각할 수 있지만, 전혀 그렇지 않습니다.

이 공시들은 회사가 저평가되어 있다고 기업 내부자나 투자자가 판단하는 신호로 볼 수 있습니다. 주가가 회사의 현재가치 대비 저평가되어 있음을 보여준다는 거죠. 키워드가 저평가라고 해서 기업의 성장이 없다는 얘기가 아닙니다. 실적의 성장성을 직접 보여주는 공시가 아니라는 것일 뿐, 기업 내부자나 기관은 미래 성장성을 고려해 회사가 저평가되었다고 본 것일 수도 있으니까요.

장내매수, 내부자는 알고 있다

"회사 전망이 안 좋은데 주식을 사는 내부자가 있을까요?"

회사의 내부자라고 하면 최대주주나 그 특수관계인(친인척이나 관계회사)과 대표이사를 비롯한 임원을 가리킵니다. 이런 내부자들은 당연히 내부 사정을 잘 알고 있을 겁니다. 그들이 갑자기 장내매수를 한다면 이유는 하나겠죠. 우리 주식이 너무 싸다는 겁니다.

내부자들이 회사를 싸다고 느끼는 이유는 크게 두 가지일 겁니다. 첫째, 주가가 회사의 현재가치를 충분히 반영하지 못하고 있다. 둘째, 회사가 긍정적인 변화를 앞두고 있다.

1) 주가가 현재가치를 충분히 반영하지 못하고 있다

현재가치도 크게 자산가치와 수익가치 두 가지로 구분해볼 수 있습니다. 자산가치는 PBR로 수익가치는 PER로 평가할 수 있죠.

예를 들어 회사의 순현금이 2,000억 원, PBR은 0.2배인데 시가총액은 1,500억 원이라고 해보겠습니다. 이러면 순현금만으로도 시가총액을 넘어서게 됩니다. 금액이 수천억 원 단위라 실감도 안 나고 PBR이라는 개념이 익숙하지 않을 수 있으니, 좀 더 직관적으로 와닿을 예를 들어보죠.

여러분이 20만 원이 들어있는 55만 원짜리 지갑을 15만 원에 살 기회가 있다고 가정하겠습니다. 현금 20만 원과 지갑의 가격을 합하면 75만 원인데 이를 15만 원에 산다고 하면 무려 80%를 할인해서 살 수 있는 상황입니다. 설사 지갑이 중고라서 전혀 가치가 없다고 해도 지갑에 들어있는 돈이 20만 원이니 5만 원이 남는 상황이고요.

이게 딱 PBR 0.2배에 회사의 순현금이 시가총액보다 큰 상황입니다. 주식시장에서는 이런 일이 비일비재합니다. 바로 주식이 상장되어 거래되고 있기 때문이죠. 일반 투자자가 보면 어차피 회사 내부의 돈이 주주의 지갑으로 흘러들어오는 건 아니어서 자본 가치를 크게 생각하지 않는 겁니다.

하지만 회사의 내부자, 특히 최대주주는 생각이 다를 수 있습니다. 70% 지분을 보유한 최대주주가 30%를 추가 취득하면 회사를 온전히 100% 소유할 수 있겠죠. 시가총액이 1,500억 원이면 450억 원을 투자해 장내매수를 하면 됩니다. 그런데 450억 원을 투자하면 순현금 2,000억 원의 30%인 600억 원을 마음껏 쓸 수 있게 되죠. 여기에 다른 자산은 덤이고요. 최대주주는 회사를 대폭 할인된 가격에 살 수 있는 겁니다. 내부자가 빚을 내서라도 주식을 늘리지 않을 이유가 없는 상황이죠.

이번에는 수익가치 대비 저평가돼 있는 경우를 생각해보겠습니다. 상장주식은 변동성이 중요하다고 얘기했습니다. 이 변동성은 미래 수익의 성장성에 달려있다고 했고요. 실적이 잘 나오기는 하지만 사양산업이라서 장기적인 성장성이 제한된다면 반대로 주가가 저평가될 수 있죠.

📈 아세아제지 실적 추이 (단위 : 억 원, %)

IFRS(연결)	연간					
	2019/12	2020/12	2021/12	2022/12	2023/12	2024/12(E)
매출액	6,977	7,316	9,457	10,234	9,083	9,800
영업이익	711	657	939	1,094	876	1,050
영업이익(발표기준)	711	657	939	1,094	876	–
당기순이익	614	542	910	944	811	933
지배주주순이익	614	542	910	944	811	933
비지배주주순이익	–	–	–	–	–	–
자산총계	8,482	8,823	9,696	10,349	10,482	11,216
부채총계	2,634	2,488	2,552	2,307	1,984	2,055
자본총계	5,849	6,335	7,144	8,043	8,498	9,161

앞의 표는 아세아제지의 실적 추이입니다. 지배주주 당기순이익은 2021년 이후 800억~900억 원대를 유지하고 있습니다. 시가총액은 3,000억~4,000억 원 수준이니 PER은 4배~5배에서 오가는 겁니다. 이 회사를 인수한다면 4년~5년 안에 원금을 회수할 수 있다는 얘기죠.

그런데 제지 사업은 대표적인 사양산업입니다. 수요가 여기에서 크게 늘기는 어렵죠. 판매 가격이나 원가 변동에 따라서 실적이 움직입니다. 미래 이익 성장을 담보하기가 어렵다는 거죠. 일반 투자자로선 매수 버튼에 손이 잘 나가지 않습니다. 이슈가 있어야 투자 매력이 높아지고 투자자들이 우르르 달려들 텐데 이슈가 만들어지지 않으니까요.

여러분이 점포를 인수한다고 하죠. 투자 대상은 두 곳입니다. 하나는 1,000만 원을 투자하면 매년 200만 원의 수익을 꾸준하게 줍니다. 부동산도 직접 보유하고 있어서 점포와 사업권을 따로 매도하면 2,000만 원 이상 벌 수 있고요. 다른 하나는 똑같이 1,000만 원을 투자하는데 지금은 수익이 −20만 원입니다. 자산가치는 없고요. 다만 5년 뒤 처음으로 200만 원 수익이 나오고, 5년 이후에는 매년 20만 원씩 이익이 늘어서 최대 400만 원까지 연수익을 낼 수 있다고 해보겠습니다. 여러분은 어디에 투자할 건가요?

주식투자 관점이라면 후자겠지만 직접 점포를 산다고 하면 전자를 선택할 겁니다. 당장 사업권은 유지하면서 부동산만 매각해도 원금의 상당 부분은 회수할 수 있으니까요. 회사의 내부자들은 주식투자의 관점이 아니라 점포 인수의 관점으로 회사를 바라본다는 거죠. 그렇다면 장기간 안정적인 수익을 낼 수 있는데 수익가치 대비 회사가 싸다면 장내매수를 통해 지분을 늘리려고 할 겁니다.

그런데 이렇게 자산가치나 수익가치 대비 저평가되어 있어 내부자들이 장내매수를 하는 경우는 주가가 반등할 확률이 낮았습니다. 인수하는 관점에서는 분명 매력적이지만 변동성을 추구하는 상장주식의 특성과 비교했을 때는 여전히 매력적이지 않거든요.

2) 회사가 긍정적인 변화를 앞두고 있다

우리가 주목할 것은 장내매수 공시 중에서도 두 번째 케이스입니다. 바로 회사가 긍정적인 변화를 앞두고 있어서 내부자들이 미리 장내매수를 이어가는 경우죠. 긍정적인 변화라는 것은 기업의 실적이 성장한다는 얘기입니다.

'이게 왜 저평가야?'라고 생각할 수도 있는데요. 앞에서 다룬 실적, 수주, 투자 공시와 달리 드러나지 않은 숨겨진 성장이기에 저평가라는 표현을 썼습니다. 내부자는 회사의 성장 잠재력까지 고려해 저평가라고 판단해서 장내매수를 한 것이니까요.

사실 이런 기업을 찾는 것이 전자공시를 활용한 기업 분석의 백미입니다. 공시라는 보물지도 속에 꽁꽁 숨어 있는 보물을 찾는 느낌이라고 할까요? 내부자의 장내매수 공시가 기업의 주가에 빠르게 영향을 주진 않으므로 기업 내용과 산업 동향을 점검할 충분한 시간도 있고 차분하게 매집할 기회도 주어지기 때문이죠.

책에서 소개하는 내부자의 장내매수 케이스도 공시에서 힌트를 얻어 기업의 성장 잠재력을 확인해가는 과정이라고 생각하면 됩니다. 직접 제가 공부했던 실제 사례를 보면서 개념을 익혀보시죠.

사례 1. KT서브마린: LS전선은 왜 매수했나?

KT서브마린(현 LS마린솔루션)이 처음 눈에 들어왔던 것은 2023년 2월 27일 LS전선의 장내매수 공시 때문이었습니다. 회사 이름이 KT서브마린이면 분명 통신사인 KT의 계열사일 텐데 LS전선에서 장내매수를 한 것이 특이하다고 생각했죠.

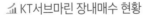 KT서브마린 장내매수 현황

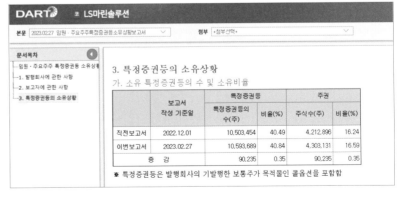

공시를 살펴보니 LS전선의 주식 9만 주 정도를 장내 매수해 421만 주에서 430만 주로 늘었고, 지분율은 16.24%에서 16.59%로 상승했네요. 특이한 부분은 표의 앞에 있는 '특정증권 등'이라고 표시된 부분입니다. LS전선의 특정증권은 1,050만 주에서 1,059만 주로(지분율은 40.49%에서 40.84%로) 높아졌습니다.

주권으로 표시된 것은 순수하게 발행된 주식을 의미합니다. 어렵지 않죠. 그런데 특정증권은 현재 보유한 주식과 주식을 보유할 수 있는 권리를 합해서 얘기하는 겁니다. 주식을 보유할 수 있는 권리에는 여러 가지가 있죠.

스톡옵션은 회사가 임직원에게 동기를 부여하기 위하여 특정 가격에 주식을 살 수 있는 권리를 부여하는 겁니다. 회사가 잘 돼서 주가가 올라가면 스톡옵션의 가치도 상승하게 되겠죠. 당장 주식으로 보유한 것은 아니지만 주식을 살 수 있는 권리이기에 특정증권에 포함됩니다.

CB와 BW에서 주식을 살 수 있는 권리가 붙어있다고 했죠. CB와 BW도 당연히 특정증권에 포함됩니다. BW에서 분리된 워런트만 보유하고 있는 경우에도 특정증권에 포함되고요.

주주 간 계약을 통해 특정 가격에 주식을 살 수 있는 권리인 콜옵션을 보유하고 있다면 역시 특정증권 등의 수에 포함됩니다.

LS전선의 장내매수 공시를 본 후 바로 최근 사업보고서를 찾아봤습니다. 당시에는 2022년 3분기 분기보고서가 가장 최근 보고서였는데요. 'Ⅶ. 주주에 관한 사항'에 들어가니 역시 KT가 지분 36.9%를 보유한 최대주주더라고요.

그런데 5% 이상 주주에 LS전선은 없습니다. LS전선이 4분기에야 지분 참여를 했다는 얘기겠죠. 역시 2022년 10월 11일에 LS전선 3자

스톡옵션

스톡옵션(Stock Option)은 기업이 임직원에게 일정 수량의 자사 주식을 일정 기간 내에 미리 정해진 가격(행사가격)으로 매입할 수 있는 권리를 부여하는 제도입니다. 스톡옵션은 직원들의 동기 부여와 회사 성과 향상을 위해 사용되며, 주로 스타트업이나 성장 기업에서 인재 유치를 위해 많이 활용됩니다.

배정 유상증자로 252억 원을 투자하여 404만 주를 취득한다는 공시가 있습니다. 단가는 6,230원이었습니다.

그런데 404만 주라면 앞서 봤던 기존 보유주식 421만 주와 차이가 있습니다. 살펴보니 2022년 12월 1일에 LS전선이 KT서브마린의 주식 17만 주를 장내매수 했다는 공시가 또 있더군요. 유상증자와 함께 장내에서 주식을 계속 늘리고 있다는 신호였습니다.

이제 특정증권의 정체를 파악해 봐야죠. LS전선의 유상증자가 마무리된 것이 2022년 11월 30일이고 바로 다음 날 12월 1일 KT에서 '주식 등의 대량보유 상황보고서(일반)' 공시를 냈습니다.

📈 KT서브마린 주주간계약 주요 내용

여기에서 '제2부 대량보유 내역' 안에 '2. 보유주식 등에 관한 계약'을 보니 KT와 LS전선 주주 간 계약 내용이 있더군요.

공시에 보면 매수청구권(콜옵션)이 있죠. KT가 보유한 주식이

808.5만 주였는데요. LS전선은 그중 629만 주를 2023년 4월 1일부터 4개월간 7,134원에 매수할 수 있는 권리를 확보했습니다. LS전선이 콜옵션을 행사하면 1,033만 주를 보유한 최대주주가 되는 거죠. 이 계약으로 LS전선은 실질적인 최대주주가 된 겁니다.

또 그 아래에 매도청구권(풋옵션) 내용도 있죠. KT는 LS전선이 매수청구권을 행사한 날로부터 1년간 나머지 보유주식을 LS전선에 매도할 수 있는 권리를 받았습니다. 단가는 똑같이 7,134원이고요.

정리해보면 LS전선은 제3자배정 유상증자와 KT와의 주주 간 계약을 통해 이미 최대주주 지위를 확보했습니다. 그런데도 장내에서 지분을 계속 늘리고 있었던 거죠. 이후에도 LS전선은 2023년 6월까지 꾸준히 장내매수를 했고 지분율은 45.69%까지 확대되었습니다. 2023년 8월 18일에는 콜옵션을 행사하여 KT로부터 629만 주를 샀고요. 이런 행동은 LS전선이 KT서브마린에 대해 긍정적인 뷰를 갖고 있다고밖에 설명이 안 되죠.

참고로 내부자들이 장내매수 하는 현황을 빠르게 파악할 수 있는 사이트가 있는데요. Fnguide에서 운영하는 CompanyGuide입니다. 사이트에 접속하면 차트가 세 개 보이고, 가장 왼쪽 차트에 '주가 추이, 내부자거래'라고 적혀있죠. 빨간색 화살표가 매수, 파란색 화살표가 매도입니다. 최근 3개월, 1년, 3년 사이에 내부자들이 어떤 가격대에 매수, 매도했는지 쉽게 알 수 있죠.

KT서브마린을 보면 2022년 말~2023년 6월까지 집중적으로 LS전선의 장내매수가 있었음을 쉽게 확인할 수 있습니다. 매수 단가는 5,000원~8,000원 사이였고요. 다른 회사도 장내매수가 나왔을 때 CompanyGuide를 참조하면 최근 동향을 파악할 수 있습니다.

만약 내부자의 장내매수에도 주가가 계속 하락하는 일이 많다면

📊 KT서브마린 CompanyGuide 정보

내부자는 회사를 저렴하게 살 기회라고 봐서 사지만 일반 투자자들로서는 투자 매력을 못 느끼나보다 생각해서 일단 우선순위에서 미뤄둘수 있겠죠.

📊 KT서브마린 장내매수 추이

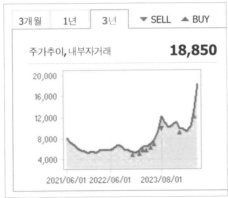

LS전선이 느낀 매력 포인트를 찾으려면 일단 KT서브마린의 사업을 파악해야 합니다. KT서브마린은 해저케이블을 설치하는 회사인데 2020년부터 3년 연속 영업적자를 기록했습니다. 특히 2021년 매출액은 299억 원으로 2020년 522억 원 대비 급감했고요. 재무구조가 건전하긴

하지만 재무제표만으로는 회사의 매력이 잘 보이지 않았죠.

📊 KT서브마린 주요재무현황

(단위 : 억 원, %)

IFRS(연결)	연간				
	2019/12	2020/12	2021/12	2022/12	2023/12
매출액	552	522	299	428	708
영업이익	10	-41	-51	-66	131
영업이익(발표기준)	10	-41	-51	-66	131
당기순이익	5	12	-32	-121	116
자산총계	1,209	1,168	1,104	1,203	1,467
부채총계	185	140	107	79	241
자본총계	1,025	1,028	997	1,124	1,226

부설선/포설선

부설선(敷設船, Cable Laying Ship)과 포설선(鋪設船, Cable Laying Ship)은 해저케이블, 파이프라인, 기타 해양 구조물을 설치하는 데 사용되는 특수 선박을 말합니다. 두 용어는 종종 같은 의미로 사용되며, 주로 해양 구조물 설치와 관련된 활동을 수행합니다.

해저케이블을 설치하기 위해선 특수선박이 필요합니다. 이에 KT서브마린 같은 해저케이블 설치 회사의 CAPA는 특수선박의 보유량에 따라 결정되죠. 그런데 KT서브마린의 부설선 한 척이 2020년 통영 앞바다에서 화재로 침몰하고 맙니다. 특수선을 급히 조달할 수 없으니 당연히 2021년 실적이 좋지 않았던 것이고요.

자! 여기서 다음 파트로 넘어가기 전에 꼭 먼저 스스로 질문을 던져보면 좋겠습니다. 지금까지 정리된 내용을 기반으로 LS전선이 KT서브마린을 샀던 이유를 생각해보는 거죠. 어떤 포인트를 좋게 봤을까? 이 포인트를 찾는 것이 기업 분석의 핵심이니까요.

제가 당시 생각해봤던 포인트는 이 질문 하나로 정리가 됩니다.

"LS전선은 이름부터가 전선이 붙어있는데 LS전선은 전력케이블을 생산하고 KT서브마린이 이 케이블을 해저에 부설하면서 시너지를 내려는 것이 아닐까?"

이 방향이 옳다면 LS전선의 해저케이블 관련 사업은 긍정적인 시그널을 보이겠죠. 또 KT서브마린은 케이블 설치를 위한 특수선박(포설선)을 공격적으로 늘리려 할 겁니다.

LS전선은 강원도 동해에 8,500억 원을 투자해 대규모 해저케이블 전용 공장을 건설했습니다. 해상풍력발전이 늘어나는 등 해저케이블의 수요 확대에 대비하기 위함이었습니다. 2023년 상반기 기준으로 LS전선의 수주잔고가 3.8조 원에 달할 정도였고요.

LS전선이 신규 해저케이블 주문을 따기 위한 전략은 해저케이블을 설치하기 위한 해양 루트 조사 및 선정부터 케이블 제작과 설치 등을 턴키 솔루션으로 한 번에 제공하는 것이었습니다. 결국, LS전선의 수주를 위한 전략적 선택이 KT서브마린이었고, LS전선의 해저케이블 수주 증가는 KT서브마린의 실적 증대로 이어진다는 걸 확인할 수 있었죠. LS전선의 해저케이블 관련 사업에서 긍정적인 포인트가 확실히 보인 것입니다.

이제 관건은 KT서브마린이 정말 선박을 늘릴 것인가인데요. 2023년 2월 1일 KT서브마린은 LS전선의 자회사 GL마린으로부터 포설선 GL2030을 390억 원에 양수한다는 공시가 나옵니다. 양수 목적은 '해저전력케이블 포설 시공 역량 확보'라고 명시돼 있죠.

LS전선이 자회사를 통해서 직접 할 수도 있는 사업을 KT서브마린으로 몰아주면서 LS전선은 전선 생산에 집중하고 KT서브마린은 해저케이블에 특화된 회사로 키우겠다는 의지가 보이는 공시였다고 할 수 있습니다.

턴키 솔루션

턴키 솔루션(Turnkey Solution)은 고객이 바로 사용할 수 있도록 모든 구성 요소와 서비스를 통합하여 제공하는 완성형 솔루션을 의미합니다. '턴키(Turnkey)'라는 용어는 '키만 돌리면 바로 사용할 수 있다'는 의미에서 유래했으며, 고객이 복잡한 설치나 설정 없이 즉시 사용할 수 있는 상태로 제공되는 것을 말합니다.

유형자산 양수 결정

1. 자산구분		선박
- 자산명		GL2030
2. 양수내역	양수금액(원)	39,058,000,000
	자산총액(원)	110,389,639,619
	자산총액대비(%)	35.38
3. 양수목적		해저전력케이블 포설 시공 역량 확보
4. 양수영향		해양에너지 사업 확대
5. 양수예정일자	계약체결일	2023년 01월 31일
	양수기준일	2023년 02월 28일
	등기예정일	2023년 02월 28일
6. 거래상대방	회사명(성명)	지열마린 유한회사
	자본금(원)	30,241,000,000
	주요사업	선박 임대업
	본점소재지(주소)	강원도 동해시 대동로 215(송정동)
	회사와의 관계	-
7. 거래대금지급		1) 지급 형태: 현금 2) 자금조달 방법: 자기자금 3) 지급 시기 및 조건 - 계약금: 5,000,000,000원, 2023년 1월 31일 - 잔금: 34,058,000,000원, 2023년 2월 28일

이후 2023년 3월 16일 드디어 LS전선으로부터 해저케이블 매설 공사 수주가 나옵니다.

LS전선이 2020년 완도와 제주를 잇는 초고압 직류송전 해저케이블 공급 및 포설 공사를 수주했는데요. 제주의 잉여 재생에너지 전력을 육지로 보내는 프로젝트 중 하나였습니다. 당시 LS전선의 수주 규모는 2,324억 원이었고, 이 해저케이블 포설 사업을 KT서브마린이 2023년 3월에 수주한 거죠.

KT서브마린의 수주가 202억 원이니 LS전선의 전체 사업 규모 대비 8.7% 정도 됩니다. LS전선이 턴키로 수주하는 프로젝트가 있다면 대략

DART	코 LS마린솔루션		
본문 2023.03.16 단일 판매·공급계약체결 ∨		**첨부** +첨부선택+	∨

☞ 본 공시사항은 [한국거래소 코스닥시장본부] 소관사항입니다.
본 문서는 최종문서가 아니므로 투자판단시 유의하시기 바랍니다.

단일판매·공급계약체결

1. 판매·공급계약 내용		완도-제주 #3 HVDC 해저케이블 건설사업의 매설 공사
2. 계약내역	조건부 계약여부	미해당
	확정 계약금액	20,200,000,000
	조건부 계약금액	–
	계약금액 총액(원)	20,200,000,000
	최근 매출액(원)	29,876,633,529
	매출액 대비(%)	67.6
3. 계약상대방		LS전선 주식회사
-최근 매출액(원)		6,111,367,000,000
-주요사업		전력케이블 및 통신케이블 제조, 판매
-회사와의 관계		주요주주
-회사와 최근 3년간 동종계약 이행여부		미해당
4. 판매·공급지역		완도 및 제주 해상

10% 정도가 KT서브마린의 몫이겠거니 생각할 수 있는 대목이죠.

당시 회사 측에 확인해보니 원래 KT와 진행하는 통신사업에 전력 사업이 더해지면서 2023년 기준 700억 원 이상의 매출을 기대할 수 있다고 하더군요. 2022년 매출액이 428억 원이었으니 충분히 가능한 숫자라는 생각이 들었습니다.

남은 것은 '매출액 증가는 확실한데 수익성은 어떻게 될 것인가?' 였죠. KT서브마린은 3년간 적자를 보는 와중에도 돈은 잘 벌었습니다. 당기순손실을 기록했지만, 현금 유출이 없는 비용인 기계장치와 선박 감가상각비가 커서 영업현금은 유입되었기 때문이죠.

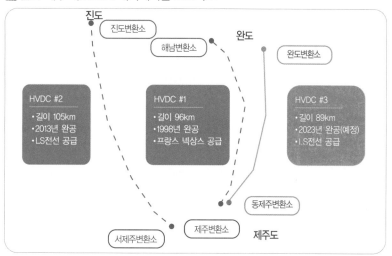

완도-제주 제3HVDC 해저케이블 프로젝트

진도
진도변환소
완도
해남변환소
완도변환소

HVDC #2
• 길이 105km
• 2013년 완공
• LS전선 공급

HVDC #1
• 길이 96km
• 1998년 완공
• 프랑스 넥상스 공급

HVDC #3
• 길이 89km
• 2023년 완공(예정)
• LS전선 공급

동제주변환소
서제주변환소
제주변환소
제주도

자료 : LS전선

여기에 2022년 빅 배스(Big Bath)가 있었습니다. 빅 배스는 회계 처리를 변경해 비용을 한 번에 떨어내는 것을 의미합니다. 실적이 어차피 좋지 않다고 판단할 때 미리 비용을 털어내면 향후 비용이 줄면서 실적이 개선될 수 있잖아요. 대표이사가 새로 취임하거나 KT서브마린처럼 피치 못할 사정으로 실적이 좋지 않을 때 빅 배스를 하는 경우가 많죠. 이때는 실적이 좋지 않다고 해서 부정적으로 보기보다는 이후 실적 개선 가능성을 보고 매수를 검토해야 합니다.

KT서브마린의 2022년 사업보고서 주석을 살펴보면 유형자산이 나와 있는데요. '손상차손'이라는 항목이 보입니다. 110억 원 정도의 손상차손을 한 번에 인식했다고 나와 있죠. 대표적으로 현금이 나가지 않는 비용이며, 빅 배스의 흔적이라 볼 수 있습니다.

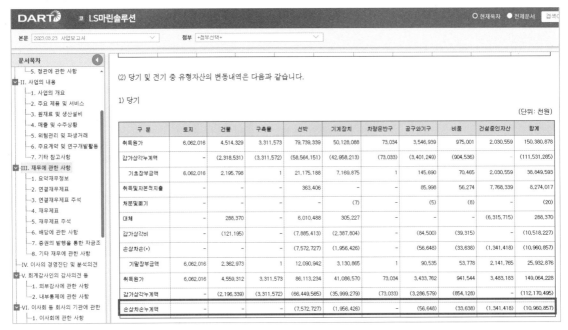

KT서브마린은 빅 배스 영향으로 2023년 1분기부터 영업이익 흑자전환에 성공합니다. 4분기 만의 흑자전환이었습니다. 영업이익률도 18%까지 높아졌고요. 이후 2023년 내내 흑자를 기록하면서 2023년 전체로는 매출 708억 원, 영업이익 131억 원을 달성합니다.

📈 KT서브마린 분기별 실적 추이

(단위 : 억 원, %)

IFRS(연결)	분기				
	2023/03	2023/06	2023/09	2023/12	2024/03
매출액	86	179	201	242	137
영업이익	15	55	41	20	-28
영업이익(발표기준)	15	55	41	20	-28
당기순이익	17	45	37	18	-19
자산총계	1,242	1,495	1,462	1,467	1,582
부채총계	109	317	248	241	414
자본총계	1,133	1,178	1,215	1,226	1,168

KT서브마린의 주가는 2023년 2월만 해도 5,000원~6,000원 사이를 오갔지만, LS전선의 장내매수, 수주, 증설(선박 구입), 실적 등을 기반으로 2023년 8월 13,100원까지 상승합니다. 서너 달 만에 2배 이상 수익을 거두는 기회가 된 것이죠.

KT서브마린은 LS전선이 최대주주가 되면서 해저케이블 사업으로 전환하는 기점이 되었죠. LS전선은 사업의 변화에 따라 KT서브마린의 가치가 저평가되었다고 봐서 장내매수를 지속했고요. 기업의 전환점을 최대주주의 장내매수를 기반으로 파악할 수 있었던 케이스입니다.

📈 KT서브마린 주봉 차트

(단위 : 원)

사례 2. 감성코퍼레이션: 대표이사의 장내매수

감성코퍼레이션은 2023년 4월 초 김호선 대표의 장내매수 공시로 관심을 준 회사입니다. 당시 김 대표는 2023년 3월 29일~4월 6일까지 32만 주, 금액으로 6억 4,000만 원 정도를 장내매수 했습니다.

📈 감성코퍼레이션 장내매수 관련 공시

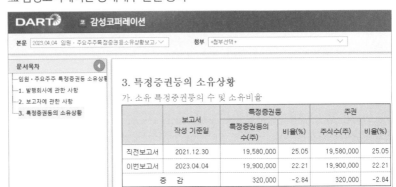

이번에는 당시로 돌아가서 기업 분석의 흐름을 보여드리려고 합니다. 가장 먼저 사업보고서를 점검해야죠. 2023년 4월 4일 장내매수 공시가 있었으니 가장 가까운 사업보고서는 2023년 3월 21일에 발간된 2022년 사업보고서입니다.

📈 감성코퍼레이션 2022년 사업보고서

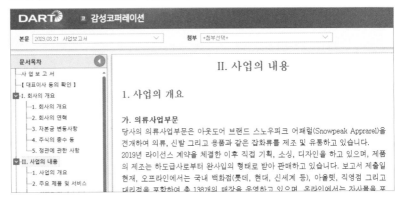

'Ⅱ. 사업의 내용'을 보면 아웃도어 의류인 스노우피크 어패럴 (Snowpeak Apparrel)이 핵심사업임을 알 수 있습니다. 2022년 연간 매출 비중은 82.7%까지 높아졌네요. 2020년만 해도 매출액이 55억 원에 불과했는데 2021년 358억 원, 2022년 971억 원으로 가파른 성장을 보였습니다. 우선 기업 분석의 중점을 의류사업에 두고 그 성장성이 보이지 않는다면 다른 사업에서 저평가의 가능성을 살펴보는 게 맞을 것 같습니다.

스노우피크를 조사해보니 스노우피크 캠핑용품 브랜드와 스노우피크 어패럴이 따로 존재했습니다. 스노우피크는 1958년 설립된 일본의 캠핑용품 브랜드로 100만 원이 넘는 텐트 등 프리미엄 캠핑용품을 판매해 캠핑계의 에르메스로 불렸습니다.

스노우피크 어패럴은 과거 F&F가 미국 다큐멘터리 채널 'Discovery'의 의류 라이선스 판권을 따내 의류사업을 시작한 것과 비슷한 개념의 의류 브랜드였습니다. 감성코퍼레이션이 캠핑용품 브랜드 스노우피크와 '한국, 중국, 홍콩, 대만' 의류 라이선스 계약을 체결하고 직접 의류를 디자인, 생산, 판매하는 브랜드가 스노우피크 어패럴인 것이죠.

감성코퍼레이션의 김호선 대표는 과거 스노우피크에 ODM으로 텐트를 공급하면서 스노우피크와 인연을 맺었고, 장기간 돈독한 관계를 기반으로 의류사업 라이선스까지 따냈습니다. 그는 스노우피크 어패럴 사업을 염두에 두고 상장사 버추얼텍을 2019년에 인수합니다.

2019년 5월 어패럴 사업을 위해 '데브그루'라는 회사를 설립하고, 같은 해 10월 데브그루를 통해 스노우피크와 라이선스 계약을 체결하죠. 이후 2020년 3월 데브그루에서 스노우피크 어패럴 사업을 정식으로 시작합니다. 스노우피크가 안정궤도에 오르자 감성코퍼레이션

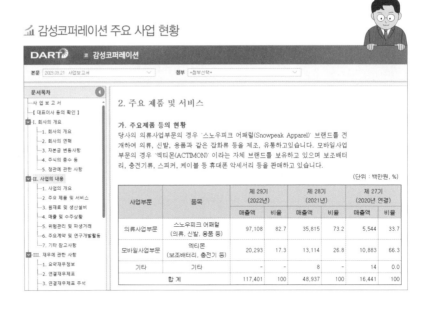

📊 감성코퍼레이션 주요 사업 현황

DART☰ ㅋ 감성코퍼레이션

본문 [2023.03.21 사업보고서] [첨부선택▼]

문서목차
- 사업보고서
- [대표이사 등의 확인]
- I. 회사의 개요
  - 1. 회사의 개요
  - 2. 회사의 연혁
  - 3. 자본금 변동사항
  - 4. 주식의 총수 등
  - 5. 정관에 관한 사항
- II. 사업의 내용
  - 1. 사업의 개요
  - 2. 주요 제품 및 서비스
  - 3. 원재료 및 생산설비
  - 4. 매출 및 수주상황
  - 5. 위험관리 및 파생거래
  - 6. 주요계약 및 연구개발활동
  - 7. 기타 참고사항
- III. 재무에 관한 사항
  - 1. 요약재무정보
  - 2. 연결재무제표
  - 3. 연결재무제표 주석

2. 주요 제품 및 서비스

가. 주요제품 등의 현황

당사의 의류사업부문의 경우 '스노우피크 어패럴(Snowpeak Apparel)' 브랜드를 전개하여 의류, 신발, 용품과 같은 잡화류 등을 제조, 유통하고있습니다. 모바일사업부문의 경우 '엑티몬(ACTIMON)' 이라는 자체 브랜드를 보유하고 있으며 보조배터리, 충전기류, 스피커, 케이블 등 휴대폰 악세서리 등을 판매하고 있습니다.

(단위 : 백만원, %)

사업부문	품목	제 29기 (2022년)		제 28기 (2021년)		제 27기 (2020년 연결)	
		매출액	비율	매출액	비율	매출액	비율
의류사업부문	스노우피크 어패럴 (의류, 신발, 용품 등)	97,108	82.7	35,815	73.2	5,544	33.7
모바일사업부문	엑티몬 (보조배터리, 충전기 등)	20,293	17.3	13,114	26.8	10,883	66.3
기타	기타			8	-	14	0.0
합계		117,401	100	48,937	100	16,441	100

이 2021년 6월 '데브그루'을 합병했죠. 2023년 최대주주가 장내매수를 할 당시는 의류 브랜드를 론칭한 지 4년 차 시점이었습니다.

이제 중요한 것은 스노우피크 어패럴의 시장 포지셔닝과 성장 가능성입니다. '양'이 증가하는지를 봐야 하니까요. 스노우피크 어패럴은 당시 아우터 단가가 27만 원 정도로 디스커버리나 내셔널지오그래픽 수준의 중고가 브랜드로 포지셔닝하고 있었습니다. 디스커버리나 내셔널지오그래픽이 젊은 층에 어필하면서 빠르게 성장한 브랜드인 만큼, 이 둘과 비교해 스노우피크의 인기와 국내 성장 잠재력을 파악해볼 수 있겠죠.

물론 직접 발로 뛰면서 매장 상황을 점검하거나 인터넷과 SNS 상의 분위기를 점검하여 브랜드의 가치를 파악할 수도 있겠지만 첫째로 시간의 제약이나 내성적인 성격 또는 데이터를 찾는 게 익숙지 않은 환경 등으로 직접 할 수 있는 사람이 많지 않고, 둘째로 수치의 객관화가 안 되어 판단의 오류가 발생할 수 있다는 점에서 초보 투자자들이 무작정 시도하기에는 쉽지 않은 방법입니다. 이에 Peer 그룹과의 비교는 객관화된 데이터를 확보할 수 있다는 점에서 상대적으로 쉽고 판단의 근거도 명확하다는 장점이 있죠. 물론 둘을 조화롭게 섞는 것이 가장 좋기는 합니다.

Peer 기업들과 우선 오프라인 매장의 수를 비교해보죠. 매장 수는 브랜드가 잘되고 있다는 척도가 될 수 있습니다. 디스커버리나 내셔널지오그래픽의 1년~3년 차 대비해서 매장이 증가하는 속도를 비교해본다면 스노우피크의 지위를 간접적으로 확인할 수 있겠죠. 스노우피크의 1년 차 매장은 42개, 2년 차 84개, 3년 차 130개로 디스커버리나 내셔널지오그래픽보다도 매장 확대 속도가 더 빠르다는 것을 볼 수 있습니다.

 Peer 브랜드 전개 1년~3년 차 유통 채널 수 비교 　　　　　(단위 : 개)

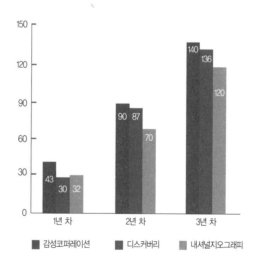

자료 : 각 기업 데이터 참조

매출을 보면 내셔널지오그래픽은 3년 차(2018년) 매출이 967억 원, 매장 성장이 안정화된 6년 차에 3,301억 원을 기록했습니다. 디스커버리는 3년 차(2014년) 매출이 1,010억 원, 6년 차 매출이 3,580억 원을 기록했고요. 감성코퍼레이션은 3년 차에 971억 원 매출을 기록했으니 정확하게 디스커버리나 내셔널지오그래픽 수준의 인기를 구가하고 있다고 볼 수 있었습니다. 이 말은 향후 매장이 200여 개까지 증가하면서 국내에서만 3,000억 원 수준의 매출은 기대할 수 있다는 얘기가 됩니다.

📈 Peer 브랜드 3년~6년 차 매출액 추이

(단위 : 억 원)

기업	3년 차	4년 차	5년 차	6년 차
디스커버리	1,010	1,567	2,120	3,580
내셔널지오그래픽	967	1,643	2,461	3,301
감성코퍼레이션	971	–	–	–

감성코퍼레이션의 매출액이 3년 안에 국내 사업으로만 3배 증가할 수 있을 것으로 전망된 것이죠. 외형을 성장시키기 위해 무리하게 사업을 확장하면 수익성이 부진할 수 있겠죠. 그렇다면 사업의 체질이 건강하지 않음을 의미하는 것이니 이번에는 영업이익을 점검해봅니다. 감성코퍼레이션의 영업이익은 2020년 −51억 원 적자에서 2021년 12억 원, 2022년 162억 원으로 증가합니다. 영업이익률은 12.8%까지 높아졌고요. 이 정도면 내실 있게 성장하고 있다고 볼 수 있죠.

주가는 스노우피크 어패럴의 흥행에 힘입어 2021년 초 700원도 안 되다가 2021년 10월 2,340원까지 올랐습니다. 이후 전반적인 시장 부진과 금리 인상에 따른 소비 축소 우려로 주가는 지지부진했는데요. 김 대표가 2023년 3월 말부터 32만 주를 2,000원 안팎에 장내매수 하면서 사업에 대한 자신감을 표출하자 주가가 급등하기 시작했습니다.

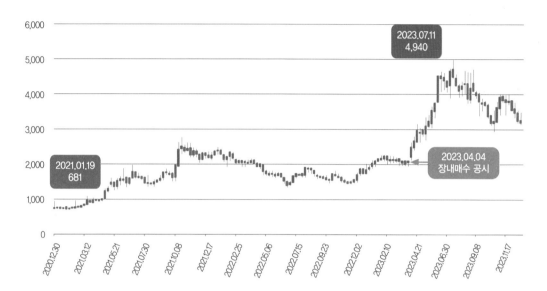

감성코퍼레이션 주봉 차트

(단위 : 원)

2023.07.11
4,940

2021.01.19
681

2023.04.04
장내매수 공시

금리 인상에도 국내 사업의 성장이 확실하게 보이는 데다 스노우피크 어패럴 기반으로 대만과 중국 시장 진출을 발표하면서 주가는 2023년 7월 초의 4,940원까지 단숨에 상승했습니다. 3개월 만에 2배 이상 수익을 낼 수 있었던 거죠.

감성코퍼레이션은 국내 '스노우피크 어패럴' 사업이 잘되고 있는 상황과 더불어 해외 진출로 사업이 전환점을 맞이하는 국면에 최대주주가 장내매수를 한 케이스입니다. 내부자의 장내매수가 바로 주가 상승으로 이어진 드문 경우기도 하고요.

연간 실적	2019	2020	2021	2022	2023E	2024E
매출액	74	164	489	1,174	1,882	2,674
영업이익	-14	-51	12	162	333	509
OPM	-19.2%	-31.2%	2.4%	13.8%	17.7%	19.0%
지배순이익	-59	-50	3	151	232	409
부채	229	130	155	330	375	475
부채비율	140%	55%	53%	65%	49%	39%
자본(지배)	163	236	291	509	765	1,220
Capex	9	25	25	30	–	–
순현금	38	-15	6	11	–	–
PER	-6.3	-8.7	577.1	10.4	12.4	7.0
PSR	5.1	2.6	3.3	1.3	1.5	1.1
PBR	2.9	2.1	5.9	3.3	3.7	2.3
분기 실적	22.09	22.12	23.03	23.06	23.09	23.12E
매출액	237	522	311	401	356	813
YoY	129.6%	126.0%	95.7%	56.7%	50.4%	55.7%
영업이익	22	100	45	77	52	161
OPM	9.3%	19.1%	14.4%	19.3%	14.6%	19.8%
YoY	62064.8%	228.2%	552.0%	128.1%	135.5%	61.9%
지배순이익	21	83	39	26	39	143

사례 3. 휠라홀딩스: 브랜드 리뉴얼은 성공할까?

비슷한 콘셉트로 재미있게 지켜보고 있는 기업이 휠라홀딩스입니다. 휠라홀딩스의 최대주주는 피에몬테이고, 피에몬테의 최대주주는 75.2%를 보유한 윤윤수 회장입니다. 휠라홀딩스가 윤 회장의 회사라고 볼 수 있는 거죠. 그런데 이 피에몬테가 꾸준히 휠라홀딩스 지분을 늘려오고 있어 그 배경이 궁금해집니다.

📈 휠라홀딩스 장내매수 추이

자료 : CompanyGuide

SI

SI(Strategic Investors, 전략적 투자자)는 투자금 회수가 목적인 FI(Financial Investor, 재무적 투자자)와 달리 자신의 기존 사업과의 연관성을 통한 시너지 효과를 중시합니다. 이에 새로운 사업 분야 진출, SI 업체가 영위하는 사업과의 전략적 협력 등이 주요 투자 목적입니다.

휠라홀딩스는 휠라 브랜드를 보유한 업체입니다. 휠라(Fila)는 1911년 이탈리아에서 시작된 글로벌 스포츠 브랜드로 100년 넘는 역사를 자랑합니다. 휠라코리아는 1991년 설립이 되었죠. 휠라는 2000년대 초반 유럽 내 판매 부진으로 파산했는데요. 2003년 휠라코리아의 윤 회장이 휠라 본사를 인수했고, 2007년 휠라홀딩스가 전 세계 휠라 상표권까지 인수합니다. 휠라코리아가 휠라 브랜드의 본사가 된 것이죠.

휠라홀딩스는 타이틀리스트, 풋조이, 스카티 캐머런, 보키 웨지 등의 골프용품 브랜드를 보유하고 있는 아쿠시네트를 미래에셋PEF와 함께 인수했습니다. 당시 SI로 지분 12.5%를 확보했는데요. 이후 2016년 10월 아쿠시네트를 뉴욕 증시에 상장시키면서 휠라홀딩스는 53.1%까지 지분을 늘리게 됩니다.

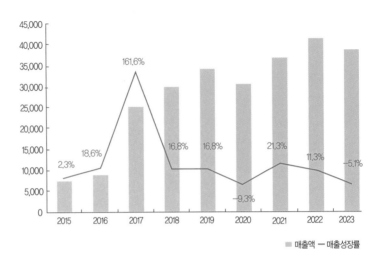

(단위 : 억 원)

2.3% 18.6% 161.6% 16.8% 16.8% −9.3% 21.3% 11.3% −5.1%

2015 2016 2017 2018 2019 2020 2021 2022 2023

■ 매출액 ─ 매출성장률

　　고만고만하게 사업을 이어오던 휠라홀딩스의 매출액이 2017년 매출액 2조5,303억 원으로 전년 대비 161.6%나 증가한 것이 바로 아쿠시네트를 연결자회사로 편입한 결과입니다. 2016년 4분기에만 2,150억 원 매출이 반영되었다가 2017년부터 1조7,716억 원 매출이 들어오게 되니 매출이 크게 늘었던 겁니다. 그렇지만 아쿠시네트 인수 후에도 주가는 크게 움직이지 않았죠.

　　휠라홀딩스가 본격적으로 움직인 것은 윤 회장의 아들 윤근창 대표가 2018년 전면에 나서면서부터였습니다. 그는 휠라의 낡은 이미지를 탈피하기 위해 대대적인 브랜드 리뉴얼에 나섭니다. 과거 휠라의 히트 상품을 현대적인 감각으로 재해석해 출시하고 모델도 김유정, BTS를 내세우면서 젊은 이미지를 구축했죠. 마침 복고 열풍과도 맞물리면서 휠라는 2018년, 2019년 급격한 실적 성장을 보이게 됩니다.

　　전체 연결 실적도 2017년 매출 2조5,303억 원, 영업이익 2,175억

(단위 : 원)

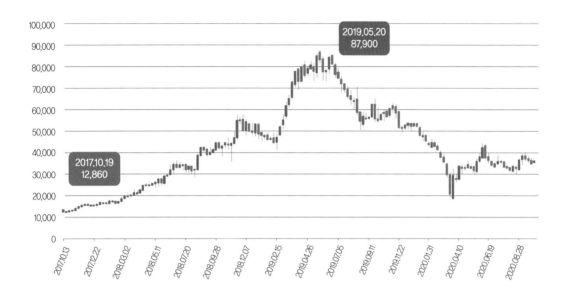

원에서 2019년 매출 3조4,504억 원, 영업이익 4,707억 원으로 증가했습니다. 2년 동안 영업이익이 116%나 늘어난 건데요. 2017년 11월만 해도 13,000원 수준에 머물던 주가는 실적 성장과 함께 2019년 87,900원으로 7배 가까이 상승했습니다.

하지만 2020년 코로나로 소비가 침체하고 휠라 제품 인기도 사그라들면서 주가는 곤두박질치고 맙니다. 코로나를 지나고 골프 인구가 늘어 아쿠시네트 실적이 급증했지만 휠라홀딩스의 주가는 전고점을 넘어서지 못하고 지지부진합니다.

지분율 21.63%였던 피에몬테가 처음 장내매수 한 것이 2022년 3월로, 당시 매수 단가는 31,898원이었습니다. 이후 계속 지분을 늘린 피에몬테는 2024년 3월 지분율이 35.43%까지 확대됩니다. 3,000억 원 이상을 투자해 지분율을 13.8%p나 늘린 거죠.

📈 휠라홀딩스 실적 추이

(단위 : 억 원)

연간	2017	2018	2019	2020	2021	2022	2023
매출액	25,303	29,546	34,504	31,288	37,940	42,218	40,066
YoY	161.6%	16.8%	16.8%	-9.3%	21.3%	11.3%	-5.1%
매출원가	12,898	14,871	17,207	15,842	19,137	21,924	20,364
매출총이익	12,405	14,675	17,297	15,446	18,803	20,293	19,702
YoY	196.1%	18.3%	17.9%	-10.7%	21.7%	7.9%	-2.9%
판관비	10,231	11,104	12,590	12,036	13,874	15,942	16,667
영업이익	2,175	3,571	4,707	3,411	4,929	4,351	3,035
YoY	1737.0%	64.2%	31.8%	-27.5%	44.5%	-11.7%	-30.2%
당기순이익	1,081	2,101	3,381	1,977	3,378	4,675	1,531
YoY	-65.3%	94.3%	61.0%	-41.5%	70.8%	38.4%	-67.3%
당기순이익(지배)	624	1,435	2,668	1,390	2,352	3,437	426
YoY	-80.7%	130.1%	85.8%	-47.9%	69.2%	46.1%	-87.6%

윤 대표는 2022년 향후 5년 동안 1조 원 이상의 투자를 바탕으로 미래 성장을 견인할 글로벌 5개년 전략 '위닝 투게더(WINNING TOGETHER)' 프로젝트를 발표합니다. '브랜드 가치 재정립, 고객 경험 중심의 비즈니스 모델 구축, 지속 가능 성장'의 세 가지가 주요 전략이었고요. 휠라홀딩스는 이 전략을 통해 2026년까지 매출 4조4,000억 원, 영업이익률 15%~16% 달성을 목표로 세웠습니다. 영업이익 규모로는 6,600억~7,000억 원 수준을 달성하겠다고 발표한 겁니다.

이렇게 보면 윤 회장 부자는 2026년을 바라보는 장기비전을 가지고 차분하게 구조조정을 이어가며 지분을 늘려왔다는 얘기가 됩니다. 그만큼 브랜드 리뉴얼에 자신을 갖고 있다고 얘기할 수 있겠죠.

2024년 1월에는 토드 클라인 휠라 USA 사장이 신설된 글로벌 브랜드 사장으로 선임됐습니다. 클라인은 글로벌 스포츠 브랜드 아디다스와 리복의 임원 출신으로 업계 경력만 30년이 넘습니다. 특히 리복 재직 당시 성공적 리브랜딩을 이끌었다는 평가를 받고 있어 휠라의 성공적인 리브랜딩을 이끌 적임자로 평가받고 있고요.

FILA 로고

FILA+ 로고

자료: 휠라 홈페이지

또 휠라홀딩스는 2024년 1월 휠라플러스라는 프리미엄 라인의 출시를 공표했는데요. 기존의 파란색 F 박스를 녹색으로 바꾸면서 변화를 예고했습니다. 휠라플러스는 고급 소재를 현대적으로 재해석해 다양한 의류, 신발, 액세서리를 구성한다고 하고요.

가장 중요한 것은 휠라플러스를 위해 레브 탄주를 영입한 것입니다. 레브 탄주는 영국의 하이엔드 스트리트 브랜드 '팔라스'의 설립자로 스트리트 패션계의 유명인사입니다. 2009년 설립된 스케이트보더를 위한 브랜드 '팔라스'는 제2의 슈프림으로 불릴 정도로 많은 인기를 누리고 있고요. 그가 '팔라스'의 성공 경험을 휠라플러스로 이식한다면 휠라플러스가 젊은이들에게 상당히 힙한 브랜드로 인식될 가능성이 있네요.

휠라플러스가 2024년 F/W(가을, 겨울 시즌) 상품부터 출시한다고 하니 휠라플러스가 과연 성공할 수 있을지, 휠라홀딩스는 리브랜딩 이후 다시 성공 가도를 달릴 수 있을지, 잘 지켜봐야 하겠습니다.

📈 요약

- 내부자가 의미 있는 규모의 장내매수를 한다면 이유가 있을 가능성이 높다.

- 회사가 큰 변화를 앞두고 있어서 주가 상승 가능성이 높다.

- 회사의 변화는 없지만 현재 주가가 회사의 가치를 충분히 반영하지 못하고 있는 상황일 수 있다.

- 성장을 확인하는 공시들에 비해 주가 반영은 느리다.

- 오히려 그래서 일반 투자자들에게 의미 있는 공시다.

공시 시점 전후로 주가가 크게 변하지 않는 경우도 많습니다. 이런 경우 기업의 특징을 정리하고 계속해서 주시한다면 누구보다 빨리 해당 기업의 변화를 눈치챌 수 있습니다.

CHAPTER 11

저평가 확인 공시 2:
지분 신고

- 기관 매수는 어떻게 읽어야 할까?

사례 아이패밀리에스씨: 변화하는 인디 화장품 시장

기관 매수는 어떻게 읽어야 할까?

"기관의 지분 신고 공시는 무조건 좋은 신호일까요?"

최대주주를 제외한 투자자들은 보유 지분이 5%를 넘으면 의무적으로 공시하게 돼 있습니다. 이후에는 추가 매수를 할 때마다 공시해야 하고요. 지분을 매도하여 5% 아래로 내려가면 처음으로 5% 이하가 될 때 공시해야 합니다.

특정 투자 주체가 5% 넘게 주식을 샀다는 것은 그만큼 회사에 대한 확신이 있다는 것이니, 일단 긍정적으로 검토해볼 수 있습니다. 하지만 거래량이 많지 않은 회사에 대해 투자자가 5% 지분 신고를 했다면 그냥 패스하는 게 좋습니다. 거래량이 많지 않은데 5%를 매집하면서 이미 주가가 올랐을 수 있고 반대로 그 투자자가 지분을 매도할 때는 주가를 밀어 내리면서 팔 확률이 높기 때문이죠.

이 중 기관이 관심을 두고 5% 지분 신고를 하는 것은 한 번 더 살

사모펀드

소수의 투자자에게서 비공개로 자금을 모아 주식과 채권 등에 투자하는 펀드를 의미합니다. 불특정 다수에게 자금을 받아 운용하는 공모펀드의 반대 개념입니다.

펴보는데요. 기관은 펀드를 운용하는 자산운용사, 사모펀드, 은행, 보험, 연기금, 증권사 고유계정 등을 의미합니다. 소위 시장의 전문가들이 운용하는 자금이 매수하는데, 그것도 5%를 넘길 정도로 샀다면 그만큼 긍정적인 포인트를 봤다고 설명할 수 있겠죠.

그런데 기관이 지분 신고한 종목의 성과는 의외로 좋지 않은 경우가 많았습니다. 그 이유를 고민해봤는데 크게 두 가지로 귀결되더라고요.

특정 기관이 확신을 품고 샀다면 그 과정에서 주가가 올랐을 확률이 높습니다. 다른 기관으로선 이미 주인 있는 주식을 오른 상태에서 살 이유가 있을까요. 괜히 주식을 샀다가 남 좋은 일만 시킬 수 있으니까요. 주식의 매력이 떨어진다는 것은 주가가 추가로 오르기 어렵다는 얘기니까요.

특정 기관이 지분을 신고할 정도로 긍정적으로 봤다 하더라도 언젠가는 매도가 나옵니다. 그 자체로 오버행(과도한 매도물량)이 되어 주가에 부담을 줄 수 있게 되죠.

이런 이유로 지분 신고했던 기관이 지분을 정리하면서 주가가 바닥을 찍을 때 오히려 주가가 반등하는 경우도 더러 있습니다.

물론 확률상으로 기관의 5% 지분 신고가 주가에 긍정적인 영향을 주지 않는 경우가 많았지만, 그래도 살펴봐야 할 때가 있습니다. 일단 특정 기업만의 이슈로 기관이 5% 지분 신고를 한 경우라면 신중하게 검토해야죠. 가령 초소형 안마기 제품이 히트해서 회사 실적이 좋아졌다면, 결국엔 제품의 인기에 기대야 하므로 미래를 예측하기가 어렵다는 단점이 있잖아요. 이럴 때는 기관이 5% 지분 신고를 했더라도 일단 투자 대상에서 제외하는 거죠.

만약 특정 산업에서 긍정적인 변화가 감지되는데 기관이 5% 지분

신고를 한 기업이 그 산업에 속해 있는 경우는 긍정적으로 볼 수 있습니다. 코로나 이후 리오프닝 때 미용기기 판매가 늘어나는데 이게 특정 기업에 국한된 것이 아니라 동시다발적으로 좋아지고 있다면 구조적인 변화라고 볼 수 있잖아요. 이 상황에서 기관이 집중적으로 매수하는 종목이라면 '뭔가 더 좋은 상황이구나'라고 생각할 수 있다는 겁니다.

사례. 아이패밀리에스씨: 변화하는 인디 화장품 시장

2023년 2월 13일 한국투자밸류 자산운용은 아이패밀리에스씨 지분을 5.01% 취득했다는 공시를 냈습니다. 42만 6,133주를 평균 14,292원 (100% 무상증자 전 기준, 수정주가로는 7,156원)에 투자했죠.

📈 아이패밀리에스씨 한국투자밸류자산운용 매수 공시

아이패밀리에스씨는 '롬앤'이라는 브랜드를 보유한 화장품 회사로, 특히 색조화장품이 주력입니다. 코로나 이후 리오프닝 되면서 사람들은 마스크를 벗고 적극적으로 외부 활동을 하기 시작했습니다. 외부 활동 증가는 곧 색조화장품 수요 증가라고 할 수 있는 상황이었죠.

여기에 K-팝을 비롯한 한국 문화가 글로벌 흥행하면서 K-뷰티 제품에 대한 선호도가 세계적으로 높아졌습니다. 2014년~2015년 아모레퍼시픽이 주도했던 화장품 장세는 중국 시장 진출과 중국 관광객의 유입이 핵심이었죠. 당시는 프리미엄 한방 화장품 라인과 마스크팩, 로드샵 브랜드들이 시장을 주도했습니다. 그런데 이번 화장품 트렌드는 유명하지 않은 한국의 중소형 브랜드를 중심으로 미국, 일본, 중동으로 활로가 뚫린다는 것이 특징이었죠.

K-뷰티를 선호하는 분위기에서 색조화장품 브랜드를 보유한 아이패밀리에스씨의 전망이 좋다는 건 분명해 보였습니다.

📈 아이패밀리에스씨 부문별 실적 추이

(단위 : 십억 원, %)

분기별	1Q21	2Q21	3Q21	4Q21	1Q22	2Q22	3Q22	4Q22
매출액	21.2	17.9	14.2	18.3	22.3	21.8	21.0	20.2
화장품	20.0	16.4	13.1	16.8	21.3	20.7	20.1	18.8
국내	4.8	4.3	4.8	6.3	7.3	8.1	7.3	6.8
일본	8.3	8.1	5.6	7.5	9.0	8.1	6.8	5.7
중국	4.2	1.6	1.0	1.0	1.0	0.4	0.3	0.8
베트남	1.2	0.8	0.1	0.2	0.8	0.8	0.6	0.7
대만	0.6	0.8	0.6	0.9	1.1	0.8	1.1	1.1
해외 기타	1.0	0.9	1.1	0.9	2.1	2.5	3.0	3.0
면세점	–	–	–	–	–	–	0.9	0.8
웨딩	1.2	1.5	1.1	1.5	1.0	1.2	0.9	1.4

📈 아이패밀리에스씨 부문별 실적 추이(연도) (단위 : 십억 원, %)

연도별	2020	2021	2022
매출액	79.2	71.6	85.3
화장품	72.2	66.3	80.8
국내	17.3	20.1	29.4
일본	17.6	29.4	29.6
중국	22.6	7.8	2.5
베트남	2.8	2.2	2.9
대만	2.5	3.0	4.1
해외 기타	9.3	3.8	10.6
면세점	–	–	1.7
웨딩	7.0	5.4	4.6

2022년 아이패밀리에스씨의 매출은 853억 원이었는데요. 중국 매출이 226억 원에서 25억 원으로 급감했는데도 2020년의 792억 원보다 증가한 것이었습니다. 중국을 제외한 나머지 지역에서 성장이 나타나고 있기 때문이었죠. 코로나 이후 리오프닝이 시작되면서 아이패밀리에스씨의 실적이 반등을 보인 겁니다. 이에 주가도 2022년 하반기부터 반등 국면에 들어섰고요.

이후 2023년 1분기 매출 328억 원, 영업이익 47억 원으로 사상 최대 분기 실적을 기록하면서 2차 상승을 이어갑니다. 이후 2024년 1분기까지 분기마다 사상 최대 실적을 경신하면서 주가는 45,150원까지 상승합니다. 한국투자밸류 자산운용의 지분 신고 단가 대비 6배 이상 상승한 겁니다.

📈 아이패밀리에스씨 분기 실적 추이

(단위 : 억 원)

분기별	1Q22	2Q22	3Q22	4Q22	1Q23	2Q23	3Q23	4Q23	1Q24
매출액	223	218	210	202	328	367	372	420	574
YoY	5.4%	22.0%	47.5%	10.2%	47.0%	67.9%	77.2%	108.1%	74.8%
매출원가	135	136	130	122	214	232	233	264	369
매출총이익	89	82	80	80	114	135	139	155	205
YoY	9.3%	16.8%	29.7%	3.7%	28.7%	65.0%	74.5%	94.2%	79.8%
판관비	54	62	59	60	67	85	73	79	87
영업이익	35	20	21	19	47	51	67	76	118
YoY	53.2%	217.8%	98.6%	18.3%	32.9%	153.6%	222.5%	291.6%	152.5%
당기순이익	28	16	15	17	37	40	53	70	97
YoY	40.1%	514.9%	100.3%	169.0%	35.4%	148.3%	241.2%	305.3%	160.1%
당기순이익(지배)	28	16	15	17	37	40	53	70	97
YoY	40.1%	514.9%	100.3%	169.0%	35.4%	148.3%	241.2%	305.3%	160.1%

📈 아이패밀리에스씨 주봉 차트

(단위 : 원)

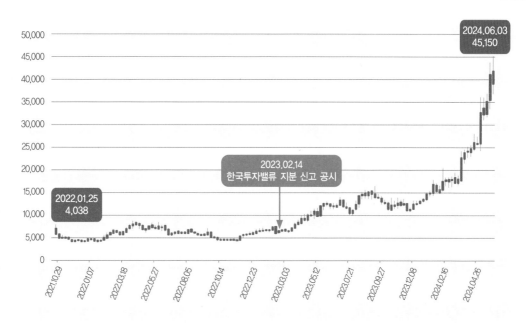

중소형 화장품의 업황이 좋다는 것을 알고 있는 상황이었다면 한국투자밸류 자산운용의 지분 신고는 아이패밀리에스씨를 공부해볼 좋은 기회였다고 하겠습니다. 때론 기관의 지분 신고를 통해 업황이 호전되고 있다는 것을 파악하고 이후 해당 기업의 실적 전망까지 판단해볼 수도 있고요.

📊 요약

· 기관의 장내매수는 내부자만큼 정확하지 않은 경우가 많다.
· 기관이 장내매수한 기업이 속한 산업이 구조적으로 변화가 있는지 점검하는 것이 중요하다.

CHAPTER 12

저평가 확인 공시 3:
증여

증여는 주가가 낮을 때 한다고?

"주요주주는 언제 증여를 할까요?"

누구나 자기 계좌에서 돈이 나가는 것을 극히 꺼립니다. 특히 세금은 어떻게든 합법적으로 절세하고 싶은 것이 인지상정입니다. 주요주주 입장에서 주식과 관련한 중요한 세금이 바로 증여세입니다. 증여세는 타인에게 주식을 증여할 때 발생하는 세금으로 증여 당시의 주가를 기준으로 자산을 평가하여 세금을 매기게 됩니다. 그렇다면 증여하는 내부자가 절세를 하려면 언제 증여를 하는 게 가장 좋을까요? 당연히 주가가 바닥에 있다고 판단될 때 하는 것이 최선일 겁니다. 그래야 세금을 가장 적게 낼 수 있으니까요.

다만 증여 공시는 무작정 신뢰할 수 없습니다. 내부자가 주가가 바닥이라고 판단해 증여를 결정했는데 예상과 다르게 주가가 더 하락할 수도 있겠죠. 이때 공시대로 그냥 증여하기도 하지만, 대개 증여를 철회합니다. 증여를 철회한다고 해서 딱히 불이익이 있는 건 아니기 때문이죠.

증여 공시를 이해하기 위해서는 우선 증여세를 이해해야 합니다. 증여세는 법으로 규정이 되어 있으니 관련 법인 「상속세 및 증여세법」을 찾아봐야겠죠. 이 중에서 우리에게 필요한 내용은 증여세를 평가하는 기준입니다. 법에서 상장주식은 제63조 제1항 제1호 가목에 규정된 평가방법을 이용한다고 하네요.

📈 상속세 및 증여세법

제4장 재산의 평가 〈개정 2010. 1. 1.〉

제60조(평가의 원칙 등) ① 이 법에 따라 상속세나 증여세가 부과되는 재산의 가액은 상속개시일 또는 증여일(이하 "평가기준일"이라 한다) 현재의 시가時價에 따른다. 이 경우 다음 각 호의 경우에 대해서는 각각 다음 각 호의 구분에 따른 금액을 시가로 본다. 〈개정 2016. 12. 20., 2020. 12. 22.〉

1. 「자본시장과 금융투자업에 관한 법률」에 따른 증권시장으로서 대통령령으로 정하는 증권시장에서 거래되는 주권상장법인의 주식등 중 대통령령으로 정하는 주식등 (제63조 제2항에 해당하는 주식 등은 제외한다)의 경우: 제63조 제1항 제1호 가목에 규정된 평가방법으로 평가한 가액

자료 : 국가법령정보센터

제63조를 살펴보니 상장주식에 대한 평가는 증여한 평가 기준일 기점으로 이전 2개월과 이후 2개월 총 4개월 동안의 종가를 평균 내서 구한다고 합니다. 우리가 주목할 것은 평가 기준일 이후 2개월입니다. 증여자가 볼 때 공시 이후 2개월 동안 주가가 오르면 과세표준

도 올라 세금이 늘어나겠죠.

그러니 최대주주의 대규모 증여가 있으면 이후 2개월은 주가를 오히려 누를 가능성이 있다고 봐야 합니다. 증여 시점은 주가가 바닥일 때라고 했으니 딱히 업황이 긍정적인 상황은 아니겠죠. 이 상황에서 회사가 외부와 소통을 끊고 회사 내에 긍정적인 이슈가 있어도 외부에 알리지 않는다면 주가가 크게 오를 일은 없을 겁니다.

개인적으로 증여 주식을 계속 살펴보니 생각처럼 성과가 나오는 경우는 많지 않았습니다. 기본적으로 우리나라는 상속증여세가 높은

상속세 및 증여세법

제63조(유가증권 등의 평가) ① 유가증권 등의 평가는 다음 각 호의 어느 하나에서 정하는 방법으로 한다. 〈개정 2013. 5. 28., 2016. 12. 20.〉

1. 주식등의 평가
가. 「자본시장과 금융투자업에 관한 법률」에 따른 증권시장으로서 대통령령으로 정하는 증권시장에서 거래되는 주권상장법인의 주식등 중 대통령령으로 정하는 주식등(이하 이 호에서 "상장주식"이라 한다)은 평가기준일(평가기준일이 공휴일 등 대통령령으로 정하는 매매가 없는 날인 경우에는 그 전일을 기준으로 한다) 이전·이후 각 2개월 동안 공표된 매일의 「자본시장과 금융투자업에 관한 법률」에 따라 거래소허가를 받은 거래소(이하 "거래소"라 한다) 최종 시세가액(거래실적 유무를 따지지 아니한다)의 평균액(평균액을 계산할 때 평가기준일 이전·이후 각 2개월 동안에 증자·합병 등의 사유가 발생하여 그 평균액으로 하는 것이 부적당한 경우에는 평가기준일 이전·이후 각 2개월의 기간 중 대통령령으로 정하는 바에 따라 계산한 기간의 평균액으로 한다). 다만, 제38조에 따라 합병으로 인한 이익을 계산할 때 합병(분할합병을 포함한다)으로 소멸되거나 흡수되는 법인 또는 신설되거나 존속하는 법인이 보유한 상장주식의 시가는 평가기준일 현재의 거래소 최종 시세가액으로 한다.

나라죠. 따라서 유상증자 등을 통해 적극적으로 회사를 키우거나 큰 회사를 경영한다는 명예욕이 있는 게 아니라면, 주식시장에서 회사 가치를 높일 이유가 사실 별로 없습니다. 이 말은 증여 이후에도 주가가 반드시 올라간다는 보장은 없다는 얘기죠.

그러면 증여 주식은 아예 보지 말라는 것일까? 꼭 그렇지는 않습니다. 우선 증여 대상과 금액이 중요한데요. 당연히 증여 금액이 클수록 절세 필요성도 커진다고 봅니다. 증여 대상이 자녀이면서 증여와 함께 경영 승계가 이뤄지는 경우는 특히 눈여겨볼 필요가 있는데요. 차세대 경영체제로 바뀌면서 기업 체질이 변하고 기업이 도약하는 계기가 될 수 있기 때문입니다. 반대로 배우자에 대한 증여나 제3자에 대한 증여는 크게 신경 쓰지 않고요.

경험상 가장 의미 있는 증여는 임원들이 단체로 자식들에게 증여하는 경우였습니다. 4인 이상의 임원이 동시에 증여하는 상황을 생각해보면, 임원들이 우연히 동시에 증여할 가능성은 상당히 낮겠죠. 임원들끼리 얘기하다가 누군가 이번 기회에 자식에 증여해야겠다고 얘기하고 다른 임원들이 동조했을 가능성이 크지 않을까요?

증여할 때는 세금을 최대한 적게 내고 싶은 게 사람의 마음이라고 했죠. 그런데 임원이 증여하겠다고 마음을 먹었다는 것은 주가가 오를 확률이 높다고 봤다는 증거가 아닐까요. 그것도 동시다발적으로 증여를 한다면 이것은 개인적인 사정에 의한 증여라고 보기 더욱 어려울 것이고요.

최근에는 다수 임원이 동시에 증여하는 경우가 없었지만, 혹시 이런 공시가 나온다면 눈여겨볼 필요가 있습니다. 일단 과거 사례를 한번 살펴보죠.

사례 1. 이랜시스: 임원들의 동시다발 증여

📈 이랜시스 임원 주요주주 특정증권 등 소유상황 보고서

2021.05.10. 임원 4명 동시 증여 공시

임원 방호민
- 지분 23.2만 주 증여, 보유지분 37.7만 주
- 증여일 2021.05.04.

임원 진정기
- 지분 23만 주 증여, 보유지분 30만 주
- 증여일 2021.05.04.

임원 이영재
- 지분 20만 주 증여, 보유지분 32.7만 주
- 증여일 2021.05.04.

임원 백승준
- 지분 20만 주 증여, 보유지분 32.8만 주
- 증여일 2021.05.04.

이랜시스는 임원 4명이 모두 2021년 5월 4일 동시에 자녀에 증여 했습니다. 이날 이랜시스의 종가는 2,730원이었고요. 최대주주와 달리 임원들은 주가를 누르기가 힘들 수 있죠. 임원들의 증여 공시가 나오고 나서 주가는 계속 올라 7월엔 4,560원까지 상승했습니다. 공시 다음 날 시초가가 2,745원이었으니 시초가 기준 66.1% 상승한 겁니다.

이랜시스 주가 (단위 : 원)

2024.02.16
9,240

2021.05.04
임원 동시 증여 공시

2023.07.28
2,185

이랜시스의 2021년 실적을 보면 매출 783억 원, 영업이익은 69억 원으로 각각 전년 대비 28.0%, 61.9% 증가했는데요. 임원들은 회사의 실적 성장을 보면서 증여를 결정한 게 아닌가 싶습니다.

이랜시스 연간 매출 추이

(단위 : 억 원, %)

IFRS(연결)	2019/12	2020/12	2021/12	2022/12	2023/12
매출액	523	612	783	826	684
영업이익	41	43	69	55	54
영업이익(발표기준)	41	43	69	55	54
당기순이익	11	34	62	52	50
지배주주순이익	11	34	62	52	50

사례 2. 티앤엘: 임원들의 동시다발 증여

📊 티앤엘 임원 주요주주 특정증권 등 소유상황 보고서

2021.05.26. 임원 5명 동시 증여 공시

· 당시는 무상증자 100%를 하기 전

임원 최승우

· 증여 2.4만 주(14만 주, 3.44% 보유), 약 14.4억 원

· 증여일 2021.05.20.

임원 김강용

· 증여 2.5만 주(8.3만 주, 2.04% 보유), 약 15억 원

· 증여일 2021.05.20.

임원 편도기

· 증여 3.5만 주(11만 주, 2.71% 보유), 약 21억 원

· 증여일 2021.05.20.

임원 임상현

· 증여 2.9만 주(4.5만 주, 1.11% 보유), 약 18억 원

· 증여일 2021.05.20.

임원 정회정

· 증여 1.7만 주(12만 주, 2.95% 보유), 약 10억 원

· 증여일 2021.05.21.

티앤엘은 2021년 5월 26일 임원 5명이 동시에 자녀에게 증여하는 공시를 냈습니다. 이 중 4명은 2021년 5월 20일, 1명은 5월 21일 기준으로 자녀에게 증여했습니다. 5월 20일 종가는 28,850원이었고요. 그해 3월 말 주가가 급등했다가 조정이 있었는데 그때 동시에 임원들의 증여가 나왔습니다.

📈 티앤엘 주봉 차트   (단위 : 원)

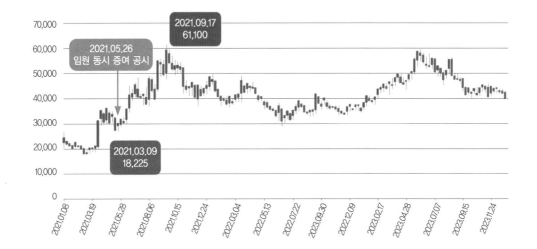

증여 이후에 주가 흐름을 보면 계속 상승하여 2021년 9월 61,100원을 기록하게 됩니다. 증여 공시 이후 불과 4개월여 만에 2배 이상 주가가 상승한 겁니다. 2021년 실적을 보면 매출 719억 원, 영업이익 223억 원으로 각각 전년 대비 76.9%, 132.8% 성장한 것을 볼 수 있죠. 임원들이 실적 성장을 앞에 두고서 증여를 했을 가능성이 크다고 봐야겠죠.

📊 티앤엘 연간 실적 추이

(단위 : 억 원, %)

IFRS(연결)	2019/12	2020/12	2021/12	2022/12	2023/12
매출액	326	406	719	816	1,155
영업이익	77	96	223	243	308
영업이익(발표기준)	77	96	223	243	308
당기순이익	73	100	196	211	274
지배주주순이익	73	100	196	211	274
비지배주주순이익	–	–	–	–	–

📊 요약

- 세금을 줄이고 싶어하는 사람의 심리 = 증여는 주가가 낮을 때 이뤄질 가능성이 높다.
- 자녀를 대상으로 하여 금액이 큰 증여일수록 의미가 있다.
- 증여와 함께 경영승계가 같이 이뤄지는 경우 사업의 변화가 있는지 확인해야 한다.
- 최대주주가 아닌 임원 다수가 동시다발적으로 증여하는 경우는 의미가 있다.

긍정적인 공시가 매수를 의미하는 것은 아냐

　책의 초안을 출판사에 전달하고 난 후 편집자분께 여러 가지 피드백을 받았는데요. 그중 전자공시를 '매수 신호'와 '매도 신호'로 구분하면 어떠냐는 의견도 있었습니다. 이 피드백을 보면서 망치로 머리를 한 대 맞은 듯한 느낌을 받았는데요. 편집자님께서 제가 의도했던 것과 전혀 다른 방향으로 글을 이해하셨기 때문입니다. 그렇다는 것은 이 책의 독자들도 혼동을 느낄 수 있다는 얘기이므로, 에필로그에서 제 의도를 명확하게 밝혀두려 합니다.

　제가 책에서 언급한 것처럼 전자공시에는 다양한 공시가 있고 이를 투자에 활용할 수 있다는 것도 맞습니다. 하지만 이것은 차트 매매 시에 매수, 매도 '신호'를 포착하여 매매하는 것과는 완전히 다른 개념입니다. 차트의 '신호'는 그 자체로 온전하게 매매를 판단할 근거가 됩니다. 반면 '공시'는 그 자체로는 투자 판단의 근거가 되지 못합니다. 그 내용을 분석해서 기업의 가치 증대에 도움이 되는지 고민해봐야 하기 때문입니다.

　예를 들어 이동평균선과 거래량을 중시하는 투자자가 있다고 하죠. 이때 거래량이 터지면서 주가가 5일선을 돌파하는 골든크로스가 나왔다면 그 자체로 매수의 '신호'가 되어 주식을 매수할 수 있습니다. 매도는 차트로 설정했던 매도 '신호'가 나올 때 하면 되고요. 하지만 공시는 가령 내부자의 장내매수가 나왔다고 해서 이 자체를 매수 '신호'로 보고 주식을 사면 안 된다는 얘기입니다. 기업 분석의 과정이 없으면 똥인지 된장인지 구분할 수 없기 때문이죠.

　다시 한번 강조하지만, 전자공시는 반드시 기업 분석이라는 과정을 거친 후에 투자 판단이 내려져야 합니다. 제가 책에서 '가치투자'라는 키워드를 강조하고 기업 분석의 흐름을 정리한 후에 전자공시를 넣은 데는 다 그만한 이유가 있기 때문이죠.

전자공시를 활용한 투자는 보물지도에서 보물을 찾는 과정

전자공시를 활용한 투자는 보물찾기와 같습니다. 전자공시는 보물지도 같이 수많은 투자 기회를 우리에게 안내해주고 있죠. 하지만 보물지도라 해서 지도의 모든 곳에 보물이 있는 것은 아닙니다. 보물지도에도 보물이 숨겨진 곳은 따로 표시가 되어 있습니다. 마찬가지로 전자공시라는 보물지도 안에서 우리는 보물이 숨겨진 곳을 찾아가야만 합니다.

실제 보물지도를 보며 보물을 찾는 것은 보물지도를 이해하는 데서 출발합니다. 보물지도가 있어도 읽어내지 못하면 그건 아무 의미 없는 낙서에 불과하죠. 그러니 가장 먼저 할 것은 지도 읽는 법을 배우는 겁니다. 전자공시도 보물지도라고 얘기했죠. 이 보물지도를 읽어내는 방법이 바로 기업 분석이라는 것이죠.

보물지도를 읽을 줄 안다고 해도 그 지도가 가리키는 지역을 모른다면 어떻게 될까요? 세상의 모든 지역을 다 뒤져서 보물지도와 비슷한 지형을 찾아내야 할 겁니다. 이는 잔디밭에서 바늘 찾기와 같아서 시간도 많이 걸릴 뿐더러 찾는다는 보장도 할 수가 없겠죠.

이 책에서 알려드렸던 공시들의 특징과 투자의 예는 보물지도가 해당하는 지역을 특정했다고 보시면 됩니다. 힘들게 모든 것을 살펴볼 필요 없이 긍정적인 포인트의 공시를 빠르게 살펴볼 수 있게 도와드린다는 거죠.

기업 분석은 끊임없는 도전의 과정

지도 읽는 법을 알았다고 해서 보물을 마구마구 찾아낼 수 있는 건 절대 아닙니다. 우선 지도를 얻어야 하고 그 지역을 특정한 후 직접 보물을 찾아 나서야만 보물을 얻어낼 수가 있죠. 그렇게 열심히 보물을 찾아 나섰는데 이미 누군가가 보물을 가져가 버렸을 수도 있는 노릇이고요.

마찬가지로 이 책 한 권을 읽었다고 해서 바로 성공적인 투자를 이어갈 수 있는 것은 아닙니다. 끊임없이 가능성 있는 기업을 찾아내야 하고 그 기업을 상세하게 분석해야만 하죠. 열심히 분석을 해봤더니 생각보다 좋지 않거나 이미 주가가 올라서 투자의 매력도가 떨어지는 경우도 비일비재할 겁니다. 그렇더라도 짜릿한 한 번의 성공을 위해서 우리는 끊임없이 부딪히고 도전해나가야 합니다.

전자공시를 활용한 투자는 마음이 급하면 안 됩니다. 시장이 인지하지 못하는 '숨겨진' 보물을 찾아내는 과정이기에 시장이 알아내기까지 많은 시간이 걸릴 수도 있죠. 기업 분석에서 실수가 있거나 기업의 환경이 변화하여 투자 포인트가 손상될 수도 있으니 분산투자도 꼭 필요하고요. 처음부터 마음을 편하게 먹고 1년에 2건~3건의 투자만 성공시킨다는 마음으로 접근한다면 충분히 성과를 낼 수 있을 겁니다.

감사 인사

우선 제가 2007년의 어느 날 고려대 가치투자연구회 RISK를 만나 처음 투자 세계에 입문할 수 있었음에 참 감사하게 됩니다.

제가 NH투자증권에서 애널리스트 일을 시작할 때 기업 분석의 태두라고 할 수 있는 이종승 센터장님(현 IR큐더스 대표님)을 만난 것은 정말 행운이었습니다. 체계적으로 기업 분석을 배우고, 제가 적은 보고서마다 센터장님께 상세한 피드백을 받으면서 기업 분석의 기틀을 다져갈 수 있었는데요. 다시 한번 이종승 대표님께 감사 인사를 올리고 싶습니다.

제게 한없는 사랑을 전해주시고 베푸는 삶을 강조해주셨던 부모님께도 깊은 감사를 드리고요. 끝으로 부족한 남편 옆을 지키는 내조의 끝판왕 아내와 사랑하는 우리 딸에게도 감사하다는 얘기를 전하고 싶습니다. 아내와 딸이 없었다면 아마 책을 쓰다가 중도 포기했을지도 모르죠.

"하령아, 아빠는 정말 바쁘고 정신없는 와중에도 시간을 내어 이렇게 책을 마무리하는 모습을 보여준 것만으로 만족한다. 네가 살아가는 동안 당연히 많은 시련을 겪겠지만 아빠처럼 묵묵히 너의 할 일을 다해가면서 이겨내리라고 믿는다. 아빠는 어찌 보면 네가 있어 이렇게 책을 마무리할 수 있었단다. 항상 사랑하고 고맙다 우리 딸."

범송공자 장우진

가치투자 입문자를 위한 세 가지 특별부록!

① 투자 적합도 판단, 가치투자 사전 테스트!

총 26개 문항으로 내가 가치투자에 얼마나 적합한지 알아봅시다. 가치투자 적합도 테스트는 가치투자에 필요한 능력, 상황, 가치관 등을 담고 있습니다. 결과를 확인하고 현재 자신의 현황에 맞는 가치투자 전략을 수립합시다.

가치투자 적합도 검사!

② 이기는 투자, 백전불태 투자 전략 강의!

투자 성공을 위해 필요한 첫 번째 요소는 무엇일까요? 바로 지속 가능하고 구체적인 전략을 세우는 것입니다. 이순신 장군의 전략을 본받아, 지지 않는 백전불태 전략을 배워봅시다. 이 전략을 기반으로 나만의 투자 원칙을 만듭시다.

백전불태 영상 강의!

③ 기업 분석의 핵심, '양갈비 가위' 엑셀 양식!

가치투자자에게 반드시 필요한 기업 분석 테이블입니다. 기업 분석에 필요한 구체적인 질문들을 정리했습니다. '양갈비 가위'에 기반한 면밀한 기업 분석으로 백전불태 투자를 위한 나만의 툴을 마련합시다.

기업분석 테이블!

전자공시생 범송공자의

**전자공시 모르면
주식투자 절대로 하지마라**

초판 1쇄 인쇄 2024년 7월 05일
초판 1쇄 발행 2024년 7월 18일

지은이 | 장우진
펴낸이 | 권기대
펴낸곳 | ㈜베가북스

총괄 | 배혜진
편집 | 배태두
디자인 | 최지애
마케팅 | 김효린, 곽정언
경영지원 | 최승희

주소 | (07261) 서울특별시 영등포구 양산로17길 12, 후민타워 6-7층
대표전화 | 02)322-7241   **팩스** | 02)322-7242
출판등록 | 2021년 6월 18일 제2021-000108호
홈페이지 | www.vegabooks.co.kr   **이메일** | info@vegabooks.co.kr
ISBN | 979-11-92488-70-7 (03320)